MAHBUBA MAQSOODI
HANNA DIEDERICHS

Der Tropfen weiß nichts vom Meer

MAHBUBA MAQSOODI
HANNA DIEDERICHS

Der Tropfen weiß nichts vom Meer

Eine Geschichte von Liebe, Kraft und Freiheit

Mein afghanisches Herz

HEYNE

MIX
Papier aus verantwortungsvollen Quellen
FSC® C014496

Penguin Random House Verlagsgruppe FSC® N001967

Die Erinnerungen von Mahbuba Maqsoodi bilden
die Grundlage für die in diesem Buch enthaltenen Dialoge.
Die Gespräche werden sinngemäß wiedergegeben.
Ein Anspruch auf eine wörtliche Übereinstimmung mit den
tatsächlich erfolgten Dialogen wird nicht erhoben.

3. Auflage

Umschlaggestaltung: Hauptmann & Kompanie Werbeagentur, Zürich
Umschlagfoto: Mathias Haslauer, Hamburg
Satz: Schaber Datentechnik, Austria
Druck und Bindung: GGP Media GmbH, Pößneck
Printed in Germany

ISBN: 978-3-453-20156-9

www.heyne.de

Der Tropfen weiß nichts von der Welle,
die Welle weiß nichts vom Meer.

Maulana Rumi

INHALT

Vorwort 11

Afghanistan

Die Erde soll sich auftun und mich verschlingen 19
Leicht und rosafarben 23
Wird zerrissen 27
Das Wettspiel 31
Rock voller Blumen 37
Ein Getreidespeicher im Wohnzimmer 41
Ein scheinbarer Aufstieg 48
Die Note Null 54
Der Schuh des Cousins 57
Warum bin ich geboren? 61
Die Mutter von Ta'us 67
Die Hände hinter dem Rücken 73
Das ewige Tabu 79
Schmeiß es in den Fluss 83

Der lebende Kredit 86
Gekettet 90
Gerechtigkeit 96
Brüchige Fundamente 102
Die Welle 107
Ein Blumenstrauß für Papa 114
Das Gefäß 118
Eine märchenhafte Welt 121
Wer entscheidet? 127
Warte nicht auf das Licht 132
Revolution? 136
Ein Frauenprojekt – gottlos? 141
Ich tanze nicht nach der Flöte der anderen 146
Die Kugel 150
Ein Lächeln, verziert von einem Tropfen Blut 152
Ich könnte ihm verzeihen 157

Russland

Türen öffnen sich wie von Geisterhand 163
Der Unterricht muss warten 167
Schole morg 172
Omid, das heißt Hoffnung 175
Das Taschkent-Jahr geht zu Ende 181
Grau 185
Keramik oder Glas? 190
Persische Kinderlieder 192
Vor der Staffelei 196
Hauptfach und Nebenfach 199
Eine segensreiche Unordnung 201
Sich belügen 204

Die Treppe 206
Ein Engel auf einer Säulenspitze 210
Die Erdbeerschlange 212
Lenin pflanzte keine Blumen 215
Privileg 220
Hat das eine Frau geschrieben? 224
Haben Sie vergessen? 227
Bin ich zu einer Russin geworden? 229
Eine Schale Wasser 233
Zwischen Erde und Himmel 236

Deutschland

Tränenflut 247
Eine spuckende Wand 251
Amtsdeutsch 256
Grüß Gott 261
So viele Kinder 265
Eine Empfehlung 269
Können Sie so etwas? 272
Geduld 278
Weiße Bergspitzen 282
Fluchtschatten 287
Die oder das Beste? 291
Mariä Himmelfahrt 296
Die neu erwachte Flamme 300
Der Traum einer Mutter 307
Warum machen Sie das? 312
Das Ungeheuer 316
Gift als Hoffnung 320
Ich warte nicht auf die Kirschen 327

Die persische Schachblume 331
Der Weg 337
Rettung 342
Wassertöne 345
Dreißig Tage 348
Am Ende der Welt 357
Der Baum 359

Nachwort 365

Dank 367

VORWORT

Die Welt, aus der ich komme, ist so beschaffen: Wenn eine Frau schwanger ist, sind alle, die zur Familie gehören, mit dem Gedanken beschäftigt, was für ein Geschlecht sich in der Gebärmutter bewegt. Diese Beschäftigung kann sehr unterschiedlich sein, weil ihre Wurzeln von der Realität der Zeit und des Ortes gewässert werden, und natürlich auch von den gesellschaftlichen, kulturellen und ökonomischen Bedingungen.

In Afghanistan ist wie überall auf der Welt eine Geburt ein besonderes Ereignis, und vor allem die Mutter ist ängstlich und angespannt. Öffnet ein Junge die Augen zur Welt, bekommt die Familie vor Freude Flügel. Wenn ein Mädchen aus dem Dunkel der Gebärmutter an das Licht kommt, ist das ein unangenehmes Erlebnis, eine unschöne Nachricht für alle. Es ist ein Unglück, das die Harmonie der Familie zerstören, im schlimmsten Fall die Mutter sogar das Leben kosten kann.

In der Welt, in der ich geboren bin, gibt es ein Sprichwort: Das Mädchen gehört dem Fremden. Das heißt, sie ist ein Gegenstand, über den andere verfügen. Sie ist eine Sache wie ein Haus, ein Garten, ein Pferd, ein Kamel. Sie kann gekauft und verkauft werden. Ihre Eigentümer sind ihr Vater, ihre Brüder, später ihr Mann. Und so lernt sie schon von Kindheit an: Sie gehört nicht sich, sondern anderen.

Und weil sie als Gegenstand betrachtet wird, ist sie für diese anderen ein Kopfschmerz. Man muss überlegen – wann verkauft man sie, an wen verkauft man sie, wie viel kostet sie, was muss man vom Kaufpreis als Mitgift abgeben, wie viel behalten die Eltern für sich. Mit all diesen Überlegungen hat sie selbst nichts zu tun.

Diese Situation kann sich verändern, wenn sie Mutter wird. Und nähert sie sich dann langsam einem Alter, in dem sie buchstäblich alt ist, bekommen ihre Gedanken und Taten ein bisschen Gewicht.

In so einer Gesellschaft ist es ungut, wenn eine Familie eine Tochter hat. Wenn sie zwei Töchter hat, ist der Alltag in Finsternis. Sind es aber drei oder vier, dann überschreitet das Maß an Unruhe und Finsternis in der Familie die Grenze des Erträglichen.

Ich bin in eine Familie hineingeboren worden, die sieben Töchter hatte. Im Kreis dieser Familie, und das heißt im Kreis des Lebens, gab es keinen Mann außer dem Vater. Zwei Söhne, die meine Mutter auf die Welt gebracht hatte, wurden krank und verließen nach etwa einem Jahr das Leben. Die Töchter dagegen haben alle Krankheiten überstanden.

Ich war die vierte dieser Töchter. Nach mir haben drei Schwestern im Abstand von jeweils ungefähr drei Jahren ihre Augen in die Welt geöffnet. Ich hatte also drei ältere und drei jüngere Schwestern. Warum sage ich »hatte«? Weil die zweite Tochter, die Schwester, die meine allernächste Vertraute war und mir so nahestand, in ihren besten Jahren vernichtet wurde. Finsternis und Unwissenheit konnten ihre strahlenden Gedanken nicht erkennen – sie wurde 1979 in einem Akt des Terrors ermordet.

Es war die Zeit, in der Afghanistan sich langsam, Schritt für Schritt, auf die schweren Schatten zubewegte, die bis heute auf ihm lasten, ohne dass wir, jedenfalls die meisten von uns, das Ausmaß der drohenden Katastrophe hätten erkennen können.

Ich werde ihre Geschichte später erzählen, weil ich zunächst bei den Gedanken über meine Familie bleiben möchte. Diese Familie war stabil, der Umgang liebevoll und sensibel. Sie war vor allem durch meinen Vater geprägt, diesen klugen Mann, der die Ankunft jeder Tochter mit weit offenem Herzen willkommen hieß. Niemals hat er etwas gezeigt, das auf Unzufriedenheit hingedeutet hätte – nicht in den Linien seines Gesichtes, nicht im Bogen seiner Stimme.

Ich war in der sechsten Klasse, als meine Mutter zum letzten Mal schwanger wurde. Wir Schwestern waren voller Hoffnung und hatten uns ganz auf das Ereignis eingerichtet, einen Bruder zu bekommen. Alle hatten Brüder. Wir nicht. Bruder – das bedeutete Mann, das bedeutete Kraft, Macht, Herrschaft und Schutz, und all dies schmückte eine Familie. Unser Wunsch war also sehr begründet.

Dass ein Bruder unseren Weg in Zukunft auch bestimmen und beherrschen könnte – dieser Gedanke ist mir nie gekommen, weil mein Vater, der Schlüssel zu unserer Erziehung, nie einen Zweifel daran aufkommen ließ, dass alle Mitglieder der Familie dieselben Rechte haben und gleich behandelt werden müssen.

In den letzten Tagen der Schwangerschaft meiner Mutter zählte ich die Stunden mit hoffnungsvollem Herzen. Als ich eines Nachmittags von der Schule kam, sah ich meinen Vater auf der Lehmbank sitzen, die zu dem Laden neben unserem Haus gehörte. Ich konnte spüren, dass etwas geschehen war. Er wusste genau, dass meine Erwartung von Freude beherrscht war, dass sich darin aber auch die Angst vor Enttäuschung versteckte. »Hat Gott uns einen Bruder geschenkt?«, fragte ich ihn. Er lachte leise: »Nein, eine Schwester. Aber wichtig ist, dass deine Mutter und deine Schwester gesund sind. Geh nach Hause, umarme sie und gratuliere.«

Es war, als würde ein Eimer kaltes Wasser auf mich geschüttet, wie es in einem persischen Sprichwort heißt. Aber diese Worte meines Vaters waren sehr wertvoll. Sie haben mir Wärme zurückgegeben und mir geholfen, in Ruhe die Enttäuschung zu verdauen.

Warum erzähle ich diese Geschichte? Man hat in aller Regel ein festes Bild über Afghanistan und afghanische Frauen. Dieses Bild zeigt ihre Hilflosigkeit, ihr Unglück, es zeigt Zerstörung, Unterdrückung und Unrecht. Alles, was man darüber lesen oder durch andere Medien erfahren kann, weist darauf hin, dass sie ein Schicksal voller Schmerzen haben. Und das entspricht der Realität. In der jüngeren Vergangenheit wurden afghanische Frauen und ihre nicht existenten Rechte zudem als Grund und Auslöser für schwerwiegende politische Machtspiele in der Region benutzt und entsprechend instrumentalisiert.

Als Mädchen und auch als junge Frau habe ich über diese Problematik nicht weiter nachgedacht, weil ich meine persönliche Lage als selbstverständlich vorausgesetzt habe. Doch die politischen Entwicklungen in den 1990er-Jahren, die Herrschaft der Mudschaheddin und später der Taliban, die auf das Leben so vieler Menschen, vor allem aber auf das der Frauen, unsägliche Auswirkungen hatten, haben mein Bewusstsein geschärft. Ich begann mir die Frage zu stellen, warum die Geschehnisse in meinem Heimatland, in dem ich damals schon nicht mehr lebte, mir so fremd waren. Und so habe ich versucht, meine Kenntnis über die afghanische Gesellschaft zu vertiefen, herauszufinden, wo sich die schmerzhaften Wurzeln dieser so offensichtlichen Ungleichheit von Mann und Frau verstecken.

Je mehr ich in Erfahrung brachte, desto klarer wurde mir, dass ich zu einer glücklichen Minderheit gehörte. Und ich erkannte, dass dieser Reichtum ein Erbteil ist, das ich meinem Vater verdanke. Er war Muslim, und er lebte in einer traditionellen Gesellschaft, einer Gesellschaft, deren Charakter von den fünf Säulen des Islam geprägt war – dem öffentlichen Glaubensbekenntnis, dem täglichen rituellen Gebet, der Almosenspende, dem Fasten während des Ramadan, der Pilgerfahrt nach Mekka. Aber er hat seinen Glauben nicht blind befolgt. Er hat die Regeln seines Glaubens als Mensch betrachtet und sie als Mensch umgesetzt.

Wenn ein Mann keine Söhne hat, sondern nur Töchter, wird sein Name nicht weitergegeben und gerät dadurch schneller in Vergessenheit. Und wie seinem Namen ergeht es dann auch seinen Taten. Die Rolle, die mein Vater in meinem Leben und auch im Leben seiner anderen Töchter spielte, war von großer Bedeutung, und der Reichtum, den er uns durch seine Liebe, seine Aufgeschlossenheit und sein durch und durch gerechtes Wesen schenkte, war unermesslich. Ich bin ihm zutiefst dankbar, und ich möchte versuchen, in diesem Buch, in dem ich meine und ein bisschen auch seine Geschichte erzähle, diese Dankbarkeit zum Ausdruck zu bringen.

Ich bin Malerin, deshalb denke ich in Bildern. Und so möchte ich meine Erinnerungen nicht als streng chronologische Erzählung wiedergeben, sondern in der Form von einzelnen Bildern, Zeichnungen oder sogar Miniaturen.

Und da ich Afghanin bin, ist Persisch, genauer gesagt Farsi oder Dari, die Sprache, in der ich denke, schreibe und auch träume – immer noch, obwohl ich nun schon seit mehr als zwanzig

Jahren in Deutschland lebe. Spuren meiner Herkunft, meiner orientalischen Prägung, finden sich immer wieder auch in der Sprache und im Ton meiner Erzählungen. Könnte das anregend sein, oder wirkt es nur befremdlich? Diese Spuren ließen sich auch verwischen, glätten. Aber sollte ich das wollen?

Um meinen erzählten Bildern auch einen Rahmen zu geben, habe ich den Titel und das letzte Wort jeder Geschichte in meiner Sprache niedergeschrieben und mich dabei an der Kufi-Schrift orientiert.

Das politische Afghanistan – wie kommt es in meinen Erzählungen zur Sprache? Ob national betrachtet oder in weltpolitischen Zusammenhängen gesehen, der Konflikt war und ist heillos abgrundtief, kaum durchschaubar und allem Anschein nach zurzeit durch nichts und niemanden zu lösen. Ich beschränke mich deshalb in meinen Erinnerungen auf mein subjektives Erleben von Politik und die Erfahrungen, die meine Familie machte. Sosehr ich mir eine positive politische Entwicklung meines Heimatlandes auch wünsche, so schwer fällt es mir, daran zu glauben.

Aber ich kann hoffen.

Afghanistan

DIE ERDE SOLL SICH AUFTUN UND MICH VERSCHLINGEN

In Afghanistan wie auch in mehreren anderen Ländern, denen der Islam als Glaube geschenkt wurde, ist es üblich, dass die Kinder in eine Vorschule gehen, wo sie lernen, den Koran auf Arabisch zu lesen. Das kann in einer Moschee geschehen oder im Haus einer Frau, die diese Aufgabe übernimmt. Man nennt sie Atun.

Auch in unserem nahe bei Herat gelegenen Dorf gab es eine Atun, und meine Eltern brachten mich zu ihr, als ich etwa fünf Jahre alt war. Sie war kinderlos, ihr Mann arbeitete auf dem Bau, und selbst wir Kinder konnten spüren, dass er ein friedlicher Mensch war. An die fünfzehn Kinder zwischen fünf und zehn Jahren kamen täglich zu ihr. Wir saßen im Kreis, jeder musste laut seinen Stoff wiederholen, und wenn ein Fehler passierte, kam ihr Zeigestock zum Einsatz. Einige wenige Kinder hatten Kissen, die anderen saßen auf dem blanken Lehmboden, zwei oder drei von uns hatten sogar ein kleines Pult und mussten ihren Koran nicht auf dem Schoß halten.

Im Sommer saßen wir im Hof unter einer wunderschönen Platane, die uns reichen Schatten bescherte. Ich gehörte zu den

Kindern, denen das Lernen leichtfiel, darüber hinaus kümmerte sich zu Hause auch mein Vater um meine Fortschritte beim Lesen. Meine Mutter konnte weder lesen noch schreiben, aber sie war ein Sinnbild für Liebe und Wärme und stellte alle ihre Fähigkeiten in den Dienst der Familie.

Es war ein Tag im späten Herbst, die Malerei der Natur war geschwächt, die farbigen Blätter waren schon zu Boden gefallen, alle Bäume glichen einander. Gegen drei Uhr nachmittags schlug die Atun uns Kindern vor, mit ihr in den nicht allzu weit entfernten Garten zu gehen, um für sie Laub und trockene Äste zu sammeln. Sie wollte Brot backen und ihren Holzvorrat wieder auffüllen. Alle waren einverstanden und freuten sich auf den kleinen Ausflug. Auch ich hatte große Lust dazu, obwohl mir bewusst war, dass die Regeln meiner Familie mir das nicht erlauben würden, denn ich würde zwei Stunden später als erwartet nach Hause kommen. Ich war gespalten. Der Konflikt zwischen meinem persönlichen Wunsch und dem Respekt vor den Eltern schien unüberbrückbar.

Die Atun erkannte mein Dilemma und bot mir Rettung an: »Mahbuba, du sagst deinen Eltern, dass du heute im Unterricht schwach warst und ich dich deshalb zur Strafe zwei Stunden nachsitzen ließ.«

Ich entschied mich für den Ausflug, wenn auch mit einem tief versteckten Schuldgefühl. Der kahle Garten allerdings hat mich dann ziemlich enttäuscht, doch das Spiel mit den Kindern und der Geschmack von klebrigem Aprikosenharz im Mund haben mir Freude gemacht. Bei Sonnenuntergang kam ich nach Hause und erzählte meiner Mutter, die sehr beunruhigt war, unter Tränen von meiner Strafe. Sie wirkte nicht unbedingt überzeugt, brachte aber gleich das für mich aufbewahrte Essen und tröstete mich. Ich war von all dem so erschöpft, dass ich ohne Abendessen schlafen ging.

Am Morgen, es war ein Freitag und damit Feiertag, erwachte ich mit dem Gefühl, dass die Lüge gut platziert war. Die Sonne schenkte uns ihre herbstliche Wärme, ich saß mit der Mutter und den Schwestern im Hof und kratzte von einem Kochtopf den Ruß ab, der dazu dienen sollte, meine hölzerne Schreibtafel in ein tiefes Schwarz zu tauchen. Dann könnte die weiße, mit einem Bambusstift aufgetragene Tinte aus Kalkstein noch besser glänzen und die Schönheit meiner kindlichen Buchstaben zum Ausdruck bringen.

Als mein Vater vom Freitagsgebet aus der Moschee zurückkam, begrüßten ihn alle, doch er ging nicht darauf ein, sondern wandte sich an mich. »Mahbuba«, sagte er nur, und ich ahnte, was auf mich zukommen würde. Dieses Bild und dieses Gefühl holen mich noch heute, nach so vielen Jahren, ein. »Du bist gestern in der Schule bestraft worden, hast du gesagt.« Schweißperlen aus Schuldgefühl sammelten sich auf meiner Stirn, die Welt drehte sich in meinem Kopf. Ich verstand, dass die Lüge sich in Wahrheit verwandelt hatte. Ein einziger Wunsch beherrschte mich: die Erde möge sich spalten und mich verschlingen, damit ich gerettet sei.

Es war mir unmöglich, den Kopf zu heben, um meinem Vater ins Gesicht zu blicken.

»Ich habe in der Moschee den Mann der Atun getroffen. ›Wenn die Leistungen meiner Tochter ungenügend sind‹, habe ich zu ihm gesagt, ›dann muss man mich darüber informieren, ehe man sie dafür bestraft.‹ Er war verwundert. ›Aber Mahbuba ist nicht bestraft worden‹, hat er mir erklärt. ›Sie war mit den Kindern im Garten beim Holzsammeln.‹ Es wäre besser gewesen, du hättest uns die Wahrheit gesagt. Diese Lüge muss die erste und die letzte bleiben.«

Diese Reaktion meines Vaters, die so weit entfernt war von jeglicher Gewalt, sei es durch Worte oder körperliche Züchtigung, traf mich bis ins Mark. Meine Scham ließ es nicht zu, dass ich mich verteidigte, und mein kindlicher Verstand sagte mir klar und deutlich, dass diesen Fehler ich begangen hatte, nicht meine Lehrerin, die mir diesen Weg vorgeschlagen hatte.

Die Erde hat mich nicht verschluckt, aber die Wahrheit hat mir ihre Kraft gezeigt.

نشاندار

LEICHT UND ROSAFARBEN

Meine Kindheit war ruhig, schön und klar. Dennoch fehlten mir ab und zu Dinge, die die anderen hatten und ich nicht. Eines davon war Taschengeld. Das gab es nur sehr selten. Einmal zum Ramadanfest und dann zwei Monate später zum Idequorban, dem Opferfest, das Abraham und Isaak zu Ehren gefeiert wird. Der Gläubige kann ein Schaf opfern oder sich an der Opferung einer Kuh oder eines Kamels beteiligen, und dieses Fleisch wird dann an die Armen verteilt. Gibt es in der eigenen Verwandtschaft oder Nachbarschaft keine Bedürftigen, kann man sich auch auf eine Pilgerreise nach Mekka begeben, um so das Opferfest zu feiern und damit auch die fünfte Säule des Glaubens zu verwirklichen.

Wir Kinder warteten sehnlichst auf das Ende der anstrengenden Ramadanzeit und versammelten uns voller Angespanntheit vor einer Nische, in der auf einer reich bestickten Decke das Radio stand – in unserem Haushalt der einzige moderne Gegenstand von Wert. Wann endlich würde die Nachricht verkündet werden, dass am Himmel von Mekka der Neue Mond erschien und das Fest des Fastenbrechens, »die Nacht der Bestimmung«, gefeiert werden konnte? Für uns bedeutete das, dass wir an diesem Abend mit hennabemalten Händen zu Bett gehen würden.

Am späten Nachmittag schon stellte Großmutter eine Schale mit Wasser bereit und löste darin Henna auf, viel Henna, denn in unserer Familie gab es viele weibliche Wesen. Aus der Truhe nahm sie dann ein Bündel, das nur zweimal im Jahr Verwendung fand. Es bestand aus bunten Stoffdreiecken, die jeweils in einen langen Faden mündeten. Nach dem festlichen Abendessen im Licht der Petroleumlampe tunkten Großmutter, Mutter und wir Schwestern unsere Bambusstifte in die Hennaschale, und das große Malen konnte beginnen. Es waren meist geometrische Muster, mit denen wir uns gegenseitig Finger und Handflächen innen wie außen verzierten. Um die Farbe tief einwirken zu lassen und sowohl die Muster wie auch das Bettzeug zu schützen, umwickelten wir unsere Hände mit diesen Stoffdreiecken, ehe wir in der Hoffnung auf einen möglichst ruhigen Schlaf, der die gemalte Schönheit nicht verderben würde, zu Bett gingen.

Voller Stolz und Eifer betrachteten wir am nächsten Morgen unsere Hände. Wer hatte die schönsten Muster, wer die tiefsten, dunkelsten Farben? Doch nicht nur die Hände wurden verziert, auch unsere Körper wurden geschmückt. Es gab neue Kleider für alle Mitglieder der Familie.

Die dritte Gelegenheit, an Taschengeld zu kommen, ergab sich, wenn Papa uns in die Stadt mitnahm. Der Betrag, den er uns dabei aushändigte, war klein – zwei Rupien. Und wie immer ließ er es nicht an Gerechtigkeit fehlen: Jeder von uns, ob zwanzig Jahre alt oder zwei, bekam genau zwei Rupien. Was wir mit diesem Geld anfingen, blieb ganz uns selbst überlassen.

Die Festzeiten genossen wir Kinder von Herzen – wir konnten Karussell fahren und bestaunten und belagerten die vielen

Verkaufsstände, die allerlei Holzspielzeug und die herrlichsten Süßigkeiten anboten. Im Alltag dagegen waren wir auf unseren winzigen Dorfladen angewiesen. Es gab dort die Dinge für den täglichen Bedarf, aber nichts darüber hinaus.

Spielsachen mussten wir uns entweder in der Natur suchen oder sie selbst erfinden und bauen. Meine Mutter gab mir einen kleinen Stock, ein bisschen Stoff, Nadel und Faden und zeigte mir, wie man daraus eine Puppe macht. Ich wollte so viel lieber ein Pferd basteln, doch meine Mutter wusste nicht, wie man das anstellen könnte. Das hat mir dann schließlich eine Tante beigebracht, aber nur, weil ich ihr wochenlang damit in den Ohren lag.

Und dann kam dieser ganz besondere Tag. Ich sah in unserem Laden etwas, das ich noch nie gesehen hatte: Es hatte die Form einer kleinen Zucchini, es war leicht, es war rosafarben, es hing an einer Schnur, und mir schien es voller Luft zu sein. Dieses Gebilde faszinierte mich, und in mir brannte der Wunsch, es zu besitzen.

Ich lief nach Hause und bat meine Mutter, mir Geld zu geben. Ihr Nein war keine Überraschung, und ich brach in Tränen aus. Es war die Zeit des Sonnenuntergangs, und ich weinte bis in die Finsternis.

Als Papa nach Hause kam, erkundigte er sich nach der Ursache meines Kummers. Er versuchte, mir die Unsinnigkeit meines heißen Wunsches deutlich zu machen – ohne Erfolg. Ich konnte nicht aufhören zu schluchzen, und so ließ er sich erweichen und gab mir fünfundzwanzig Pul. Mit den Flügeln, die ich mir durch meine Tränen verdient hatte, stürmte ich in den Laden, gerade noch rechtzeitig, ehe sich seine Türen für die Nacht schlossen. Als ich dann endlich diese unbekannte Wunderform in der Hand hielt, war meine Freude grenzenlos. Mit großartigen Gedanken und fantastischen Vorstellungen darüber, wie ich den nächsten Tag mit meinem rosafarbenen Luftballon gestalten würde, ging ich zu Bett.

Unser Vater hatte für die Familie ein neues Haus gekauft, und ich durfte ihn am nächsten Morgen dorthin begleiten. Nach dem Frühstück, das wie immer aus einer Tasse schwarzem Tee mit etwas Zucker und einem Stück Brot bestand, machten wir uns auf den Weg. Ich mit Papa und meinem Luftballon, der auf meiner Schulter genauso hin und her sprang wie ich selbst – mein Glück war vollkommen.

Dann standen wir vor dem Haus. Ein leichter Wind kam auf. Ich war so achtsam gewesen, und dennoch gelang es diesem zarten Wind, mir meinen Luftballon zu stehlen. Er nahm ihn mir aus der Hand, ließ ihn etwas steigen, schweben und auf einen Dornbusch zusteuern. Ich lief los, wollte ihn einfangen, doch ein lauter Knall erschreckte mich, hielt meine Füße am Boden festgenagelt.

Ich war fassungslos. Meine rosafarbene Wunderform war zerstört, in Fetzen.

»Mit so vielen schweren Tränen hast du dir deinen Luftballon erkämpft, Mahbuba«, sagte mein Vater. »War er das wert?«

WIRD ZERRISSEN

پاره شد

Als ich die erste Klasse besuchte, hatte ich eine junge, sehr hübsche Lehrerin. Sie war modern, und das hieß, dass sie als Einzige in unserem Dorf kurzes Haar hatte, hautfarbene, dünne Strümpfe und Schuhe mit hohen Absätzen trug und darüber einen Mantel, der nur bis zum Knie reichte. Sie war verheiratet und hatte vor Kurzem ihr erstes Kind bekommen.

Mir war es eine Freude, mich nach dem Unterricht in ihrer Wohnung aufzuhalten, die sich im selben Gebäude wie meine Schule befand. Der Grund war ihr kleiner Sohn, den ich liebend gern im Arm hielt, um auf ihn aufzupassen und mich mit ihm zu beschäftigen.

Ich erinnere mich an einen Tag, an dem die Frau in dem lang gestreckten großen Raum, in dem ich mit dem Kind spielte, auf weichen Kissen lag, eng angeschmiegt an ihren Mann. Ich empfand die Situation als ungewöhnlich, sogar als leise beschämend, wusste aber nicht, wie ich damit umgehen sollte. Die Lehrerin befreite sich und mich aus dieser unguten Lage. Sie schickte mich in den Hof hinaus, ich sollte die gewaschenen Windeln von der Leine nehmen. Ich tat, wie geheißen, ging aber nicht zurück in dieses Zimmer, sondern wollte nach Hause.

In fast allen alten Häusern in Herat befanden sich zu beiden Seiten des Eingangstors breite Lehmbänke, auf denen die Männer in der Sonne oder auch im Schatten sitzen konnten, sich unterhielten oder sich auf sonst eine Weise die Zeit vertrieben. Ich hatte mir auf dem Weg einen breiten Grashalm gepflückt und setzte mich nun auf die Bank. Den Halm hielt ich zwischen beiden Daumen, presste ihn an meine Lippen und versuchte, möglichst laute Pfeiftöne hervorzubringen. Ich war sehr darum bemüht, einen harmonischen Klang zu erreichen, und konzentrierte mich ganz intensiv darauf, meinem Halm besonders schöne Töne zu entlocken.

Plötzlich hörte ich eine Stimme, laut und voller Spott: »Wird zerrissen.« Ich vergaß den Grashalm, blickte mich um. Der Nachmittag war heiß und drückend, die Straße war leer, wer konnte hier gesprochen haben? Da sah ich einen jungen Mann vorübergehen. Meine Überraschung war groß. Es gab nur ihn und mich. Also konnte er nur mich gemeint haben.

Mein Spiel war zerstört. Ein Gefühl der Scham überkam mich, ohne dass ich gewusst hätte, warum. Ich empfand sogar einen feinen, versteckten Schmerz. Es war, als hätte mir jemand eine Grenze aufgezeigt.

Das war ein Einschnitt für mich, ein Grunderlebnis: die Erfahrung, dass es anderen erlaubt ist, mir Grenzen zu setzen. Etwas, das mir später noch häufig geschehen sollte und mich immer wieder neu verletzte. Aber genau das hat wohl auch mein Bewusstsein dafür geweckt und meinen Widerstand dagegen gestärkt.

»Wird zerrissen.« Nur zwei Wörter, und sie können so viel beinhalten. Hier ist ein Mädchen, noch keine sieben Jahre alt. Sie versteht nicht wirklich, was gemeint ist. Könnte es sich darauf beziehen, was sie zwischen ihren Beinen hat? Etwas, das für sie vollkommen natürlich ist, so natürlich wie ihre Augen, Ohren, Hände. Sie weiß nicht, was dieses Stück Fleisch bedeutet. Könnte vielleicht aber das die Ursache dafür sein, dass ein fremder Mann, der vorübergeht, ob reich oder arm, ob gebildet oder ungebildet, ob schön oder hässlich, es sich erlauben kann, über sie zu entscheiden und sein Urteil zu fällen?

Es ist so. All die Mühsal, all die belastenden Gedanken, alle Beschränkungen, denen ein Mädchen durch Vater, Mutter, Brüder und letztlich die Gesellschaft ausgesetzt ist, kreisen grundsätzlich und jederzeit um dieses »Zerrissen«. Es geht um die Jungfräulichkeit, den höchsten Schatz, den ein Mädchen besitzt und der ihr dennoch nicht gehört. Er muss bewahrt werden um jeden Preis, muss aufbewahrt werden für den zukünftigen Eigentümer, den scheinbaren Eigentümer, den Ehemann.

Sexualität in Liebe und Würde ausgelebt ist fraglos ein großer Reichtum – wenngleich es in der afghanischen Gesellschaft ein absolutes Tabu ist, darüber zu sprechen. Wenn Frauen aber ausschließlich unter dem Aspekt der Jungfräulichkeit betrachtet und bewertet werden, kann dies nur zu einem Strom von Unbehagen und Unglück führen. Mann und Frau erleben sich in einer Art gesellschaftlichem Kokon, aus dem sie sich nicht befreien können.

Wie oft habe ich von einer Mutter, einer Großmutter, einer älteren Schwester Worte dieser Art gehört: »Pass auf.« – »Schäm dich.« – »Es wird zerrissen.«

Auch wenn dies noch so sehr aus Zuneigung und Fürsorge geschehen mag, so hat es doch zur Folge, dass einem jungen Mädchen viele Möglichkeiten verwehrt bleiben. Das gilt mit Sicherheit für diverse Sportarten, kann sich aber sehr wohl auch auf die Wahl von Studium und Beruf auswirken. Viele afghanische Mädchen leben in der unbegründeten und dennoch tief empfundenen Angst, dass beispielsweise Fahrradfahren, Seilspringen oder auf einen Baum klettern ihr zukünftiges Glück gefährden oder gar verhindern könnte.

Sie werden es erleben, dass »es« nur von einem Mann zerrissen werden kann.

Wie traurig und absurd, wenn ein siebenjähriges Mädchen, das in aller Unschuld mithilfe seiner Lippen und beider Daumen einem Grashalm schöne Töne zu entlocken sucht, in das dunkle Netz dieser Gedanken gedrängt wird.

DAS WETTSPIEL

Wetten, das ist eine Leidenschaft, die man in den unterschiedlichsten Kulturen und deshalb natürlich auch in den unterschiedlichsten Formen findet. Und sie treibt die Menschen um – ob sie wollen oder nicht.

Unser Vater wollte verhindern, dass die Wettlust in der Familie zu einem Konkurrenzdenken führen würde, das uns beschädigen könnte; und so machte er daraus eine Art pädagogisches Spiel, das unsere Konzentrationsfähigkeit stärken sollte.

In unserem Hof lief immer eine Schar von Hühnern herum, die uns ihre Eier schenkten, aber es gab auch hin und wieder Anlässe, bei denen sie für uns ihr Leben lassen mussten. So etwa beim Ramadanfest und beim Opferfest, wenn ein Familienmitglied krank war, oder wenn meine Mutter wieder einmal ein Kind zur Welt gebracht hatte.

In reichen Familien konnte so ein Festessen an der Tagesordnung sein; bei uns aber war es die Ausnahme, eine Ausnahme, die mit bestimmten Erwartungen und Ritualen verbunden war.

Das gemeinsame Abendessen war allgemein die Hauptmahlzeit. Eine wichtige Aufgabe kam dabei einem fünf, sechs Jahre alten Kind zu: Es legte sich ein handgewebtes helles Leinentuch mit bunten Streifen und Fransen über die Schulter, nahm eine mit Wasser gefüllte *aftaaba*, eine schlanke, glänzend ziselierte Kupferkanne, und eine *lagaan*, eine kupferne Schale, in die Hände. Das Kind begab sich zur ältesten Person, das konnte ein Mann sein oder eine Frau, goss Wasser über deren Hände, fing es mit der *lagaan* auf und reichte dann das Tuch zum Trocknen. Streng nach der Hierarchie des Alters ging es so von einem zum anderen, bis alle, die an der Mahlzeit teilnahmen, diesen schönen und sinnvollen Brauch der Reinigung vollzogen hatten. Für uns war es selbstverständlich und vollkommen natürlich, mit den Händen zu essen.

Wir Kinder liebten diese festlichen Mahlzeiten, wenn unter dem duftenden Reis, dem *morg palau*, ein Hähnchen versteckt lag. An einem dieser Abende, ich war etwa sechs Jahre alt, war ich mir sicher: Endlich würde die Reihe an mir sein. Dieses Mal würde Papa mit mir das Wettspiel antreten, bei dem sich alles um die Hühnerbrust und den V-fömigen Knochen drehte, der sich darin verbarg. Keiner von uns hätte je daran gezweifelt, dass dem Vater grundsätzlich der beste Teil des Essens zustand. Nachdem das Brustfleisch verzehrt war, kam das von mir so sehr ersehnte knöcherne V ans Licht, und Papa sagte: »Mahbuba, wir beide wetten heute Abend.« Ohne die Regeln dieser Wette zu kennen, ohne zu wissen, wie sie beginnen und wie sie zu Ende gehen würde, fühlte ich mich bereit.

Er streckte mir das nackte, von allem Fleisch befreite Brustbein entgegen und behielt dabei den einen Flügel dieses knochigen Winkels in seiner starken, erfahrenen und liebevollen Hand. Mein Kinderhändchen umfasste den anderen Teil. Beide wollten wir diesen Knochen brechen, und das war der Augenblick, in dem die Wette begann.

Das gelang uns auch, und so hielt schließlich jeder ein Stück Hühnerknochen in der Hand. Papa reichte mir seinen Teil des Brustbeins, und ohne zu zögern nahm ich es an. Meine Überraschung war groß, als Papa zu lachen anfing und sagte: »Ich erinnere mich. Und du hast vergessen.« Im selben Augenblick wurde mir klar, dass ich diese Wette verloren hatte. Ich fühlte mich entsetzlich dumm und kam mir lächerlich vor.

Bei dieser Wette, der *chanaq zadan*, kommt dem Satz »Ich erinnere mich« die wesentliche Rolle zu. Wenn einer der beiden Wettpartner, egal bei welcher Gelegenheit, egal zu welcher Zeit, dem anderen irgendetwas überreicht, muss dieser sagen: »Ich erinnere mich.« Geschieht dies nicht, weil der Nehmende vielleicht unaufmerksam oder unkonzentriert ist, sagt der Gebende: »Ich erinnere mich. Und du hast vergessen« – und ist damit der Gewinner.

Ich musste einige Zeit warten, bis es wieder einen Anlass gab, ein Hähnchen zu schlachten und den *morg palau* zu genießen. Aber auch mein zweiter Wettversuch war nicht erfolgreich, und ich blieb als verbitterter Verlierer zurück. Dennoch hatten diese Niederlagen für mich auch ihr Gutes. Sie führten dazu, dass ich mich später in der Schule immer so gut wie nur möglich konzentrierte, um alle Aufgaben richtig zu erledigen und keinen Wettbewerb zu verlieren.

Inzwischen war ich ein junges Mädchen geworden, und eine *chanaq zadan* hatte ich immer noch nicht gewonnen. Aber ich brannte auf eine solche Gelegenheit. Es war die Zeit, in der sich eine familiäre Veränderung ergab. Uns war ein neues Schmuckstück zugewachsen, weil unsere dritte Schwester geheiratet hatte. Zum ersten Mal gab es also neben Papa einen Mann im Haus.

Die beiden lebten zunächst in der Familie des Mannes, die etwas außerhalb von Herat ein schönes altes Haus besaß. Halima war Lehrerin, doch der Weg zu ihrer Schule war lang, umständlich und beschwerlich. Öffentliche Verkehrsmittel standen ihr nicht zur Verfügung, aber ihr Mann besaß ein Motorrad, und so beschlossen sie, dass er sie jeden Morgen damit zur Arbeit bringen sollte. In ihrer Lehreruniform saß sie auf dem Rücksitz, und auf dem Kopf trug sie lediglich ein kleines Tuch. Dieses Bild war etwas völlig Neues für die Stadt Herat, und das zog natürlich Gerede nach sich – ob gut oder schlecht, wer weiß das schon.

Unser Vater aber empfand das als eine Belastung und wollte es nicht dulden. Also musste man für dieses angebliche Problem eine Lösung finden. Sie bestand darin, dass die ganze, um den neuen Ehemann erweiterte Familie in ein größeres Haus umzog. Das junge Paar musste sich jedoch keinerlei Familienzwängen unterwerfen, sondern konnte sein eigenes unabhängiges Leben führen. Feste, Ausflüge und ähnliche Ereignisse feierten wir aber gerne gemeinsam.

An einem Freitag machten wir einen Ausflug zu unseren Verwandten auf dem Dorf. Die Stadt Herat mit ihrem Umland ist nicht nur für ihre prächtigen Seidenstoffe berühmt, sondern auch für ihre köstlichen Weintrauben, die jedoch nicht auf Weinbergen, sondern auf flachen, von Menschenhand angelegten Hügelketten wachsen. Die Rebe wird in einer Tiefe von etwa drei Metern gepflanzt und der wachsende Rebstock mit seinem reichen Traubenbehang, der in den unterschiedlichsten Farben glänzen kann, muss nicht gestützt werden, weil er sich an die für ihn aufgehäufte Erde schmiegt. Dazwischen finden sich vielerlei Bäume, die herrliches Obst tragen, wie etwa Äpfel, Birnen, Pflaumen, Königsmaulbeeren und Granatäpfel. Besonders schön ist es im Frühling, wenn nicht nur die

Bäume blühen, sondern auch Tulpen, Narzissen, Lilien, Iris und Hyazinthen.

Am Rande eines großen Gartens befinden sich bei uns in der Regel Maulbeerbäume, Aprikosenbäume, Feigen- und Pfirsichbäume. Da vor allem der Maulbeerbaum ein großartiger Schattenspender ist, werden unter seiner Krone häufig Lehmbänke errichtet, die zu einem Picknick geradezu einladen. Und so hatte sich an jenem Freitag unsere ganze Familie unter einem Maulbeerbaum im Garten der Verwandten eingefunden. Zum Mittagessen sollte dort eine Suppe aus Lammfleisch und mehreren Gemüsesorten zubereitet werden, und mein Schwager war für die Feuerstelle verantwortlich.

Seit fast drei Monaten lief zwischen ihm und mir die bewusste Wette. Die Worte »Ich erinnere mich« waren in meinen Gedanken höchst lebendig. Ich war kein Kind mehr, und ich wollte dieses Mal auf keinen Fall verlieren. Meinem Schwager ging es nicht anders. Um keinen Preis der Welt wollte er gegen eine Frau verlieren. Sollte er gewinnen, müsste ich für ihn ein gutes Rasierwasser kaufen. Ich als Siegerin würde eine kleine Flasche weißen Nagellack bekommen.

Ich hielt mich in seiner Nähe und konnte erkennen, dass er ganz in seine Aufgabe vertieft war und ihn das Feuermachen gefangen hielt. Ich tat, als wollte ich ihm helfen, und reichte ihm Streichhölzer. Er nahm sie mir ab, ohne die Zauberformel zu sprechen. »Ich erinnere mich. Und du hast vergessen«, so sagte ich in dem wunderbaren Gefühl meines Sieges. Er war fassungslos. Für mich sollte dies die dritte und letzte *chanaq zadan* meines Lebens sein.

Dieser Nagellack war mir unendlich wichtig, einmal, weil ich zum ersten Mal gewonnen hatte, und dann, weil ich noch nie zuvor so etwas besessen, aber schon lange Zeit ersehnt hatte. Als kleines Mädchen hatte ich bei der Verlobungsfeier einer Cousine die in strahlendem Rot glänzenden Fingernägel der Braut bewundern dürfen. Ich war hingerissen, und dieses Bild blieb in meinem Herzen.

Für mich selbst wählte ich dann die Farbe Weiß, weil ich meine Hände zwar schmücken, aber nicht allzu sehr verfremden wollte. Ich wagte es sogar, die Nägel meiner linken Hand etwas länger wachsen zu lassen, um dem Glanz mehr Raum zu bieten. In Papas Gegenwart allerdings versuchte ich, meine Linke zu verbergen. Ich wusste, dass unsere Religion das Tragen langer Fingernägel verbot. Dahinter steckte der Gedanke, dass sich darunter im Laufe des Tages Schmutz ansammeln und die gebotene Reinheit der täglichen Gebete beeinträchtigen und womöglich sogar zu gesundheitlichen Schäden führen könnte. Eines Morgens beim Frühstück aber fragte er mich: »Warum sind deine Nägel so lang? Das ist doch eine Sünde.«

Obwohl ich meine langen Nägel so gerne behalten hätte, habe ich sie geschnitten – aus Respekt vor meinem Vater.

Die Wahrheit ist: Mein Herz war dagegen, mit aller Macht und Ohnmacht.

ناتوانی

ROCK VOLLER BLUMEN

دامنی پر از گل

In vielen persischsprachigen Ländern wird *nouruz*, das Neujahrsfest, am Abend des 20. März, der Tagundnachtgleiche, gefeiert. Der Tag, an dem auf der nördlichen Erdhalbkugel der Frühling beginnt, ist der erste Tag des neuen Jahres. Dieses Fest, das seine Wurzeln in der Natur hat, kann auf ein langes Leben zurückblicken, auf eine Spanne von gut viertausend Jahren. Man feiert das Erwachen und die Erneuerung, die Überwindung des Alten und Abgelebten. Seine Riten verweisen auf die zoroastrischen Vorfahren und stammen damit aus vorislamischer Überlieferung. Zwar lassen sich kleinere regionale Unterschiede entdecken, in ihrem Kerngehalt aber sind sie unverändert geblieben.

Was bei dieser Freudenfeier auf keinem Tisch oder Essteppich, dem *sofreh*, fehlen darf, sind die *haft-sin*. Das sind sieben pflanzliche Nahrungsmittel, die Unterschiedliches symbolisieren, deren Gemeinsamkeit aber darin besteht, dass sie alle mit demselben Buchstaben, dem S, beginnen. Mit einem S beginnt auch *saal*, das Wort, das Jahr bedeutet.

Sir, der Knoblauch, soll schützen; *somagh*, ein saures Pulver, das aus dem Fruchtstand des Essigstrauchs gewonnen wird, stellt den Geschmack des Lebens dar; *serkeh*, der Essig, steht für Fröhlichkeit; *sib*, der Apfel, fördert die Gesundheit; *sendsched*, die Maulbeere, symbolisiert die Saat des Lebens; *samanou* ist eine Weizenpaste, die Segen bringt, und *sebzeh*, die frischen grünen Kräuter und Sprossen, gelten als Muntermacher.

Die Zubereitung von *samanou* beispielsweise ist aufwendig. Zehn bis sieben Tage vor Neujahr legt man Weizenkörner in eine Schale, gibt etwas Wasser hinzu und bedeckt sie mit Gaze. Sind die Sprossen etwa fingerhoch, gibt man sie in eine innen glasierte Keramikschüssel, zermahlt sie mit einem runden Stein und presst sie dann durch ein Tuch, um den Saft zu gewinnen.

Am Neujahrsabend wird im Hof ein Feuer entfacht, auf dem dieser Saft langsam eingekocht wird. Die Familien versammeln sich um das Feuer, unterhalten sich, singen Lieder und tanzen. Die Jungen und auch die Mädchen machen sich ihren Spaß daraus, über das Feuer zu springen und einander dabei so gut wie möglich an Mut und Fröhlichkeit zu übertreffen.

Um zwölf Uhr, wenn das neue Jahr beginnt, umarmen sich alle und wünschen einander Glück. Die Frauen aber füllen ihre alten Tonkrüge mit Wasser, steigen damit auf das Hausdach und schmettern sie lustvoll und mit Wucht in die Tiefe. Das spritzende Wasser soll Sauberkeit, Helligkeit, Gesundheit und Reichtum ins Haus bringen, der Klang der zerberstenden Scherben soll alle bösen Kräfte vertreiben. Die Ursprünge dieser Tradition lassen sich zurückverfolgen bis in die Zeiten der Lehren des Zarathustra, in denen Wasser, Feuer, Luft und Erde als heilige Elemente verehrt wurden.

Der Neujahrstag ist im ganzen Land ein offizieller Feiertag, der aber von Frauen und Männern getrennt begangen wird. Die Männer versammeln sich auf Festplätzen, die am Stadtrand liegen, und verlustieren sich auf ihre Weise.

Auch die Frauen treffen sich an bestimmten Festorten. Sie kleiden sich in ihre schönsten und neuesten Gewänder, schminken sich das Gesicht und schmücken ihr Haar. Zu Hause hat jede schon eine Schüssel voll mit gelbem Neujahrsreis zubereitet, der nun präsentiert und dann gemeinsam verspeist wird. Sie spielen Karten, singen und tanzen, begleitet vom Klang der *daaf*, einer flachen Trommel, die von Frauen schon seit Jahrhunderten gerne gespielt wird. Dieses Fest ist für die Frauen im Grunde die einzige Gelegenheit, sich in der Öffentlichkeit ohne Männer zu zeigen, sich auszutauschen, sich zu vergleichen und vielleicht auch sogar ein bisschen miteinander zu konkurrieren.

Am meisten aber genießen die Kinder das Neujahrsfest. Ich habe viele schöne Erinnerungen an diese Tage. Vor allem das Karussell fand meine Bewunderung, auch wenn mir davon schwindlig wurde. Und die Vielfalt an Süßigkeiten, in herrlichen Farben und teils bizarren Formen, war überwältigend. Was mich aber am nachdrücklichsten in Erstaunen versetzte, waren die präzisen roten Kreise, die sich die Frauen als Schmuck auf die Wangen gemalt hatten. Bei meiner Mutter hatte ich so etwas noch nie gesehen.

Als wir uns einmal bei Sonnenuntergang auf den Weg nach Hause machten, war ich ganz erschöpft von so viel Festlichkeit und den vielen neuen Eindrücken. Wir stiegen einen Hügel hinab, und in der Ebene, die vor uns lag, erblickte ich plötzlich Felder und Felder voller wilder blühender Blumen. Das helle Abendlicht, das traumhaft schöne Violett der Blumenfelder, der Duft, den die Natur verströmte, das alles verzauberte mich, und ich fühlte mich augenblicklich wieder voller Leben. Ich raffte meinen kurzen Faltenrock, den ich wie immer über einer Hose trug, wie ein Tuch zusammen, lief mitten hinein in diese Blumenpracht und pflückte von diesen zarten Gebilden eines nach dem anderen, bis mein Rock so voll gefüllt war, dass er keines mehr fassen konnte.

Zu Hause legte ich meinen Schatz in einer Ecke unseres Hofes ab. Am nächsten Morgen, als ich erwachte, lief ich voller Freude und so schnell ich nur konnte, zu meinen Blumen. Sie waren alle tot. Ich war traurig, abgrundtief.

Meine Mutter klärte mich auf: »Du hättest sie nicht pflücken sollen. Und wenn, dann hättest du ihnen Wasser geben müssen.«

Mir war das unbekannt. Noch nie hatte ich eine lebendige Blume in einem Gefäß gesehen. Wenn etwas in einer Vase steckte, dann waren das künstliche Scheinpflanzen. Aber ich habe daraus gelernt, dass man das Leben nicht von seinen Wurzeln trennen darf.

EIN GETREIDESPEICHER IM WOHNZIMMER

انبار غله در اتاق نشیمن

In Afghanistan gibt es nicht allzu viele Menschen, die genau wissen, wann sie geboren sind. Dass das Jahr, der Tag, die Stunde und die Minute ihrer Geburt auf der weißen Brust eines Papiers festgehalten und damit auch dokumentiert wird, ist nur ganz selten der Fall. Man behilft sich eher so: Es war kalt, es war warm, es war Sommer, vielleicht Frühling, es war die Zeit, in der man den Weizen geerntet hat, die Sonne ist untergegangen, es hat gedonnert und geblitzt, viel Regen fiel vom Himmel. Kommt ein Sohn an einem Festtag zur Welt, sei es an Ramadan, zum Opferfest oder zum Neuen Jahr, ist die Freude besonders groß, und häufig erhält dieser Junge dann auch einen Namen, der sich auf dieses Fest bezieht, wie etwa Nouruz, Gorban oder Ramadan.

Das hat nicht unbedingt damit zu tun, dass die Menschen das Schreiben nicht beherrschen, denn auch in vielen gebildeten Familien unterlässt man es, die Geburt eines Kindes schriftlich festzuhalten. Was sich darin ausdrückt, ist eine bestimmte Einstellung dem Geborenwerden und damit dem Leben gegenüber. Der Mensch kommt und geht, er ist ein paar Tage Gast auf dieser Erde. Diese Welt ist einem nicht treu, man verlässt sie in der Hoffnung auf ein Leben nach dem Tod, auf ein ewiges Leben, das besser sein wird und das man höher wertet als jenes, das man hat oder gehabt hat.

Auch wenn die Geburt nicht dokumentiert wird, so wird sie dennoch sehr wohl gefeiert, besonders dann, wenn ein Junge seine Augen für die Welt geöffnet hat. Es ist eine Herzensfreude, und sie geht einher mit Stolz. Das gilt für die Mutter, noch mehr aber für den Vater, der sich nun mit hocherhobenem Haupt und kerzengerade auf all seinen Wegen in der Familie, in den Straßen und der Gemeinde zeigen kann.

Die Paschtunen, vor allem die Nomaden, geben ihrer Freude über die Geburt eines Jungen durch Gewehrsalven Ausdruck. In der Stadt werden an die Verwandten und Nachbarn Süßigkeiten verteilt. In reichen Familien wird eine Knabengeburt am siebten Tag opulent gefeiert mit festlichem Essen, mit Musik und Tanz. Und so sitzen dann am Kopf der Festtafel neben dem Vater womöglich der Imam und der *arbab*, der Gemeindevorsteher, oder wer sonst noch von den reichen und einflussreichen Persönlichkeiten als Gast zu gewinnen ist; man nimmt gerne auch einen Dichter oder Intellektuellen als schmückendes Beiwerk. Die Frauen feiern getrennt und längst nicht so aufwendig wie die Männer. Ihre Freude geht mehr nach innen.

Das jährliche Geburtstagsfest ist ein neuerer Brauch, der mittlerweile von Europa aus seinen Weg in die städtischen Kreise der jungen Generation gefunden hat.

Mein Vater hatte ein Notizbuch. Es war von Hand gebunden, sein Umschlag bestand aus handgeschöpftem, grün marmoriertem Karton, und für uns Kinder stellte es eine geheimnisvolle, fremde Welt dar, zu der nur Papa den Zugang hatte. In seiner schönen Schrift, die als die gebrochene Kalligrafie bezeichnet wird, hielt er mit blauer Tinte so manches darin fest – wie beispielsweise alle Geburts- und Sterbedaten der Familie. Auch mein Name stand da, weil ich als sechstes Kind am 19. Januar 1957 in einer tiefen kalten Winternacht meine Mutter von der Last meines Gewichts befreit und mit einem Schrei als Zeichen meiner Gesundheit diese unklare Welt begrüßt hatte. Das geschah unter dem Dach des Hauses, das meine Mutter von ihrem Vater geerbt hatte, im Dorf Hause-Karbas etwa dreißig Kilometer nördlich von Herat.

Meine Eltern waren beide Einzelkinder. Mein Vater stammte aus dem Dorf Dschegara, das mit großem Wasserreichtum gesegnet war. In meiner Erinnerung ist dieser Ort eine Oase, leuchtend grün, fruchtbar und umgeben von reich tragenden Obstgärten. Sein Vater und sein Großvater waren beide Richter gewesen, die, um ihren Arbeitsplatz in der Stadt zu erreichen, noch ein Pferd besteigen mussten. Mein Vater war drei Jahre alt, als sein Vater völlig unerwartet starb. Die Todesursache konnte nicht geklärt werden, weil es damals keinen Zugang zu einer medizinischen Versorgung gab. Dieser Verlust hinterließ in ihm tiefe Spuren, da sich seine Mutter bald darauf für eine zweite Ehe entschied. Bei der Hochzeitsfeier hielt der Dreijährige sich am grünen Schleier der Braut fest, die Augen voller Tränen. Der neue Ehemann war Landwirt und Geschäftsmann. Da er keinerlei Interesse an Bildung zeigte, durften später weder mein Vater noch seine Halbgeschwister, ein Mädchen und zwei Jungen, die Schule besuchen. Stattdessen musste mein Vater im Haus helfen und die Schafe auf die Weide führen.

Seine Onkel, die Brüder seines Vaters, waren nicht glücklich über diese Entwicklung, und so beschlossen sie, den Elfjährigen, der, wie sie fanden, auf die Nähe der Mutter nicht mehr dringend angewiesen war, zu sich zu holen und ihm den Schulbesuch zu ermöglichen – ein Glück für meinen Vater, und für die meisten afghanischen Kinder damals alles andere als selbstverständlich.

Meine Mutter, die wie ich im Dorf Hause-Karbas geboren worden ist, wurde schon als Kind von ihren Eltern zur zukünftigen Frau meines Vaters bestimmt. In Afghanistan kommen auf diese Weise viele Ehen zustande. Wenn auch nicht immer glückliche, weil die Eltern sich aus Gründen der Ehre in alle Zukunft an ein Heiratsversprechen gebunden glauben und deshalb auf die Gefühle ihrer heranwachsenden Kinder keine Rücksicht nehmen wollen oder können. Meine Eltern gehörten zu jenen Kindern, für die die Entscheidung der Erwachsenen sich nicht in ein Unglück verwandelte, sondern im Gegenteil zu einer liebevollen, harmonischen Ehe führte. Meine Mutter war vierzehn Jahre alt, als sie in das Hochzeitszimmer geleitet wurde. Nicht das tatsächliche Alter war ausschlaggebend für eine Eheschließung, sondern die Anzeichen körperlicher Reife – bei der Frau der Beginn der Menstruation, beim Mann das Sprießen von Barthaaren.

In der Regel wird die Frau nach der Hochzeit in die Familie des Mannes aufgenommen; doch da mein Vater keine stabile eigene Familie hatte, zog er zu den Eltern seiner Frau. Meine Mutter fühlte sich bei ihm sehr aufgehoben. Er war Lehrer, sah gut aus, trug Anzug und Krawatte und war glatt rasiert. Damit gehörte er zu den modernen Männern und unterschied sich so von den meisten anderen Dorfbewohnern. Ihre Liebe und ihre gegenseitige Achtung nahm diese junge Familie wie ein Schutzengel unter seine Flügel.

Der Vater meiner Mutter konnte nicht lange an dem jungen Glück in seinem Haus teilhaben, weil er das Leben verließ. Seine Frau, meine Großmutter, entschied sich nicht für eine zweite Ehe, sondern stellte ihre ganze Kraft und alle ihre Fähigkeiten der Familie ihrer Tochter zur Verfügung. Sie war eine schöne, große schlanke Frau, die immer etwas zu tun fand – so jedenfalls habe ich sie in Erinnerung. Ihre Gedanken und ihre Ansichten hatten Gewicht, auch bei meinem Vater.

Meine Großmutter hatte eine sehr starke Bindung an das Haus, in dem die Familie lebte. Es war ein traditionelles, für Herat und seine Umgebung typisches Haus, aus ungebrannten Ziegeln errichtet, die mit einer Schicht aus Lehm und Heu verputzt worden waren. Wenn es geregnet hatte, verströmte es einen Duft, der so frisch und intensiv war, dass er noch heute meine Nase streichelt.

Mitten durch unseren Hof lief ein Bach, der uns das so wertvolle Wasser, auch unser Trinkwasser, lieferte. Er wurde überschattet von einer mächtigen alten Platane, unter deren Schutz wir uns an heißen Sommertagen liebend gerne zurückzogen. In einer Ecke des Hofes befand sich der *tendur*, ein Backofen aus Lehm, der zwei- bis dreimal die Woche mit Holz und Dornenzweigen aufgefüllt und zum Brotbacken befeuert wurde.

Das Haus bestand aus zwei Stockwerken. Das Erdgeschoss war in der Regel für die Tierhaltung vorgesehen, aber da wir keine Tiere besaßen, wurde bei uns stattdessen ein geräumiger Raum als Gästezimmer eingerichtet, das allerdings Männern vorbehalten war. Unser Vater empfing dort Freunde, man speiste reichlich, widmete sich aber auch von Herzen der Dichtung und der Musik. Man las die Verse von Ferdouzi aus dem berühmten Epos *Schachameh* und spielte zur musikalischen Untermalung auf den Saiteninstrumenten *dutar* und *robab*.

An dieses Gästezimmer schlossen sich zwei kleinere Räume an, die meine Großmutter als Vorrats- und Speisekammern nutzte. Sie bewahrte darin beispielsweise ihren selbst fabrizierten Essig auf, den *serkeh*, aber auch allerlei Haus- und Heilmittel, die sie für die Familie auf Vorrat und nach teils komplizierten Verfahren ansetzte. *Char arraq* fällt mir dabei ein, ein Mittel gegen Magenschmerzen, und vor allem *golgant*, das so verlässlich gegen Erkältung oder auch einfach Unwohlsein half – unzählig viele Rosenblätter musste man dafür mit etwas Zucker einstampfen und das innen glasierte Keramikgefäß, in dem sie aufbewahrt wurden, anschließend mit einem Wattebausch zustopfen und dann mit einer Teigschicht überziehen, um sie so vor dem Verderben zu bewahren.

Alle Zimmer im Obergeschoss waren mit einer kuppelförmigen Decke ausgestattet, in deren Mitte sich ein Loch befand, das für Belüftung sorgte. Dort waren unser geräumiger Wohnraum, ein zusätzlicher großer Abstellraum und das Elternschlafzimmer, das für uns Kinder *haram* war, das hieß: Eintritt verboten. Nur das jeweils jüngste Kind schlief, weil es ja gestillt wurde, im Zimmer der Eltern. Kam dann das nächste Baby, wurde auch die mittlerweile nicht mehr Kleinste zu uns anderen Schwestern verfrachtet, die wir alle, zusammen mit der Großmutter, im Wohnzimmer schliefen. Betten kannten wir nicht. Wir schliefen auf gesteppten Wollmatratzen, die tagsüber an die Wand gelehnt wurden und als Rückenlehnen dienten, da man selbstverständlich auf dem Boden saß. Ein- bis zweimal im Jahr, auf jeden Fall aber vor *nouruz*, wurden diese Bettstätten in einem aufwendigen Prozess auseinandergenommen, gründlich gereinigt, dann ebenso mühevoll wieder zusammengenäht und meist auch mit neuen Stoffbahnen versehen.

Unser Wohnzimmer wies eine Besonderheit auf: Eine der Wände enthielt einen Silo, der jeden Sommer nach der Ernte mit Weizen angefüllt wurde. Etwa alle zwei Monate wurde der Verschlussstöpsel herausgezogen, und ein goldener Strom von Weizenkörnern ergoss sich mit harmonischem Klang mitten in den Raum. Zwei Jutesäcke wurden gefüllt und mit dem Esel zur Wassermühle gebracht.

Doch dieser Raum barg auch noch andere Geheimnisse. In etwa zwei Metern Höhe, für Kinder außer Reichweite, fand sich ein kleines, hölzernes, reich verziertes Flügeltürchen, das mit einem Schlüssel versperrt war. Dahinter lag eine Art Safe, der aber nicht aus Metall, sondern aus Lehm gearbeitet war. Weder Geld noch Gold wurden darin gehortet, dafür aber eine Welt, wie sie sich jedes Kind erträumte – Zuckerwatte, gebrannte Mandeln, Pistazien, Melonenkerne, Quitten, Granatäpfel, Lakritz und allerlei sonstiges Konfekt. Jedes Mal, wenn Mutter oder Großmutter dieses Türchen öffneten, tat sich für mich diese verführerische Welt auf, von der ich mir wenigstens ein kleines Tröpfchen erhoffte und in der Regel auch bekam.

Etwas Außergewöhnliches gab es auch im Schlafzimmer unserer Eltern zu bestaunen: kein Bett, aber immerhin einen Tisch mit einem Stuhl davor. An der Wand darüber hing der einzige Spiegel des Hauses. Auf der fein gearbeiteten Tischdecke standen zwei Kästchen. Das eine enthielt Schminksachen, die meine Mutter aber kaum benutzte, im anderen bewahrte sie ihren Schmuck auf. Da es weder Banken noch Sparkassen gab, diente Schmuck nicht nur Schönheitszwecken, sondern war auch als echter Notgroschen gedacht. Noch wichtiger aber war, dass er als ein Zeichen der Liebe des Mannes zu seiner Frau gewertet wurde.

Ein kleines Detail noch: Unser Wohnzimmer hatte zwei Schiebefenster, deren oberer Teil von einem Halbkreis aus Buntglas gebildet wurde. Frühmorgens, wenn das erste Sonnenlicht hereinfiel und spielerisch durch diese Fenster leuchtete, war es, als zögen sich farbige Bahnen durch unser Zimmer. Ich liebte diese bunten Lichtersträuße.

Dass sehr viel später bunte Glasfenster in meinem Leben eine so wesentliche Rolle spielen würden, konnte ich nicht ahnen.

EIN SCHEINBARER AUFSTIEG

پیشرفت ظاهری

Sein Amt als Lehrer schenkte meinem Vater und uns zwar keine Reichtümer, aber doch eine gewisse Stabilität. Als Privatlehrer, auch für Mädchen, konnte er sogar noch etwas dazuverdienen. Doch dieses ruhige, beständige Leben wollte wohl eine andere Richtung einschlagen.

In der Stadt Herat gab es ein Wasserkraftwerk, das Dschelwarcha, das allerdings nur drei bis vier Stunden täglich Strom liefern konnte. Versorgt wurden damit nur städtische Einrichtungen, Personen des öffentlichen Lebens und einige einflussreiche Familien. Ein Verwandter meines Vaters namens Rasa war der Geschäftsführer. Als die Stadt beschloss, die Stromerzeugung mithilfe von Dieselmotoren zu erhöhen, entschied sich Rasa, alle Schlüsselpositionen des Kraftwerks an Männer aus seiner Verwandtschaft zu vergeben – etwas, das in Afghanistan bis heute unverändert gang und gäbe ist. Meinem Vater bot er die Aufsicht über die Lager- und Materialverwaltung an, da er ihn als absolut zuverlässigen Menschen kannte und schätzte. Nach gründlicher Überlegung sagte mein Vater zu, weil er sich ein besseres Einkommen versprach, und verabschiedete sich, wenn auch schweren Herzens, aus dem Schuldienst. Dass diese Entscheidung sein Herz noch viel schwerer machen würde, konnte er nicht wissen.

Eine der ersten Konsequenzen bestand darin, dass sich die Familie für den Umzug vom Dorf in die Stadt rüsten musste. Für meinen Vater bedeutete dies einen kürzeren Weg zur Arbeit, für meine älteren Schwestern, dass sie die Schule besuchen konnten. Wir lebten zunächst einmal zwei Jahre in einem gemieteten Haus, doch dann stand die Familie vor einer Entscheidung: Sollte man in der Stadt ein Grundstück erwerben und ein Haus bauen, oder sollte man aufs Land zurückkehren und damit wieder in das Haus, das vor allem der Großmutter so viel bedeutete und dessen Besitz durch den Anspruch eines Onkels gefährdet war. Man entschied sich für die zweite Lösung.

Die Tatsache, dass seine Töchter nun nicht mehr zur Schule gehen konnten, lastete schwer auf unserem Vater. Was konnte man da tun? Wie Abhilfe schaffen? Alle seine Überlegungen führten ihn zu einem einzigen Ergebnis: Er müsste eine Schule gründen, eine Schule für Mädchen. Er beriet sich mit einem Cousin, einem sehr kritischen, modern denkenden Mann, der für die Buchhaltung des Kraftwerks zuständig war. Seine Frau war eine der *azadikarda*-Frauen, das heißt eine derer, die ihre Freiheit bekommen hatten, was sich unter anderem auch durch das Tragen moderner westlicher Kleidung ausdrückte. Seine Tochter gehörte zur ersten Generation von Mädchen, die das Gymnasium abschlossen. Im Kreis dieser Familie traf mein Vater auf einige sehr aufgeschlossene Menschen, darunter auch die Dichterin Raufa Ehrary. Mit ihr konnte er sich über seine Ideen und Pläne austauschen, und sie bestärkte ihn in seinem Vorhaben. Daraufhin sprach er mit einflussreichen Dorfbewohnern und fand auch bei ihnen Unterstützung. Seine Kenntnisse und seine Erfahrung als Lehrer kamen ihm bei seinen Verhandlungen mit dem Schulreferat sehr zugute, und bald stand der Verwirklichung seines Traums, der Gründung einer Mädchenschule, nichts mehr im Wege.

Dieses ehrenamtliche Engagement hat meinen Vater sehr viel Zeit und Kraft gekostet. Nach rund zwei Jahren aber konnte er die Früchte ernten. Die Zahl der Schülerinnen und auch der Lehrkräfte war in die Höhe geschnellt, der Ruf der Schule hatte sich bestens gefestigt. Er konnte sich von seinen schulischen Aktivitäten weitgehend zurückziehen, doch seine innere Beteiligung blieb unverändert hoch.

Und wieder stand eine Entscheidung an. Das großmütterliche Haus wurde verkauft, ein neues erworben. Dieses Haus, umgeben von Obstgärten und Wiesen, lag ziemlich weit vom Dorfkern entfernt. Es war schön und geräumig, und man traute ihm eine gute Zukunft zu, weil es an einer Straße lag, die zur iranischen Grenze führte und demnächst asphaltiert werden sollte. Noch aber ließen sich auf ihr kaum Autos, dafür aber immer wieder Kamelkarawanen entdecken. Wenn Vater Obst oder Holz kaufen wollte, gab er dem *sarban*, dem Kamelführer, ein Zeichen, die Karawane anzuhalten. Ein lauter Schrei des *sarban*, und eines der Kamele ging tief in die Knie, damit seine Last erreichbar sei. Für mich war das die immer wieder von Neuem als wunderbar erfahrene Gelegenheit, die dunkle Schönheit der Kamelaugen tief in mich eindringen zu lassen. Doch ebenso sehr genoss ich es, heimlich und unbemerkt im rasenden Zickzack durch eine Kette von rund fünfzig Kamelen zu rennen.

Unser Leben im neuen Haus verlief ruhig und angenehm. Aber leider nicht für lange Zeit. Das Kraftwerk erhielt einen neuen Direktor, und damit ging einher, dass alle Positionen überprüft wurden. Für meinen Vater bedeutete dies, dass er sich urplötzlich in einer unerwarteten und unsäglichen Lage befand.

Bei der Inventur stellte sich heraus, dass von den Materialien, für die er Verantwortung übernommen hatte, eine erhebliche Menge fehlte. Vater war wie vor den Kopf geschlagen und konnte sich den Schwund nicht erklären. Aber verständlicherweise wurde er zur Rechenschaft gezogen.

War er zu gutgläubig, zu naiv gewesen? Oder kannte er einfach die afghanische Gesellschaft nicht gut genug? Eine Kommission stellte die Schadenssumme fest, die mein Vater begleichen sollte – ein Betrag, der seine Möglichkeiten bei Weitem überstieg. Als Alternative stand seine Verhaftung im Raum. Da Vater kein Vermögen vorweisen konnte, kassierte man seine Rentenansprüche. Das aber war nicht ausreichend.

Auch das Unglück schien noch nicht ausreichend zu sein. Das Haus, das uns zwei Jahre lang Sicherheit und Frieden geboten hatte, wurde wiederholt von Dieben heimgesucht, und nicht nur Gegenstände kamen dabei abhanden. Gestohlen wurden dadurch vor allem die Ruhe und die Harmonie der Familie. Wir waren von Angst beherrscht. Nachts verteilten wir uns auf verschiedene Zimmer, um die Wachsamkeit zu erhöhen, und holten uns zur Verstärkung sogar einen Verwandten ins Haus.

Es konnte so nicht weitergehen, und deshalb entschieden sich meine Eltern für einen erneuten Umzug in die Stadt. An einem Spätsommermorgen stand dann ein Lastwagen vor unserer Tür, der unser ganzes Hab und Gut in sich aufnahm und auch uns in eine neue alte Welt verfrachtete.

Diese Welt brachte neue Angebote, aber auch neue Kopfschmerzen mit sich. Eines dieser Probleme war die Schuluniform. Auf dem Dorf bestand sie aus einem schwarzen Rock mit Hose, in der Stadt dagegen trug man schwarze Strümpfe, die bis über die Knie reichten. Unser Vater wollte davon nichts hören und bestand darauf, dass wir auch weiterhin die Hose trugen. Für uns

Mädchen war das ein Konflikt. Wir wollten uns nicht gegen den Vater auflehnen, wollten aber genauso wenig in der Schule unangenehm auffallen. Es gab eine heiße Diskussion innerhalb der Familie, und erst nach langem Hin und Her und dank der Unterstützung einer fortschrittlichen Cousine kam es auch zu einem Ergebnis: Wir erhielten die Erlaubnis, die Strümpfe anzuziehen, und durften uns damit zum Kreis der modernen städtischen Mädchen zählen.

Was die Arbeitssituation unseres Vaters betraf, so war der absolute Tiefpunkt erreicht. Er wurde in die Arbeitslosigkeit entlassen, und der Restbetrag der Schulden sollte so bald wie möglich beglichen werden. Unsere finanzielle Situation war katastrophal, die Familie konnte nicht einmal mehr die Miete aufbringen. Wie sollten wir dann auch noch die Schulden bezahlen können?

Weil in Afghanistan die Menschen in der Regel nicht auf Stühlen oder Sofas sitzen, sondern auf dem Boden, sind alle Zimmer entweder mit Kelims, Teppichen, Filz oder Schilfmatten ausgelegt. Das hält die Räume warm, ist zugleich ein echtes Schmuckelement und kann je nach Qualität auch einen beträchtlichen Wert darstellen. Eines Morgens kam ein fremder Mann in unser Haus, der mit meinem Vater durch die Zimmer ging. Alle Teppiche wurden aufgerollt und aus dem Haus geschleppt. Dieser Verlust war schmerzlich für unsere Augen und nagte an unseren Herzen.

Ein paar Tage später sah ich, wie meine Mutter ein Kästchen, das sie in der Hand hielt, betrachtete und es dann vor meinem Vater auf den Boden legte. Wir Kinder wussten, was sich darin befand: Schmuckstücke aus Gold und Edelsteinen, die Hände, Arme und Ohren meiner Mutter zierten.

Und immer noch fehlten uns rund fünfzehntausend Afghani. Die Halbbrüder meines Vaters waren der letzte Hilfsanker; sie konnten unserem Vater den Restbetrag zwar leihen, klopften aber im Laufe der nächsten vier Monate immer wieder an unsere Tür, um dieses Geld zurückzufordern. Meine Mutter hatte dafür ihre eigene Erklärung: Von denen, die schon als junge Menschen etwas in der Tasche haben, kann man nichts erwarten.

Endlich aber konnten wir unser Haus auf dem Dorf, das durch die Diebstähle in einen schlechten Ruf geraten war, verkaufen, wenn auch weit unter Wert. Die Schulden konnten bezahlt werden, und die Miete war gesichert.

Niemand hat je mit mir, dem kleinen Mädchen, über diese bitteren Erfahrungen der Familie gesprochen, nicht mein Vater, nicht meine Mutter, nicht meine Schwestern. Aber man muss nicht unbedingt über etwas sprechen, um etwas zu erfahren. Man hat zwei Ohren und zwei Augen, die wach sind, auch wenn die Zunge im Mund schläft.

DIE NOTE NULL

نمره صفر

Unser Umzug vom Dorf in die Stadt geschah Mitte September, das hieß, fast zum Ende des Schuljahres. Er hinterließ tiefe Spuren im Leben der ganzen Familie. Das dörfliche Leben, der Kreis der Freunde und Bekannten, sogar die Luft, die wir geatmet, und das Wasser, das wir getrunken hatten, die Laute und Geräusche, die wir gehört hatten – das alles gab es nicht mehr. Alles war anders. Bei mir betraf das vor allem die Schule und die Klassengemeinschaft.

Im afghanischen Schulsystem war die beste Note eine Zehn, die schlechteste die Null, und mit der Note Dreieinhalb erreichte man mit knapper Not das Klassenziel. Im Dorf war ich nach meinen Notenergebnissen die zweitbeste Schülerin der Klasse gewesen. In der Stadt dagegen fiel ich ab und schaffte es gerade noch, in die vierte Klasse versetzt zu werden.

Nach ein paar Monaten, in denen ich mich sehr bemühte, hatten meine Leistungen sich verbessert, außer im Fach Mathematik, wo ich mich immer noch auf sehr schwankendem Gelände befand. Vor den Sommerferien wurden die Zwischenzeugnisse verteilt. Die Beklemmung, die mich schon eine ganze Weile begleitet hatte, bekam ein reales Gesicht: In Mathematik war ich durchgefallen.

Voller Unruhe und Beschämung kam ich nach Hause. Ich habe nicht die kleinste Erinnerung daran, ob meine Mutter und meine Schwestern mich gefragt, mich geschimpft oder getröstet haben. Aber ein anderes Bild steht klar vor meinen Augen. Es war später Nachmittag, als Papa heimkam und sah, wie ich mich weinend an die Mauer unseres Hauses drückte. Er fragte nach der Ursache meiner Tränen. Ich hatte nicht die Kraft, ihm zu antworten. Ob ich krank sei? Ich blieb still. Ob jemand mich verletzt hätte? Ich blieb still. »Hast du vielleicht das Zeugnis bekommen?« Meine Antwort war schluchzende Stille. Damit wusste er Bescheid, und er forderte mich auf, ihm dieses mich so bedrückende Papier zu bringen. Mit zitternder Hand und voller Scham überreichte ich ihm das Blatt, auf dem meine Noten aufgelistet waren. Das Fach Mathematik war mit einer dick unterstrichenen roten Null bewertet.

Papa hielt mein Zeugnis eine Weile in der Hand. Dann schaute er mich an, und mit seiner ruhigen, tiefen Stimme sagte er so: »Das glaube ich nicht.«

Ich war vollkommen verblüfft. Wie kam er dazu? Eindeutig und ohne jeden Zweifel stand hier die Note Null geschrieben. »Ich werde einen Brief an das Direktorat schreiben und darum bitten, dass man sich deine schriftlichen Prüfungsunterlagen noch einmal genauer ansieht.«

Diese Ferien bestanden für mich vor allem aus Angst und Unruhe. Das außergewöhnliche Anliegen meines Vaters wurde vom Rektorat erstaunlicherweise ernst genommen und akzeptiert. Man bildete eine Prüfgruppe aus drei Lehrern, die sich mit den Rechenaufgaben und meinen Lösungen noch einmal befassen mussten. Und sie kamen tatsächlich zu einem neuen

Ergebnis: Note Drei. Das bedeutete, ich hatte meine Note zwar verbessert, war aber dennoch durchgefallen.

Ich war tief betrübt, vor allem deshalb, weil mein Vater und auch die Lehrer sich so viel Mühe gegeben hatten – und alles war umsonst gewesen. Tatsächlich?

Papa sagte zu mir: »Jetzt kannst du sicher sein. Es war keine Null, es war eine Drei. Und das ist ein Unterschied. Wenn du fleißig arbeitest, kannst du am Ende des Jahres eine gute Note bekommen. Aber mach dir keine Hoffnung auf eine Zehn. Diese Möglichkeit hast du verpasst. In Zukunft musst du dich rechtzeitig anstrengen.«

Ich tat mein Bestes, diesen Unterschied zu verstehen. In meinem Schlusszeugnis stand für das Fach Mathematik die Note Achteinhalb.

Durch seine Unterstützung hat mein Vater mir eine Welt des Vertrauens eröffnet: Es gibt für mich kein Erlebnis, keine Handlung und keine Situation, aus der man nicht etwas lernen könnte, die eine Null als Ergebnis verdienen würde. Null, das bedeutet ein Nichts, ein Nichts an Erfahrung – etwas, das für mich seither undenkbar ist.

DER SCHUH DES COUSINS

In dem einigermaßen guten Gefühl, dass ich mich dank meiner neuen Strümpfe von Tag zu Tag ein bisschen besser in die Klassengemeinschaft integrieren konnte, überstand ich die letzten beiden Monate dieses Schuljahres. Ich erkannte allmählich, was diese Mädchen beschäftigte, wofür sie sich interessierten, wie sie ihre Freizeit verbrachten – im Kino zum Beispiel, ein Ort, den ich nur vom Hörensagen kannte. Aber es gelang mir nicht, eine wirklich nahe Freundin zu gewinnen. Sie alle sahen in mir nach wie vor das Dorfmädchen, nichts als ein naives Dummchen. Und weil ich für mein Alter ziemlich klein war, hatten sie mir heimlich einen Spitznamen verpasst – *muschak*, das Mäuschen.

Das Klassenzimmer war sehr dunkel, die einzige Lichtquelle war ein einsames kleines Fenster. Die Schulbänke mit jeweils drei Sitzplätzen standen in Dreierreihen hintereinander. Die besten Schülerinnen saßen ganz vorne, die schwächsten, ob körperlich oder leistungsmäßig, mussten hinten sitzen. Den Sitzplatz wählen konnte man nur innerhalb der Bank, die einem zugewiesen war.

Eines Tages kam es zu einem Streit. Ich wollte nicht länger in der Mitte sitzen, sondern am Rand der Bank, um mehr Abstand zu gewinnen. Meine Nachbarin verwahrte sich dagegen: »Muschak, du setzt dich dahin, wo ich dich haben will!« Dieser Befehl und die Geringschätzigkeit mir gegenüber trafen mich tief und führten auch auf meiner Seite zu einer heftigen Reaktion. Unverblümt und ohne jede Angst schleuderte ich ihr ins Gesicht: »Du sei still! Mich stört dein Mundgeruch. Du riechst nach Klo.«

Das brachte sie tatsächlich zum Schweigen, und ich konnte mich an den Rand der Bank setzen. Ich hatte mein Ziel erreicht, aber ich hatte dieses Mädchen dabei auch tief verletzt.

Mittlerweile waren wir alle in die vierte Klasse versetzt worden. Ich trug zu meinen neuen schwarzen Kniestrümpfen mattschwarze Gummischuhe, die schwer an Altersschwäche litten. Die vorderen Kappen waren so dünn und abgetragen, dass meine großen Zehen durchschimmerten und sich bald darauf durch ein Löchlein an der Spitze sogar ans Licht kämpften. Mir schien es, als würden sie mich voller Bosheit anlachen. Auch wenn ich noch so sehr versuchte, die Zehen so weit wie nur möglich einzuziehen – es half nicht das Geringste. Da ich über die finanzielle Lage meines Vaters gut genug Bescheid wusste, kam ich gar nicht erst auf die Idee, ihn um neue Schuhe zu bitten.

Die Entscheidung darüber, was für unsere Familie eingekauft wurde, lag zu jener Zeit einzig und allein bei unserem Vater. Ob es um Schmuck ging, um Kleidung, um Stoffe oder Möbel, von Lebensmitteln ganz zu schweigen. Er bestimmte, was gebraucht wurde, und er bestimmte, was zu gefallen hatte. Er fragte niemanden, beriet sich mit keinem, und er ging auch alleine einkaufen. Mag sein, dass diese Haltung noch aus der Zeit stammte, als wir auf dem Dorf wohnten und Vater in der Stadt arbeitete.

Denn als seine vielen Töchter heranwuchsen und sich zu meinungsstarken Frauen entwickelten, erkannte er allmählich, dass es kein Fehler sein musste, sich die Ansichten anderer anzuhören und sich daran zu orientieren.

Damals aber galt in der Familie das Gesetz seines zwar wohlwollenden, aber hoffnungslos patriarchalen Willens noch ganz uneingeschränkt. Weder Männern noch Frauen, und zwar unabhängig von der gesellschaftlichen Schicht, der sie angehörten, wäre es zu jenen Zeiten in den Sinn gekommen, daran zu zweifeln, dass dem Mann die Herrschaft zukam. Und anscheinend waren Vater meine schäbigen Gummischuhe nicht verborgen geblieben. Als er eines Abends nach Hause kam, zog er ein Paar schwarze Lederschuhe aus der Einkaufstasche, stellte sie mir vor die Füße und sagte so: »Die sind für dich. Probier sie an.«

Mein Herz klopfte voller Trauer. Ich hatte auf den ersten Blick erkannt, dass das keine Mädchenschuhe waren, also konnte ich nur hoffen, dass sie mir nicht passen würden. Leider vergebens, in dieser Beziehung hatte mein Vater das Richtige gewählt. Kleinlaut, mit hohem Stimmchen, erklärte ich voller Respekt und Scham: »Diese Schuhe sind aber nicht für Mädchen gemacht.« Er nickte zwar, sagte aber so: »Das sind gute Schuhe. Und du ziehst sie an.«

Hätte ich noch auf dem Land gelebt, hätte ich wohl nicht so viel Grund zur Verzweiflung gehabt. Hier aber wusste ich: Mit diesen Schuhen würde ich nichts als Spott ernten.

Schon als ich sie zum ersten Mal trug, merkte ich, dass meine Mitschülerinnen über meine Schuhe kicherten und sich gegenseitig darauf aufmerksam machten. Als ich am nächsten Tag zehn Minuten vor Unterrichtsbeginn ins Klassenzimmer kam, steuerten zwei der Mädchen, eines davon war meine Bankgegnerin, auf mich zu: »Ach, du hast neue Schuhe. Heb doch mal den Fuß hoch, damit wir die Größe erkennen können.«

Ich tat, wie gewünscht – und schon flog mein neuer glänzender Lederschuh in hohem Bogen in die Luft. Wie ein Fußball wurde er durch den ganzen Raum geschleudert, von einem Mädchen zum anderen, und hilflos lief ich hinterher.

Es waren lange fünf Minuten, und sie kamen mir vor wie eine kleine Ewigkeit. Das Mädchen, das ich damals so gekränkt hatte, hatte endlich Rache nehmen können, und mit ihren höhnischen Worten: »Die Schuhe deines Cousins stehen dir aber gut!«, fand der schlechte Spaß schließlich sein Ende.

Zu Hause dann landeten »die Schuhe meines Cousins« im Regal, und diesen Ort verließen sie nie wieder. Meine löchrigen alten Gummischuhe kamen wieder voll zu Ehren.

WARUM BIN ICH GEBOREN?

In orientalischen Ländern gibt es viele Geschichten, die von Hamam-Besuchen handeln, von der rituellen und der faktischen Reinigung der Körper. Auch in *Tausendundeiner Nacht* erzählt Scheherazade uns Rätselhaftes, Aufregendes und Geheimnisvolles darüber. Immer schon haben sich vor allem Frauen mit diesem Thema beschäftigt, haben Methoden erdacht und Zeremonien erfunden, um den Körper schöner, glatter und angenehmer zu machen.

Wie die christliche, so verbietet es auch die islamische Religion, Erotik und Sexualität nur zum eigenen Genuss auszuüben. Neues Leben zu erzeugen ist das Ziel sexueller Vereinigung. Dreht das erotische Wollen in seiner wunderschönen Form sich nur in einem Kreis von Genuss, gilt es als Sünde. Und doch haben die Menschen ihrer Fantasie immer wieder erlaubt, das göttliche Geschenk der Erotik in all seinen Höhen und Tiefen auszuloten. Mehr noch, man hat sich ganze Regelwerke der Liebeskunst ausgedacht. Was sollte man dem Körper zuführen, was essen, was trinken, um die Wünsche von Körper und Seele zum Zentrum des Lebens zu machen?

Man kann den Körper nach der Reinigung in Rosenwasser und Milch tauchen, den eigenen Körperduft betonen – es gilt, alle Kurven der Weiblichkeit, Busen, Wangen, Schenkel, Hüften, zu unterstreichen und hervorzuheben. Allein die Prozedur der Enthaarung ist aufwendig und großenteils sehr schmerzhaft, stellt aber für muslimische Frauen ein unbefragtes Muss dar. Ein Mann will es nicht haben, dass seine Frau im Bett sich ihm öffnet »wie ein schwarzer Dschungel«. Also zupft man und reißt man, reibt sich ein mit pflanzlichen Pasten, mit Asche und Kalkstein, um den Körper in glatter Makellosigkeit erscheinen zu lassen. Der Statue einer marmornen Göttin soll er gleichen.

Auch Männer trennen sich von Achsel- und Schamhaar, allerdings längst nicht in dem Ausmaß und der Radikalität wie die Frauen, die es für ihre Männer tun, und weil die Tradition es verlangt. Aber bewusst oder unbewusst, gewollt oder nicht, tun sie es auch für sich selbst – um den eigenen Körper genießen zu können, um sich wohl und zufrieden zu fühlen. Je größer die Geldquelle, die zur Verfügung steht, desto kräftiger wächst auch der Baum der erotischen Fantasie, desto üppiger wuchern seine Äste und Blätter. Aber auch den Frauen der mittleren und ärmeren Schichten bedeutet das alles viel, und sie verwenden auf die Schönheitspflege einen großen Teil ihrer Zeit und alles Geld, das sie entbehren können.

Obwohl fast jedes afghanische Haus einen eigenen Hamam aufweist, der auch ständig benutzt wird, ist der wöchentliche Besuch eines öffentlichen Hamam die Regel. Diese Bäder sind ein Ort der Geselligkeit, an dem neue Nachrichten, aufregende Geschichten, aber auch nicht wenige Lügen und Intrigen verbreitet werden. Für viele Frauen, die keinen Zugang zu Schulen oder anderen Bildungseinrichtungen haben, ist der Hamam fast der einzige Ort, an dem sie uneingeschränkten und auch unkomplizierten Austausch mit Frauen außerhalb der eigenen Verwandtschaft pflegen können.

Und wo Intrigen blühen, sind auch die *dschinn*, die guten oder bösen Geister, nicht weit. Da sie sich an feuchten dunklen Orten besonders wohlfühlen, ist der nächtliche Haman einer ihrer bevorzugten Aufenthalte. Sie können die Menschen mit Liebe bezaubern, aber auch mit einem Fluch überziehen. Weder Frauen noch Männer zweifeln daran, dass es die *dschinn* gibt, schließlich bestätigt der Koran sie in mehreren Suren. Es ist nicht allzu erstaunlich, dass eher Frauen als Männer sich von diesen Geistern beherrschen lassen. Ich selbst war von ihrer Existenz tief überzeugt. Nachts, wenn das Licht seine Strahlen nicht mehr überall verstreuen konnte, überflutete mich Angst. Ob im Hof oder im Haus, überall befürchtete ich, dass ein *dschinn* auf mich lauern könnte.

Eines Tages, als meine Mutter sich auf den Hamam-Besuch vorbereitete, erteilte sie einer meiner Schwestern und mir den Auftrag, in der alten Stadt eine Verwandte aufzusuchen, deren Mann dort eine Metzgerei betrieb. Wir sollten für sie eine *rouschui* kaufen, eine Kugel aus Kalkstein und Fett, die bestens geeignet ist, im Hamam die Haut des ganzen Körpers zu pflegen, sie von Staub, Schmutz, Schweiß und trockenen Hautpartikeln zu befreien.

Dieser Tag war ein Freitag, ein Feiertag also. Um in die alte Stadt mit ihren engen Gassen zu gelangen, mussten wir die breite Straße vor der großen Moschee überqueren. Die Masdschede Dschamee in Herat ist die größte und schönste Moschee in Afghanistan, ein Bauwerk von hoher architektonischer Bedeutung. Nach Meinung von Historikern war dieses Gebäude ursprünglich ein Zarathustra-Tempel, der erst nach der Islamisierung im siebten Jahrhundert in eine Moschee umgewandelt wurde. Den höchsten Punkt ihrer Schönheit erreichte sie im vierzehnten und fünfzehnten Jahrhundert zur Zeit der Timuriden, als Herat eines der Zentren dieser Zivilisation bildete und in hohem Ansehen stand. Das Gebäude selbst mit seinen blauen Kuppeln und in den Himmel strebenden Minaretten weist eine einfache, im wahrsten Sinne meisterhafte Form auf. Diese scheinbare Einfachheit und Klarheit der Form wird unterstützt und bereichert durch aufs Feinste gearbeitete Keramikmosaiken, die *kaschi*, die in ihrer Vielfalt aus geometrischen, pflanzlichen und kalligrafischen Ornamenten die Grenze der Vollkommenheit streifen und den Betrachter bezaubern. Obwohl der Islam die figürliche Darstellung verbietet, hat ein anonymer Künstler der Vorzeit aus geometrischen Ornamenten zwei sitzende Figuren erschaffen und in eine der Nischen gebettet. Zu der Zeit, als die Taliban auch über Herat herrschten, bestand die Gefahr, dass diese Nische zur Vernichtung verurteilt war. Doch da diese Menschendarstellung, anders als die Buddha-Statuen in Bamiyan, Teil einer Moschee war, wurde sie verschont.

Drei breite Straßen verbinden die Moschee von drei Seiten her mit der Stadt. Nur wenige Bäume säumen diese Straßen, sodass Menschen dort kaum Schatten finden können. An heißen Sommernachmittagen strahlen sie eine unendliche Leere aus, nichts und niemand bewegt sich, man könnte denken, das Leben selbst hat sich verflüchtigt – ein Gefühl, das man an Freitagen noch stärker empfindet. An jenem Freitag, als meine Schwester und ich unsere Schritte über eine dieser Straßen lenkten, herrschte eine Stille, die fast Angst auslöste. Kein Vogel flatterte, keine Kutsche verteilte den Klang ihrer Glocken, kein Pferdegetrappel streichelte unsere Ohren.

Und plötzlich zerriss etwas Bedrohliches diese Stille, sog sie in sich auf. Es war die harte, laut und weit tönende Stimme des Imam, der von seiner Kanzel herab die Schlusspredigt des

Freitagsgebets verkündete. Seine Worte klangen nach Bestrafung und Tod. Diese Stimme ließ selbst in uns kleinen Mädchen ein deutliches Bild aufsteigen: Hunderte von starken und stolzen Männern zu seinen Füßen, schwach, gehorsam, ergeben, gebückt und gebeugt.

Was hat der Imam diesen Männern verkündet? Er sprach vom Tag des Jüngsten Gerichts, von der Auferstehung der Toten, von ihren Qualen und Schmerzen, von Schlangen und Skorpionen, die sie vergiften, und von den Flammen der Hölle, die sie verschlingen würden. Kein Einziger von ihnen werde die Gnade eines guten Endes erfahren, denn die Folter als Strafe für böse Taten erstrecke sich in die Unendlichkeit. Erlösung darf nicht erwartet werden. Gute Taten sind der einzige Weg, sie zu erreichen.

Und was hat dies alles in mir, dem Kind, ausgelöst? Abgründige Angst hat mich umfangen. In den neun Jahren meines Lebens hatte ich keine Taten begangen, die eine solche Strafe verdient hätten. Ich, die erst vor kurzer Zeit gelernt hatte, meine rechte und meine linke Hand zu unterscheiden, fühlte mich schuldig. Und zwar so schuldig, dass ich über meine Geburt und mein Dasein traurig, betrübt und tief enttäuscht war. Wenn ich schon an einem gewöhnlichen Tag wie heute, an dem die Sonne heiß herniederbrannte, mich kaum vor der Hitze schützen konnte, wie sollte ich mich vor den Flammen des Jüngsten Tages schützen? Wer könnte mich retten?

Vermutlich verstand ich damals in meiner Angst nur den grausamen Gehalt der Worte des Imam. Es ist anzunehmen, dass er auch Wege zu Rettung und Erlösung wies – sich in sein Schicksal zu fügen, die Glaubensregeln zu befolgen und den Vertretern der Religionsgemeinschaft zu gehorchen.

Gedanken dieser Art haben mich lange Zeit beschäftigt. Wo liegt die wahre Rettung? Warum machen wir uns ein Bild von einem Gott, der Menschen schafft, um sie zu foltern? Ist Gott nicht die Quelle aller Liebe? Und wenn ich keine Sünden begehe, warum muss ich Angst vor Folter haben? Das sind Fragen, die nicht nur mich beschwerten und beschweren, sondern viele afghanische Frauen und Männer.

Wenn ich mir allerdings erlaubte, derartige Fragen auch tatsächlich zu artikulieren und zu stellen, zeigte sich mein Gegenüber meist überrascht, verzog das Gesicht und gab mir die Antwort: »Sei still!« Später dann, als ich älter und bewusster war, mich Fragen dieser Art aber immer noch bedrängten, suchte ich Rat bei Theologen. Und das ist die Antwort, die ich erhielt: »Du überschreitest deine Grenzen.«

In einer Gesellschaft, in der eine Frage als Sünde gewertet und die Suche nach einer Antwort schon im Keim erstickt wird, gibt es viele Ketten, die zerbrochen werden müssen.

بایرشور

DIE MUTTER VON TA'US

مادر طاوس

In den 1960er-Jahren, als ich mein Leben im Schutz der Wände und Türen unseres ruhigen Dorfes verbrachte, gab es noch keinerlei Anzeichen dafür, dass es Frauen möglich sein könnte, Verantwortung oder gar eine Beschäftigung außerhalb des Hauses zu finden. Die Frauen arbeiteten schwer, aber ihrer Arbeit wurde bei Weitem nicht die Bedeutung zugemessen, wie sie der Männerarbeit zugebilligt wurde. Nicht nur Männer unterschätzten den Wert der Frauenarbeit, sondern auch die Frauen selbst.

Die größte Aufgabe der Frau war es, alle Wünsche ihres Mannes zu erfüllen, ihm zur Verfügung zu stehen und ihm zu Diensten zu sein. Der göttliche Stempel, der diese Haltung bestätigt und legitimiert, findet sich in bestimmten Suren des Koran. »Die rechtschaffenen Frauen sind demütig, ergeben und sorgsam in der von Allah gebotenen Wahrung ihres Unsichtbaren (ihrer Intimsphäre). Diejenigen aber, von denen ihr Widerspenstigkeit befürchtet, ermahnt sie, lasst sie allein in den Betten, sperrt sie in ihre Gemächer und schlagt sie.« (An-Nisa 34) »Die Frauen sind euch ein Acker, so naht euch eurem Acker, wann und wie immer ihr wollt.« (Baqara 223)

Schon ein neunjähriges Mädchen kann als Frau betrachtet und damit auch verheiratet werden. Und wenn eine Elfjährige einem Mann ins Bett gelegt wird, ist das keine Besonderheit.

Es ist bekannt, dass in Afghanistan der Weg, der Frauen zu Bildung und Ausbildung führt, kaum älter ist als ein halbes Jahrhundert. Die Professionalität von afghanischen Frauen befindet sich sozusagen noch im Frühstadium. Kinder zur Welt zu bringen, in der Küche zu arbeiten, Haus und Hof sauber zu halten, mit dem eigenen Mann gelegentlich auf dem Feld zu arbeiten – diese Dinge sind auch in der Geschichte Europas anzutreffen unter dem Schlagwort »Kinder, Küche, Kirche«. Der Unterschied besteht darin, dass in der islamischen Welt, insbesondere bei afghanischen Sunniten, die Frauen in religiösen Institutionen eigentlich gar nicht vorkommen. Eine Moschee dürfen sie erst betreten, wenn sie ein Alter erreicht haben, in dem ihre Weiblichkeit einen Mann nicht mehr zu einer Sünde verführen würde. Genau darin ist auch der Schlüssel zu vielen anderen Beschränkungen zu sehen, durch die Frauen in Unwissenheit und Finsternis gehalten werden.

Eine Frau kann so stark sein, wie sie will, in der Gesellschaft gilt sie als *zaiefa*, als schwach. Das Schmerzliche daran ist, dass damit nicht nur die körperliche, sondern auch ihre geistige Unterlegenheit gemeint ist und behauptet wird. Diese Auffassung ist wie in einen Stein gemeißelt. Auch wenn im Laufe der Zeit Wind und Wetter diesen Stein vielleicht ein bisschen glätten können und verwittern lassen, die fatale Botschaft zu entfernen gelingt dadurch nicht. Es bräuchte schon ein gewaltiges Beben, um diesen Stein in Stücke zu sprengen. Kein zerstörerisches Beben, sondern ein konstruktives – durch Aufklärung, Bildung und ähnlich positive Qualitäten. Schließlich hat der Mensch ein göttliches Geschenk erhalten, das Wissen.

Frauen werden in Afghanistan nicht nur als *zaiefa* bezeichnet, sondern auch als *sijah-sar*, als Schwarzkopf. Was ist damit gemeint? Soll dieser Gedanke ausdrücken, dass eine Frau schwarze Haare hat? Oder will man damit ihr Schicksal als schwarz und unglücklich beschreiben? In der Gesellschaft gilt es als verbürgt, dass eine Frau nicht so gut denken kann wie ein Mann, dass ihr Gehirn um vieles kleiner ist als seines. Ist es deshalb vielleicht auch schwarz? Oder könnte sich hinter dieser Bezeichnung womöglich die Auffassung verbergen, dass der Frau teuflische Eigenschaften zuzuordnen sind?

Es gibt auch andere Religionen, in denen der Frau teuflische Züge unterstellt werden. Schließlich war Eva daran schuld, dass der Mensch aus dem Paradies vertrieben wurde. Ihre Schönheit, vielleicht aber auch ihr Wissen, hat diesen großartigen, herrlichen Mann Adam dazu gebracht, das Leben zu schmecken und in den verbotenen Apfel zu beißen, oder, wie die Muslime glauben, vom verbotenen Weizen zu kosten. Damit hat sie Adam vom göttlichen, dem weißen Weg abgebracht und ihn auf einen schwarzen Pfad geleitet bis an die Grenze der Verlorenheit. Der engelhafte Mann verliert die Kontrolle, lädt sich die Last der Sünde auf die Schultern. Und wer sündigt, kann auch einen Sündenbock recht gut gebrauchen. In Afghanistan sagt man, wenn eine Frau nicht selbst schon ein Teufel ist, dann ist sie jedenfalls seine Begleiterin.

Sijah-sar, Schwarzkopf, das ist immerhin eine Art Name. Jedes Mädchen bekommt bei seiner Geburt einen Namen, bei dem es gerufen wird. Von dem Augenblick an aber, in dem sie körperlich reif ist, wenn das rote Blut ihr das zitterliche Gefühl gibt, jetzt eine junge Frau zu sein, und sie nun einem Ehemann ins Bett gelegt wird, ist es, als sei ihr Rufname wie vom Erdboden verschwunden. Sie wird nicht mehr mit ihrem Namen benannt, sondern mit einem neuen Titel – die Frau des Soundso.

Bekommt sie dann ein Kind, wird sie zur Mutter des neugeborenen Soundso.

Geht es streng nach der Tradition, darf man in Afghanistan eine erwachsene Frau nicht bei ihrem Namen nennen, weil Frau und Tochter eines Mannes als sein Eigentum gelten. Nennt man ihren Namen, überschreitet man eine Grenze, die unantastbar sein sollte. Es ist, als würde man sie ihrer Kleider berauben, sie in ihrer Nacktheit zeigen.

Ich möchte die Geschichte einer Frau erzählen, deren Namen ich nicht kannte. Sie war die Mutter von Ta'us, einer Freundin meiner Schwester Halima, und auch mit unserer Mutter verwandt. Ich weiß bis heute nicht, wie sie hieß, und habe doch ein deutliches und schmerzhaftes Bild vor Augen, wenn ich an sie denke.

Die Familie bewohnte ein zweistöckiges Lehmhaus mit einem großen Hof. Wenn man dieses Anwesen betrat, gab es keinerlei Anzeichen von Grün zu entdecken, weder Bäume noch Blumen, die dem Körper und der Seele Frische und Freude erwiesen hätten. Der Kontrast zwischen dem harten Licht der Sonne und den dumpfen Schatten des Hauses war so stark, dass dem Betrachter, mir jedenfalls, Tränen in die Augen traten. Eine Treppe führte auf eine Lehmterrasse, die ins Wohnzimmer überging. Daneben lagen eine kleine Küche und ein Schlafzimmer.

Der Boden des Wohnraums war mit einem Kelim bedeckt, einem alten, ärmlichen, schäbigen Exemplar. Jahrzehntelang hatten seine Ornamente Füße geküsst, viele Füße, und deren Schweiß und wohl auch deren Schmerzen in sich aufgesaugt. Die Farben waren blass und ausgelaugt, es war, als spiegelte sich in seinem horizontalen und vertikalen Fadengewebe das Unglück langer Zeiten. Ich liebte die Schwermut dieses harmlosen Raumes, seine versteckte Trauer.

Lud die Mutter von Ta'us meine Schwester und mich zum Essen ein, gab es in der Regel *gurutau*, eine Soße aus trockenem Hartkäse, der mit Wasser so lange gerieben wurde, bis er sich suppenartig auflöste, dann mit etwas Knoblauch und Pfefferminze verfeinert und zusammen mit knusprigem Brot gereicht wurde. Obwohl mir dieses Gericht sehr gut schmeckte, hielt ich mich beim Essen zurück. Wir aßen alle aus einer Schüssel, jeder tunkte seinen Löffel hinein, und mir gefiel das nicht. Aus Höflichkeit aß ich ein paar Löffel mit und beließ es dabei. Die Mutter von Ta'us nahm an, ich sei besseres Essen gewöhnt, doch was mich wirklich abhielt, ahnte sie nicht.

Immer wieder kam es vor, dass ich in ihrem Gesicht blauviolette Flecken entdeckte, die die Harmonie ihrer Züge aus dem Gleichklang brachten. Woher diese Male stammten und was sie bedeuteten, wusste ich nicht. Genauso wenig wusste ich, ob sich womöglich unter den vielfarbigen Blumen ihres Kleides ebenso blauviolette Flecken versteckten. Eines Tages rief sie Ta'us, Halima und mich zu sich. Wir sahen, dass sie zitterte, und wir konnten spüren, dass sie Angst hatte. Mit verhaltener Stimme und Tränen in den Augen erzählte sie uns Kindern, keines von uns war älter als zehn Jahre, ihre Geschichte.

Seit dem Tag ihrer Heirat wurde sie von ihrem Mann geschlagen, zweimal, dreimal die Woche mindestens. Einen Grund dafür konnte sie nicht angeben. Hatte das Essen vielleicht zu viel oder zu wenig Salz, war ihre Stimme, wenn sie die Fragen ihres Mannes beantworten musste, zu laut oder zu leise, zu hoch oder zu tief? Sie wusste es nicht. Sie führte uns in eine Zimmerecke und zeigte auf einen Eimer voller Wasser. Darin steckte ein ganzes Bündel junger Weidenzweige, Holz, das sich zum Schlagen bestens eignet, vor allem, wenn es gut gewässert ist. »Heute Abend«, sagte die Mutter von Ta'us, »werden diese Zweige so lange auf mich eindreschen, bis sie zerfleddert sind.« Sie fragte sich, aus welchem Stoff ihr Körper wohl gemacht sei, um all diese Schmerzen, diese Erniedrigung, zu ertragen.

Ta'us stand neben ihrer Mutter in aller Hilflosigkeit. Auch an diesem Abend würde sie wieder Zeugin sein, und auch an diesem Abend würde sie nicht das Geringste gegen die Gewalt bewirken können.

Halima und ich empfanden es als Glück, dass Grausamkeiten dieser Art uns bisher unbekannt geblieben waren. Ich bin mir sicher, dass wir zu Hause davon erzählten. Doch weder für meine Mutter noch für meine Großmutter schien diese Geschichte einen Neuigkeitswert zu haben. Es war wohl kein Vorkommnis, wogegen man etwas unternehmen sollte. War dergleichen an der Tagesordnung? Ein ungeschriebenes, aber streng befolgtes Gesetz besagte, dass niemand sich einmischen durfte in Fällen wie diesen.

Jahre später erfuhr ich aus meiner Familie, dass die Mutter von Ta'us keine Schläge mehr einstecken musste. Und wie hatte sich das ergeben? Ihr Sohn war aus der Armee zurückgekehrt, und als der Vater wieder einmal seine Hand gegen die Mutter erhob, fiel er ihm in den Arm. »Ich dulde deine Gewalt nicht länger. Diese Zeit ist vorbei.« Nun war der Vater schwach, und der Sohn war stark.

Was ich gerne wissen würde: War der Sohn so stark geworden, dass ihm der Gedanke, seine eigene Frau zu schlagen, niemals in den Sinn kam? Ich hoffe es.

DIE HÄNDE HINTER DEM RÜCKEN

Die erste Zeit des Lebens in der Stadt lag hinter uns. Langsam, langsam ergab sich sogar ein Gefühl der Zufriedenheit, ich war froh, dass ich nun zu den städtischen Mädchen gehörte. Die Sommerferien hatten angefangen. Unser Haus hatte einen ausgedehnten Garten, aber es gab in diesen heißen Monaten keine Bäume, die uns Früchte oder Düfte hätten schenken können. Die Mandelblüten waren Vergangenheit, und auch die Maulbeerbäume hatten ihre süßen, duftenden Beeren mit uns und vielen Vögeln längst geteilt. An die dreißig Granatapfelbäume standen um das Haus herum, doch die Farben ihrer Früchte – ein Rosa, ein Rot, eine Schattierung bis ins Bläuliche – waren nicht zu sehen. Meine Großmutter hatte ihre Schönheit, so wie es dem Liebreiz afghanischer Frauen geschah, unter einem Schleier versteckt. Für jeden einzelnen Granatapfel hatte sie ein kleines Säckchen aus Stoff genäht und mit einem Faden über dem Stiel zusammengebunden. Ein Fest von Farben und Mustern leuchtete uns von den Ästen entgegen. Wenn meine Freundinnen oder auch Nachbarskinder unsere verschleierten Granatäpfel erblickten, schauten sie auch mich voller Staunen an: Warum habt ihr eure Äpfel versteckt?, wollten sie wissen. Mein Blick sank auf die Erde, ich schämte mich. »Das war meine Großmutter. Sie will so die Granatäpfel schützen, damit sie besser reifen.« Doch meine Gedanken sagten etwas anderes: Warum können nicht einmal die Granatäpfel bei uns so sein wie in all den anderen Gärten?

Erst in der zweiten Oktoberwoche durften wir die Apfelschleier abnehmen und die Früchte ins Licht blicken lassen. Wieder eine von Großmutters Weisheiten – diese Früchte schmeckten tatsächlich um so vieles besser und saftiger als andere. Den Beweis lieferten mir die Kostproben, die ich mir in aller Heimlichkeit zuvor schon erlaubt hatte.

Die Tage waren heiß und stickig. Diese Hitze machte die Körper müde und leitete uns, wie auch fast alle anderen Herati, zum Schlaf. Ein bis zwei Stunden dauerte diese Phase der Erholung und Stärkung. Unsere Familienregel sah vor, dass jede Woche eine der Schwestern für die Hausarbeit verantwortlich war. Diejenige, die an der Reihe war, erhob sich als Erste und ging in die Küche, um den Tee zu bereiten. Für das Wasserkochen im Sommer benutzte man nicht Holz, sondern Büschel einer getrockneten Pflanze, die in der Umgangssprache *botta* hieß. Sofort ließ sie die Flammen lodern, das Wasser kam schnell zum Kochen, und zurück blieb keine Glut, sondern nur etwas Asche, vor allem aber ein wunderbarer Duft. Der Tee mit Kardamom war wohlschmeckend und löschte den Durst der Hitze so gut wie nichts anderes. Ich liebte diesen Duft von *botta*, er schien mir unvergesslich, und ich konnte mein Glück kaum fassen, als er mir vierzig Jahre später an vollkommen unerwarteter Stelle wiederbegegnete – auf Kreta, auf vielen meiner Wanderungen. Ein bisschen war das, als würde ich mich selbst wiederfinden, als würde mir dadurch Kraft geschenkt. Und jetzt erfuhr ich auch den wahren Namen dieser Pflanze: Oregano. Ich sammelte und sammelte, doch nicht die Stängel, sondern nur die feinen Blätter. Und wieder fand Oregano den Weg in meine Küche, doch diesmal nicht zum Feuermachen, sondern zur Verfeinerung afghanischer Speisen. Würde ich heute meinen Schwestern von meiner kretischen *botta*-Erfahrung erzählen, wären sie wohl überrascht. Kann gut sein, dass sie diesen Duft vergessen haben, weil ihn in Herat längst schon der Geruch von Petroleum und Gas verdrängt hat.

In diesen Ferien wollten wir unsere Verwandten auf dem Dorf besuchen. Also bestiegen wir eine Kutsche, und unter dem Takt der Pferdehufe und dem Knirschen der Holzräder waren wir nach etwa einer Stunde in Hause-Karbas angelangt. Nicht unsere ganze Familie nahm an dieser Fahrt teil. Obwohl im Land Ruhe und Frieden herrschten, konnte man es sich nicht erlauben, ein Haus ohne Bewohner zurückzulassen, es sei denn, man wollte sich von allen wertvollen Gegenständen, die es schmückten, mit Sicherheit für immer verabschieden.

Wir verbrachten solche Ferientage in afghanischer Gastfreundschaft, und das bedeutete eine fast übertriebene Fülle an Mahlzeiten, Gespräche, Erzählungen, viel Musik und Schlafen unter freiem Himmel. Doch einer dieser Besuche blieb mir in tiefer Erinnerung.

Um zu den Verwandten im oberen Dorf zu gelangen, die uns für eine Nacht eingeladen hatten, musste man durch eine überdachte Gasse gehen, die sehr dunkel und sehr staubig war. Niemand hatte dort je *dschinnen* gesehen, aber jeder war tief davon überzeugt, dass in all ihren dunklen Ecken diese Geschöpfe hausten und auf die Menschen warteten, um ihnen Gutes oder Böses anzutun. Und so kam es, dass jeder, ehe er diese Gasse betrat, seinen Talisman berührte oder eine kurze Sure aus dem

Koran murmelte und zum Himmel schickte, um sich zu schützen. Wenn wir Kinder diesen Weg alleine gehen mussten, klopfte und zitterte uns das Herz, und wir rasten wie die Windhunde.

Diese verwandte Familie bestand aus fünf Geschwistern, deren Eltern schon verstorben waren. Mit Rosenwasser und Kirschsaft hieß man uns willkommen und geleitete uns in das Wohnzimmer. Der Geschmack des Saftes und die Muster der edlen Teppiche beschäftigten mich und sagten mir, dass ich mich in einem wohlhabenden Haus befand. Aber meine kindlichen Augen waren auch noch mit etwas ganz anderem, etwas Neuem beschäftigt. Still, aber mit vielen inneren Fragen saß ich neben meiner Mutter und betrachtete die Person, die am oberen Ende des Raumes Platz genommen hatte. Ich ließ ihr Gesicht auf mich wirken, ihre Kleidung, ihre Haltung, ihre Rede, und ich kämpfte mit mir: Ist das ein Mann? Ist das eine Frau? Wenn das ein Mann ist, warum sitzt er mit Frauen im Frauenbereich? Meine Erziehung verbot es mir, in diesem Augenblick eine solche Frage zu stellen, aber sie brannte mir auf den Nägeln. Als er oder sie nach dem Tee aufstand, um, wie Männer es tun, den Raum zu verlassen, entschloss ich mich zu folgen. Er ging auf den Hof hinaus, die Hände hinter dem Rücken gefaltet, eine Haltung, wie ich sie von Frauen nicht kannte. Seine Schritte waren bedächtig und fest. Das Haar war kurz geschnitten, ein paar Barthaare zeigten sich auf der Oberlippe, er trug Männersandalen und ein weißes, reich besticktes Männerkleid. Aber die Stimme hatte einen weiblichen Klang. Meine Verwirrung bekam Federn und Flügel und führte mich bis hin zu der Frage: Hat er ein Geschlecht wie ein Mann? Oder wie eine Frau? Oder vielleicht beides? Und wenn, wie sieht das aus?

Als er den Weg zur dunklen Gasse einschlug, blieb ich hinter ihm. In seinem Schutz fühlte ich mich sicher, kein *dschinn* würde mir etwas zuleide tun. Auf dem Dorfplatz begrüßten ihn die Männer voller Respekt, ehe er zum Gebet in die Moschee eintrat. Hier durfte ich ihm nicht mehr folgen, aber meine Gedanken verfolgten ihn weiter.

Dieser Mensch nahm auch beim Abendessen in aller Selbstverständlichkeit die ranghöchste Position am *sofreh* ein, dem auf dem Boden gebreiteten Esstuch, direkt neben uns Gästen. Aber ehe ich dann unter dem Sternenmeer, das am Himmel leuchtete, meinen gedankenschweren Kinderkopf auf dem Kissen zur Ruhe bringen konnte, glitt ich wie eine kleine Schlange zu meiner Mutter und schlüpfte unter ihre Decke. Sie strich mir über das Haar und fragte: »Was stiehlt deine Ruhe?« Ich sagte so: »Es ist dieser Mann oder es ist diese Frau.« Sie flüsterte mir zu: »Unsere Familien haben ein ähnliches Schicksal. Wie dir und deinen Schwestern ist auch den Kindern dieser Familie die göttliche Gabe, einen Bruder zu besitzen, nicht geschenkt worden.« Nun wusste ich: Es war eine Frau, die nach dem Tod der Eltern zum Schutz ihrer Schwestern die Rolle eines Mannes angenommen hatte und in der Familie und im Dorfleben auch als Mann akzeptiert wurde.

Ein paar Jahre später erlebte ich eine ähnliche Situation, und zwar in meiner Schule. Eines der Mädchen, es war etwa in meinem Alter, hatte ein rundes Gesicht, trug kurzes Haar und war wie ein Junge gekleidet. Wir alle wussten, dass sie aus einer Familie stammte, in die nur Mädchen hineingeboren waren, und dass man durch diese äußerliche Verwandlung den Durst nach einem Bruder löschen wollte.

Selbst in unserer Familie wurde dieser Gedanke durchgespielt. Mutter und Großmutter hatten unsere Schwester Halima dafür auserwählt. Immer schon hatte sie mehr als wir anderen versucht, unseren Vater zu entlasten, hatte Holz gehackt und Schnee geschaufelt. Und so war sie mit diesem Vorschlag auch einverstanden. Vater aber hatte dafür nichts übrig als ein leichtes Lächeln und sagte: »Beschäftigt euch nicht mit Sinnlosigkeit. Das brauchen wir nicht.«

Mehr sagte er dazu nicht, aber was mochte er denken? Dass das eine Lüge wäre? Wir alle wussten, dass Lügen in seinem Leben keinen Platz hatten. Vielleicht machte er sich Gedanken darüber, wie sich eine Verwandlung dieser Art auf die Seele eines jungen Mädchens auswirken könnte, wie es wäre, wenn die ersten Blutstropfen sie in ihre natürliche weibliche Rolle zurückzwingen würden. Vielleicht gefiel es ihm aber auch nicht, dass man der Frau nur in Manneskleidern Respekt entgegenbringen sollte und nicht in ihrem wahren Wesen als Frau. Wir kannten seine Gedanken nicht, aber wir verstanden ihn.

DAS EWIGE TABU

تابوی جاودانه

Die Erfahrungen, die ein Mensch durch Reisen, durch die freiwillige oder unfreiwillige Veränderung seiner Umgebung gewinnt, sind ein Reichtum, der durch nichts zu ersetzen und durch Geld nicht zu erwerben ist. Es ist ein Lernen, das sich nicht in einem Auditorium unter dem Dach einer Universität ereignet, aber sein Wert ist nicht weniger hoch. Mich führte mein Weg aus dem kleinen Dorf Hause-Karbas zunächst in die Stadt Herat, dann nach Kabul, nach Taschkent, nach Leningrad, dem ehemaligen und heutigen Sankt Petersburg, und schließlich nach München. Dadurch kam ich zwar mit vielen unterschiedlichen Kulturen und politischen Systemen in Berührung, aber märchenhafterweise waren die Kernerfahrungen, die ich auf diesem langen, gewundenem Weg erlebte, von meinen Erinnerungen an Hause-Karbas nicht allzu verschieden.

Wenn ich als Kind auf der Straße spielte, wurde ich immer wieder Zeuge von blitzartig entstehenden Kämpfen – zwischen zwei Männern, zwei Jungen und ab und zu sogar auch zwischen Mädchen. Es gab Raufereien, Ringkämpfe, Zuschauer mischten sich ein und schlugen sich auf die eine oder die andere Seite. Worum ging es dabei in der Regel?

Es wurde mit schlechten Worten etwas Heiliges berührt und beschmutzt – und selbst heute noch fällt es mir schwer, diese Dinge zu benennen. Etwas, das als unantastbares Eigentum galt, die Mutter, die Schwester, die Frau: »Hurensohn«, – »Ich kenne die Möse deiner Mutter«, – »Ich hab deine Schwester gefickt«. Auch wenn jeder wusste, dass das alles niemals der Wahrheit entsprechen konnte, ging die Verletzung so tief, dass die Fantasie Amok lief und sich das Behauptete als Geschehenes vorstellte. Als würde eine Lunte an ein Pulverfass gelegt. Das Bild vom Kopfstoß, mit dem der Fußballstar Zinédine Zidane bei der WM 2006 vor einem Milliardenpublikum seinen Gegner rammte, weil dieser seine Schwester eine Nutte genannt hatte, wird vielen Zuschauern unvergesslich bleiben.

Es war an einem Spätsommerabend, wir Schwestern saßen zusammen mit Mutter und Großmutter im Wohnzimmer und warteten darauf, dass Vater vom Abendgebet in der Moschee nach Hause kommen würde. Aus nichtigem Anlass entspann sich ein Streit zwischen der jüngsten und der drittältesten Schwester, die damals etwa neun Jahre alt war. Und plötzlich fiel ein Wort, das in diesem Haus noch nie jemand vernommen hatte. »Du Hure«, sagte die Große zur Kleinen. Dieses Wort aus ihrem Mund zerkratzte unsere Ohren, flog durch das halb offene Fenster hinaus in den Hof und traf dabei direkt auf meinen Vater, der in diesem Augenblick zurückkam. Wir alle hatten seinen Schatten erkannt und verharrten in angstvoller Reglosigkeit. Und schon stand er in seiner weißen Kleidung wie ein Monument in der Tür, eine Hand erhoben und ausgestreckt, und sagte so: »Was hast du gesprochen? In meinem Haus. Was höre ich von der Zunge meines eigenen Kindes? Wer hat dir das beigebracht?« Er wandte sich an meine Mutter und fragte in strengem Ton: »Hat sie das von dir?« Es herrschte tiefe Stille im Raum. »Wörter wie diese dürfen niemals in den Mund genommen werden. Vergesst mir das nicht!« Damit verließ er uns und ging auf sein Zimmer.

Diese ganze Szene dauerte nicht länger als fünf Minuten. Mich selbst hat damals nicht das Wort verletzt, ich wusste ja nicht einmal, was es bedeutete, aber mein Herz wurde schwer, weil ich von der grenzenlosen Unschuld meiner Mutter überzeugt war. Ich spürte, dass eine Grenze überschritten, ein Verbot übertreten worden war. Warum das aber so war, wusste ich nicht. Wie so oft kam auch hier einzig das Prinzip Schwarz-Weiß zur Anwendung, und wie so oft wurde nichts davon erklärt. Das Abendessen nahmen wir alle in absolutem Schweigen ein, als würde eine Hülle von Scham uns überziehen und bedecken. Wir schluckten, aber wir schmeckten nichts.

Das Thema Schimpfwörter sollte mich jedoch noch länger verfolgen. Unser Haus war an allen vier Seiten von weitläufigen Obstgärten umgeben, die uns Schutz und Ruhe boten und uns mit ihren Früchten beschenkten. In diesen Genuss kamen auch viele Tiere, die mich aber gelegentlich und vor allem nachts erschreckten. Wilde Hunde heulten wie um die Wette, das taten auch die Schakale, und den Füchsen kam es immer wieder in den Sinn, uns einen Besuch abzustatten, um uns zu bestehlen. Am meisten Angst hatte ich vor dem Geheul der Wölfe, das mir vor dem Schlaf meine Ruhe stahl und die Flügel meiner Fantasie mit gefährlichen Bildern beschwerte. Dagegen halfen nur die vielen zauberhaften, tröstlichen Märchen und Geschichten, die mir meine Großmutter, meine Mutter und meine Schwestern erzählten. Das Hässliche, Gefährliche wurde zerbrochen, ich war gerettet und mit mir mein Schlaf.

Eines Tages, als das Licht sich in die dunkle Richtung bewegte und die Sonne sich auf den Weg machte, ihre Strahlen an andere Menschen in anderen Winkeln der Welt zu verschenken, als rosenfarbene Wölkchen durch den noch blauen Himmel ein violettes Band zogen, erlaubte es sich ein Schakal unter Schakalen, unversehens auf unserer Hausmauer aufzutauchen, um dort einen Spaziergang zu machen. Er hatte wohl angenommen, die Menschen lägen schon im Schlaf, doch er hatte sich getäuscht. Ich spielte noch im Hof, aber es schien, als würde er mich, das kleine Menschlein, nicht wahrnehmen, oder wenn doch, nicht ernst nehmen. Das ärgerte mich, und obwohl ich Angst hatte, wollte ich es ihm zeigen. Ich hob Steine auf und versuchte, sie auf den Schakal zu schleudern. Und plötzlich überkam mich ein ungeheurer Durst auf Schimpfwörter, die schlimmsten, die ich mir vorstellen konnte. So wie meine Steinchen wollte ich sie diesem Tier entgegenschleudern.

Aber wie gern ich das auch getan hätte, das schwarze Tabu, das väterliche Verbot, erwies seine ganze Kraft. Kein hässliches Wort verließ meine Lippen. Es tat mir in der Seele weh, dass ich so folgsam war.

Erst um vieles später begriff ich, dass schlimme Wörter nicht nur verletzen, sondern auch die Atmosphäre schwer und giftig werden lassen. Wenn ich in eine Situation dieser Art geriet, wurde mein Herz eng, als müsste ich mich durch eine Wolke von Gestank schleichen. Jetzt erst konnte ich dieses Tabu verstehen und seine Gültigkeit anerkennen.

Ein persisches Sprichwort weiß es: Die Verletzung durch die Zunge geht tiefer als das Schwert.

SCHMEISS ES IN DEN FLUSS

به دریا انداز

Als ich etwa zehn Jahre alt war, teilte mir mein Vater eine Aufgabe zu, die ich in den Monaten Juni und Juli einmal die Woche erfüllen musste, und zwar am Freitagnachmittag. Nicht eine einzige Zelle meines Körpers wollte diese Aufgabe übernehmen, ich empfand sie fast als eine Verletzung, die mein Herz verengte.

Das alles hatte mit dem für uns heiligen Element, dem Wasser, zu tun, das uns in den heißen Sommermonaten paradiesische Erfrischung bietet. Wenn die Sonne in ihrer wahrhaft heißen Liebe ihre stärksten Strahlen auf uns herniedersendet, beschleicht uns fast das Gefühl, das Jüngste Gericht sei nahe und wir befänden uns schon auf der *pole sarat*, der Brücke der Prüfung, die stark ist wie Stahl, scharf wie ein Schwert und fein wie ein Haar. Sie führt zu keinem Endpunkt, sie kennt nur rechts oder links, und nach seiner Auferstehung muss jeder Mensch sie überschreiten. Hat er viele gute Taten begangen, fällt er über den rechten Rand der Brücke – das ist die Engelseite, die Seite des ewigen Glücks, die Seite von Licht und Wasser. Ein böser Mensch dagegen stürzt über den linken Rand hinab – in eine Hölle von Qualen und Folter, ein brennend heißes Flammenmeer.

Wenn in diesen extrem heißen Sommertagen das Wasser sich einen feinen schmalen Weg zu den durstenden Pflanzen bahnte, konnte ich es fast hören, wie die vor Trockenheit aufgeplatzte Erde sich mit dem Wasser vereinte, wie das Wasser die Pflanzen umarmte. Ich vernahm nicht nur die Stimme dieser Vereinigung, auch ihr Duft berührte mich, als könnte er meine Seele streicheln. Wenn ich sah, wie eine Pflanze, ob Kraut oder Unkraut, in gebogener Haltung auf den Tod wartete, sich dann aber, wenn Wasser ihre Wurzeln erreichte und sie davon trinken konnte, aufrichtete und die stolze Haltung des Lebens wieder annahm, war ich glücklich.

Worin aber bestand nun diese Aufgabe, die mich so sehr mit Widerstand erfüllte? Unser Haus lag weit von jeder Wasserquelle entfernt. Wir befanden uns am Ende einer Straße, in der neben der Moschee noch vier weitere Häuser standen. Jeden Freitag von zwölf bis sechzehn Uhr hatte diese Straße das Recht auf Bewässerung. Dass das erste Haus in der Reihe dabei die besten Bedingungen hatte, war klar, ebenso klar war leider auch, wer am schlechtesten dran war. Das waren wir.

Das erste Haus, ein moderner zweigeschossiger Bau, gehörte einem *hazrat*, einem hohen Glaubensvertreter und das heißt einer bedeutenden reichen Familie – deshalb hatten all die schönen Pflanzen, Blumen und sonstigen Gewächse dieses Gartens genauso viel Glück wie der *hazrat* selbst. Sie lebten im Überfluss. Dass auch die Moschee das Recht auf das nötige Wasser hatte, stand außer Frage. Im dritten und im vierten Haus legte man auf Gartenkultur nicht sonderlich viel Wert. Man kümmerte sich nicht groß darum, ob und wohin das Wasser lief, ob und wie sehr es verschwendet wurde. Die Aufgabe, die mein Vater von mir verlangte, war die einer Wasserwächterin. Das bedeutete, dass ich mich jeden Freitagnachmittag an der Stelle einfinden musste, an der das Wasser aus dem winzigen Nebenarm des Flusses Hari Rud, der unser Viertel versorgte, in unsere Straße einmündete, um darauf zu achten, dass das Wasser, das uns zustand, nicht umgeleitet wurde.

Mein größtes Problem war das vierte Haus mit seinem großen ungepflegten Garten voller Wildwuchs. Nach afghanischer Tradition wäre es undenkbar gewesen, dass mein Vater als fremder Mann ein Haus hätte betreten können, ohne vom Hausherrn dazu eingeladen oder auch begleitet zu werden. Keinesfalls konnte also er nach dem Rechten sehen und überprüfen, ob diese Nachbarn sorgfältig und angemessen mit dem Wasser umgingen, oder ob sie es sinnlos versickern ließen oder sogar umleiteten. Und genau deshalb kam ich, das Kind, ins Spiel. Die Nachbarskinder machten mir meine Aufgabe allerdings nicht leichter, im Gegenteil. Sie machten sich einen Spaß daraus, durch große Äste oder Steine den Weg des Wassers zu verändern, es zu vergeuden, um mich zu ärgern, weil sie meine Pflicht lächerlich und lästig fanden.

Kein Mädchen außer mir musste einen derartigen Auftrag erfüllen, zumindest kannte ich keines. Und so war es wohl auch vor allem diese Ausnahmesituation, die mir dabei so zusetzte. Sie verursachte mir Kummer, half mir andererseits aber auch dabei, etwas zu verstehen: Wenn es gute Gründe dafür gibt und nötig erscheint, ist es sogar sinnvoll, aus der Reihe auszuscheren.

»Tu etwas Gutes, und schmeiß es in den Fluss« – die Bedeutung dieses schönen persischen Sprichworts war mir endlich aufgegangen.

DER LEBENDE KREDIT

کریرت یا اعتبار زنده

Aus der Zeit, in der für die Familie alle Wege zu finanzieller Sicherheit verschlossen schienen, ist mir ein Geschehnis in ganz besonderer Erinnerung geblieben. So etwas wie ein Versicherungssystem gab es nicht in Afghanistan, verlassen konnte man sich nur auf die Unterstützung durch die eigene Familie. Wenn aber die finanzielle Not sich zur Bedrohung ausgewachsen hatte und alle anderen Mittel erschöpft waren, gab es einen einfachen und sehr klaren Ausweg, der sich problemlos und schnell umsetzen ließ.

Ein Mädchen in der Familie, eine Tochter, wird bei ihrer Geburt nicht mit Freuden begrüßt, sie gilt als wertlos, wird ungerecht und schlecht behandelt, weil man ihre Ankunft für ein Unglück hält. Und doch kann sie sich als Schatz erweisen, als ein Schlüssel zur Lösung in schwieriger Lage. Ob sie als dieser Schlüssel tatsächlich dienen will, wird keiner sie fragen, nicht einmal sie selbst wird sich diese Frage erlauben. Eine Tochter kann man verkaufen, für gutes Geld. Verhandelt man geschickt und bringt die Vorzüge der Tochter so recht ins Licht, lässt sich dabei ein ansehnlicher Gewinn erwirtschaften. Dieser lebende

Kredit, der aus dem Körper und der Seele des eigenen Kindes besteht und der nicht einmal zurückgezahlt werden muss, wird beispielsweise eingesetzt, wenn der Vater sich geschäftlich verschuldet oder beim Spiel hohe Summen verloren hat, wenn der Sohn heiraten möchte und das Geld nicht reicht für den Kauf der Braut und die aufwendigen Hochzeitszeremonien. Besonders schmerzhaft ist es, wenn ein Vater sich für eine Zweit- oder Drittfrau entscheidet und, um sich das leisten zu können, die eigene Tochter zum Tausch anbietet. Kurz gesagt: Wann immer es an Landbesitz, an Gold oder barem Geld fehlt, kommt dieser lebende Kredit zum Einsatz. Ob eine Entscheidung dieser Art nun zu Glück führt oder zu Unglück, man schiebt es auf das Schicksal. Selbst dann, wenn die verkaufte Frau nichts anderes erwartet als ein höllisches Leben, muss sie es ertragen, stumm schlucken und den Weg bis zum Ende gehen.

Es ist üblich, dass der Vater einen Teil der für die Tochter erhaltenen Summe als Mitgift für die junge Familie bereitstellt. Er allein entscheidet über diesen Anteil, und sehr häufig bildet dies den Keim für Zank und Streit, für Verwerfungen, die in Feindschaften ausarten können.

Ich war etwa dreizehn Jahre alt, als unsere Familie mehrfach Besuch von fremden Frauen erhielt. Man bot ihnen Tee an, und sie fragten nach Wasser. Das war ein untrügliches Anzeichen dafür, dass diese Frauen sich für eine der Töchter des Hauses interessierten. Ein weiteres Zeichen war darin zu erblicken, dass die eine oder andere von ihnen vorsichtig und verstohlen eine Ecke des Teppichs anhob, um zu sehen, ob sich nicht doch vielleicht ein paar Körnchen Staub oder Dreck darunter versteckt hielten – etwas, das ein sehr schlechtes Licht auf die ins Auge genommene Schwiegertochter werfen würde. Wenn ich mich später daran erinnerte, fand ich dieses Verhalten nur lächerlich. Wie hätte man wissen können, welche der Frauen der Familie hier sauber gemacht hatte? Vor allem aber: Sollte das ein Kriterium sein für ein glückliches künftiges Zusammenleben? Ich war nicht sonderlich angetan von diesen Besucherinnen. Ihre Kleidung, ihre Gesten, ihre Konversation – das alles wirkte auf mich, die Dreizehnjährige, traditionell und altbacken.

Dann stand der nächste Schritt dieses Prozesses an, den ich so merkwürdig fand. Es hatte sich herauskristallisiert, dass unsere Schwester Afifa das Wunschobjekt war, die Frauen schienen mit dem Ergebnis ihrer Prüfungen zufrieden und signalisierten unserer Mutter, dass nun die Männer der Familie zum Antrittsbesuch bereitstünden, der zukünftige Bräutigam mit eingeschlossen.

Die männliche Verwandtschaft wurde von Vater empfangen und ins Gästezimmer geführt. Wir alle – Großmutter, Mutter und die Schwestern – brannten vor Neugier, aber ein Kontakt war uns natürlich nicht erlaubt. Doch wir wussten um die Spalten und Ritzen in unseren Türen, und so verteilten wir uns strategisch, um wenigstens einen heimlichen Blick auf den Zukünftigen werfen zu können. Ein Blick nur auf ihn, und fast schon glaubten wir, ihn zu kennen.

Es stellte sich heraus, dass diese Familie für Afifa eine erstaunlich hohe Summe geboten hatte: vierzigtausend Afghani. Mutter und Großmutter waren glücklich, Afifa blieb still, schien aber einverstanden, weil sie die Entscheidung der Eltern richtig fand. Es hätte für sie auch gar keinen anderen Weg gegeben. Die Welt, die wir kannten, war so klein, klein wie ein Käfig. Unsere Ahnungslosigkeit dagegen war übergroß, und so kam es auch, dass wir nicht einmal Fragen stellten. Was die Gründung einer Ehe, was das Zusammenleben von Mann und Frau bedeutete – wir wussten es nicht. All das blieb im Dunkel, ein Licht war nicht zu erkennen, eine Vorstellung davon, dass der Mensch auch ein lichtvolles Individuum sein kann, hatten wir nicht. Als würde man sich in einen großen Fluss werfen, ohne schwimmen zu können. Manche schaffen es, sich der Bewegung des Wassers, seinen Wellen, Wirbeln und Strömungen anzupassen, sie können sich an der Oberfläche halten, gleiten voran. Andere geraten womöglich in einen Sog, müssen gegen Drift und tückische Strudel kämpfen, und wenn ihre Kraft nicht ausreicht, gehen sie unter, sinken auf den Grund. Und wie eh und je gäbe es nur eine Erklärung dafür, eine einzige Begründung: das Schicksal.

Doch dass der Mensch nicht einfach ein Spielball des Schicksals ist, bewies unser Vater ein weiteres Mal, auch in dieser Situation. Zur großen Überraschung der ganzen Familie sagte er so: »Meine Tochter soll lernen. Erst nach ihrem Studium wird die Zeit für eine Heirat gekommen sein.«

Ich war enttäuscht. Ich hatte mich auf einen neuen Schwager gefreut, auf einen weiteren Mann in der Familie. Das Verlobungsfest und die Hochzeit hatte ich mir schon in den schönsten Farben ausgemalt. Vaters Entscheidung zu verstehen fiel mir sehr schwer, damals. Heute weiß ich, dass sie letztlich pure Freude bewirkte, einen Reichtum, der unsere Zukunft prägte.

GEKETTET

زنجیرشده

Wir beide, die Stadt Herat, die eigentlich klein war und nur im Vergleich zu unserem Dorf groß erschien, und ich, lernten uns Tag für Tag und Schritt für Schritt näher kennen. Die Eltern brachten uns Kindern die traditionellen Aufgaben bei, wie man Verwandte und Bekannte besucht, wie man sich dafür kleidet, wie man sich bei solchen Besuchen verhält, wie man den gebührenden Respekt zum Ausdruck bringt und auch, wie man sich dabei selbst einbringen kann.

Wie immer schon war das Einkaufen von Lebensmitteln im Wesentlichen die Aufgabe von Vater. Ich habe keine einzige Erinnerung daran, dass meine Mutter je irgendetwas eingekauft hätte. Auf dem Land hatte man uns Kinder ein paar Mal die Woche zum Metzger geschickt, um Fleisch zu kaufen. Dazu benutzten wir einen geflochtenen Drahtkorb, der mit einem handgewebten weißen Tuch ausgelegt war. Das wichtigste Utensil dabei aber war ein hölzerner Stock, ein geschälter Ast – die erste Kreditkarte meines Lebens.

Hatte Mutter uns ein Kilo Fleisch aufgetragen, schnitzte der Metzger, wenn er es uns aushändigte, mit seinem scharfen Messer eine Kerbe in unseren Stock. Brauchten wir zwei Kilo, gab es zwei Kerbschnitte. Am Ende des Monats suchte Vater den Metzger auf und bezahlte unsere Schulden. Kam er dann nach Hause, nahm er seinen Füller zur Hand und übermalte in einem dicken Blau all die hellen Kerben, für die der Metzger sein Geld bekommen hatte. Und weil Vater ein sehr sparsamer Mensch war, wurde dieser runde Stock gleich auf dreifache Weise verwertet. War eine Kerbenlinie von oben nach unten beendet, begann man oben wieder von Neuem und setzte dieses Verfahren sogar ein drittes Mal ein, sodass unser Stock am Ende einer schmalen hölzernen Stufenpyramide glich. Erst dann schnitt Papa einen neuen Ast vom Baum.

Dieses praktische Kreditkartenprinzip konnten wir in der Stadt leider nicht mehr anwenden. Wie alle anderen mussten auch wir jetzt bar bezahlen.

Noch etwas war neu für uns, und zwar auf angenehmste Weise. Endlich durften wir Mädchen uns Kleider oder Stoffe für Kleidung selbst aussuchen. Allerdings waren die hübschen Sachen, die es in den Boutiquen zu bestaunen gab, für uns unerschwinglich. Dass wir uns auch ein Schneideratelier auf keinen Fall leisten konnten, war nicht weiter schlimm, weil unsere zweitälteste Schwester eine sehr begabte und geschickte Näherin war.

Aber es gab noch eine andere Lösung: die Second-Hand-Läden, die neuerdings zur Blüte gekommen waren. Vor allem Paschtunen aus Kandahar betrieben diesen neuartigen Basar. Einige von ihnen seien gefährlich, hieß es, und ein Besuch dort sei riskant. Dass sie Haschisch rauchten, war unübersehbar, und angeblich waren weder Frauen noch Männer vor sexuellen Übergriffen in ihren Hinterzimmern sicher.

Von diesen Händlern ging also nicht nur Gefahr aus, auch ihre Ware – sie kam größtenteils aus Europa – war bedenklich. Sie sah fremd aus, sie verströmte einen fremden Geruch, und ihre Qualität war fragwürdig. Wer keine oder wenig Erfahrung mit diesen Dingen hatte, konnte schnell enttäuscht werden. So wie es auch meiner Schwester erging. Sie hatte sich ein wunderschönes Kleid erwählt, aber als sie es vor dem ersten Tragen waschen wollte, zerfiel der Stoff vor ihren Augen. Als Papa davon erfuhr, meinte er nur: »Die Stadtmädchen können das besser als ihr. Ihr steht noch sehr am Anfang.«

Die Wege, die man in der Stadt zurücklegte, waren nicht sehr lang. Das meiste konnte man zu Fuß erledigen, Autos gab es nur wenige, für ausgedehntere Strecken benutzte man Kutschen. Diese *gadi* waren zweirädrig und wurden von einem Pferd gezogen. Das waren keine plumpen Arbeitspferde, sondern elegante, grazile Tiere, die nicht nur aufs Schönste geschmückt, sondern auch gut gepflegt und gehalten wurden. Die Kutscher, die in der Regel auch die Eigentümer waren, trugen weiße Kleidung und reich bestickte bunte Westen. Ihre Turbane unter dem verzierten Hut waren prächtig gedreht, ein Ende hing bis zum Knie herab, das andere steckten sie sich wie eine Krone aufs Haupt. Auch ihre Schuhe wiesen eine Besonderheit auf – Peschawari-Sandalen mit bunt bestickten Kreuzbändern und einem Absatz als Akzent, der wie ein Signal wirkte: Ich gehöre zum Kreis der *kakaa*, der starken, mutigen und lebenslustigen Genießer.

Diese malerischen Kutschen wurden nicht ausschließlich als Transportmittel verwendet. An schönen warmen Sommerabenden, wenn ein leichter Wind wehte und die Blumen ihren Duft verschenkten, stiegen die reichen jungen Männer der Stadt gern in diese Kutschen und drehten ihre Runden im Park Cinema, um zu sehen und gesehen zu werden. Fast schien es, als würden bei diesen Spazierfahrten selbst die Pferde den Klang der eigenen Hufe genießen.

Brauchte jemand aus unserer Familie tatsächlich einmal eine Kutsche, sorgte er dafür, nicht bei einem *kakaa* einzusteigen, sondern bei einem bescheideneren Vertreter dieses Berufsstandes. Gegen Ende der 1970er-Jahre belebten dann indische und pakistanische Rikschas das Straßenbild; auch dieses Geschäft übernahmen meist Paschtunen aus Kandahar.

In dieser Zeit geschah es auch, dass die Stadt den Einwohnern ihre Liebe erwies. Sie setzte in einigen verkehrsreichen Zonen ein paar Buslinien ein. Wenn ich als junges Mädchen weitere Strecken zurücklegen musste, sei es auf meinem Weg zum Second-Hand-Basar oder wenn ich für meine Stickarbeiten besonders feines Seidengarn benötigte, benutzte ich diese Busse.

Die Stickerei war ein wichtiger Erwerbszweig in Afghanistan. Der ausgedehnte Brustlatz der Männerkleider, der Einsatz am Knöchel der Frauenhosen, die Kopftücher der Frauen, Tischdecken und Schmuckdeckchen, Kissen, Handtücher – all das war mit pflanzlichen oder geometrischen Ornamenten reich bestickt, in der Regel Weiß auf Weiß, immer aber Ton in Ton. Ich wurde von meiner ältesten Schwester in die Grundzüge der Stickkunst eingeweiht; für die weitere Interpretation nahm ich mir meine eigene Freiheit und verdiente mir so mein Taschengeld.

Und dann entdeckte ich ein zusätzliches Feld für mich, ein eher gröberes und bunteres: besticktes Lammfell in Form von Taschen, Westen, Mänteln, Schuhen und Stiefeln. Mein erstes »Werk«, das ich auf diese Weise fertigstellte, war eine mit Blumen bestickte Umhängetasche, und für das Geld, das ich mit dieser harten Arbeit verdiente, leistete ich mir einen Füller. Fünf Jahre lang, bis hin zur zwölften Klasse, hat dieser Füller mit seiner schönen dunkelblauen Tinte mich dann begleitet.

Da aber auch der Fingerhut meine jungen Hände nicht vor den Schmerzen schützen konnte, die die groben Ledernadeln verursachten, verfiel ich auf einen glücklichen Ausweg. Anstatt schmerzende Blumen zu sticken, zeichnete ich sie lieber, und zwar mit einem roten Kugelschreiber direkt auf das Lammfell. Das fand so viel Anklang, dass der Geschäftsinhaber mich bat, für seine vielen Stickerinnen die Vorlagen zu liefern. Und so war allen geholfen.

Wir alle, meine Schwestern und auch unsere Mutter, haben damals diese Heimarbeit geleistet, um zum Unterhalt der Familie beizutragen, und auch, um uns gelegentlich einen Wunsch erfüllen zu können. Vermittelt hatte uns diese Arbeit eine ältere Witwe, die sehr beliebt und angesehen war und das Vertrauen beider Seiten genoss. Wie viel sie als Provision erhielt, wussten wir nicht, aber dass sie gerecht war, dessen waren wir sicher.

Im Fellgeschäft dagegen war eine Vermittlung nicht nötig; diese Aufträge konnte ich selbst für meine Schwestern und mich beschaffen. Wir führten diese Arbeiten vor allem im Winter aus, in den drei langen Ferienmonaten, weil Sommerhitze und warmes Fell keine glückliche Verbindung ergaben. Dazu kam, dass das Leder meist einen unangenehm strengen Geruch ausströmte. Wir wussten, dass vor allem europäische Hippies ganz wild waren auf diese bestickte Fellpracht. Und da wir auch wussten, dass sie aus Ländern kamen, wo man Parfums herstellte, von denen afghanische Frauen nur träumen konnten, blieb ihre Begeisterung für diese alles andere als wohlriechenden Kleidungsstücke uns ein tiefes Rätsel.

Ich selbst benutzte das Geschenk der Stadt, den öffentlichen Bus, zum ersten Mal, als ich eines Tages in die alte Stadt musste, weil mein Vorrat an Seidengarn weggeschmolzen war. Ich stieg an der Haltestelle Gymnasium Mehry ein, und sofort fiel mir eine Kette ins Auge. Sie schottete die acht vorderen Sitze von dem mindestens drei Mal so großen Rest an Plätzen ab. In dem kleinen abgetrennten Teil standen Frauen und Kinder dicht aneinander gedrängt. Viele der Sitze, die sich hinter der Kette befanden, waren leer und unbenutzt. Diese Kette war für mich ein nacktes Bild von grober Ungerechtigkeit, und meine Empörung war gewaltig. Ohne zu überlegen, was für mich daraus folgen könnte, nahm ich die Kette in die Hand und löste sie von ihrem Haken. Die Trennung war aufgehoben.

Ein paar der Frauen erlaubten sich, unsicher und vorsichtig zwar, diese nun unmarkierte Grenze zu überschreiten, und ließen sich auf den Sitzen nieder, die ihnen nicht zustanden. Doch die Zahl derer, die in ihrem angestammten Bereich verharrten, unbeweglich wie schwere Steine, war weit größer. Die wenigen Männer, die sich im hinteren Teil des Busses befanden, wirkten überrascht, blieben aber reine Zuschauer. Kein Wort rollte über ihre Zungen.

Ich war vierzehn Jahre alt, als ich diese Kette löste. Ich hatte keine Ahnung, welche Gesetze herrschten, was erlaubt und was verboten war, wie weit die Scharia reichte – es war eine spontane Protestreaktion. Ich empfand diese künstliche Trennung als eine Verletzung der natürlichen Freiheit, mit der jeder Mensch beschenkt ist.

Ketten müssen wahrgenommen werden von denen, die gekettet sind. Aber nicht nur von denen. Auch die, die anderen Ketten anlegen, müssen sich dessen bewusst werden.

Es gibt zu wenige, die ihre Ketten brechen. Und wenn sie es tun, ist die Gefahr groß, dass sie dabei zum Opfer werden. Dass Opferrauch aufsteigt und sie in den Flammen verbrennen.

So viele Tage und Nächte, so viele Jahre sind seither vergangen, aber auch heute noch steigt in meinem Heimatland Opferrauch zum Himmel – Rauch, der sich bildet, wenn Frauen sich selbst mit Benzin übergießen und in Flammen setzen, weil sie keinen anderen Weg aus unerträglicher, unmenschlicher Lage finden können.

GERECHTIGKEIT

عدالت

Die Wurzeln des nomadischen Lebens in Afghanistan lagen und liegen in der geografischen Lage versteckt. Es ist ein bergiges Land, durchzogen von bedrohlichen Schluchten und nur schwer zu überquerenden Pässen. In den wenigen Oasen, die in den Tälern zu finden waren, konnten die Menschen die Gaben der Natur zwar nutzen, aber immer nur über einen beschränkten Zeitraum. Waren die wilden Wiesen abgegrast, mussten die Familien weiterziehen, um sich neue Lebensmöglichkeiten zu schaffen. Dieser harte Kampf gegen die Natur förderte einerseits die Clanbildung, anderseits Eigenschaften wie Solidarität, Selbsthilfe, Entscheidungsfreude und Gastfreundschaft, erforderte aber auch rein physische Kräfte.

Und es gab auch eine Kehrseite: Feindschaften blühten, Rachegefühle wurden ausgelebt, wechselnde Allianzen waren an der Tagesordnung. Die Clanherrschaft war oberstes Gesetz. Grundsätzlich und überall galt das Recht des Stärkeren. Frauen waren natürlich von allen Entscheidungen ausgeschlossen, sie waren zu absolutem Gehorsam verpflichtet, ihr Dienen war selbstverständlich.

Als das Leben sich dann in die Städte verlagerte, führten Stabilität und Kontinuität des Wohnortes zu völlig anderen Strukturen. Wie überall auf der Welt und zu allen Zeiten kamen vor allem Stadtgründungen und Kulturen zur Blüte, die sich an bedeutenden Flussläufen ansiedeln konnten. Das traf auch auf Herat zu, das sich am Ufer des Hari Rud ausbreitete.

Wie aber waren die Besitzverhältnisse geregelt? Den Tausenden von Bauern, die mit ihren Ideen, ihrer Kraft und ihren Taten die Erde bearbeiteten, gehörte nichts von den Feldern und den reichen Ernten, die sie trugen. Nur ein verschwindend geringer Prozentsatz der Bevölkerung kam in diesen Genuss – die Feudalherren. Das glückliche Schicksal eines Feudalherrn – wie ließ sich das erreichen? Es gab mehrere Wege.

Gehörte man einer Fürstenfamilie an, war es eine Selbstverständlichkeit.

War man mit dem Propheten Mohammed verwandt, und sei es noch so weit entfernt und letztlich unbeweisbar, bedeutete das, man durfte sich zu den *saied* zählen und damit zu der Klasse, deren Besitzrechte unantastbar waren.

Diese angenehmen Vorrechte wurden ebenso den *hazrat* gewährt. Wenn sie auch nicht zur erlauchten Verwandtschaft des Propheten gehörten, so waren sie doch hohe und höchste Glaubensvertreter.

Auch die *scheich*, die innerhalb der Glaubenshierarchie hohe Positionen bekleideten, zählten zur feudalen Klasse.

Die innige Verbindung von Besitz und Glauben war eindeutig und unübersehbar. Alles, was du hast oder nicht hast, alles, was du ernten kannst oder nicht ernten kannst, ist dein Schicksal. Ist Gottes Entscheidung.

Diese heilige Lüge wurde von allen geglaubt und tatsächlich auch von allen gelebt. Der Mullah predigte sie von der Kanzel: Sei einverstanden mit dem, was ist. Wenn du auf dieser Erde, in diesem kurzen Leben, nichts besitzt, so hat Gott es so verfügt, und in deinem zukünftigen, deinem ewigen Leben wird dir Reichtum gesichert sein.

Dieses Denken hat die Menschen jahrhundertelang geprägt, so tief, als wäre es Teil von ihrem Fleisch und ihrem Blut. Und die herrschende Schicht, ihr geistlicher wie ihr weltlicher Zweig, hat alles dafür getan, dass sich daran nichts änderte. Wer sich in der Dunkelheit der Erkenntnis befindet, lässt sich leicht führen.

In den 1970er-Jahren aber geschah ein bedeutsamer Wandel. Zum ersten Mal wurde diese heilige Lüge infrage gestellt – und zwar vor allem von den Kindern derer, die die Peitsche der Ungerechtigkeit hautnah erfahren hatten. Da nun auch die Nachkommen der ärmeren Schichten allmählich Zugang zu Schulen und anderen Bildungseinrichtungen bekamen, wurden die Gedanken erhellt, wuchs die Erkenntnis. Man war nicht mehr bereit, alles als unveränderlich gegeben hinzunehmen.

Dieses bisher unbekannte Verlangen nach sozialer Gerechtigkeit löste gesellschaftliche Strömungen aus, deren Konsequenz darin bestand, dass neue Parteien entstanden, die überwiegend links orientiert waren. Als führende Kraft bildete sich die marxistisch-leninistische Demokratische Volkspartei Afghanistans (DVPA) heraus. Sie war in Kabul gegründet worden und hatte dort erstaunlich viele vermögende und gesellschaftlich hoch angesehene Mitglieder und Anhänger. Bei vielen anderen Parteigenossen, die sich nicht vorstellen konnten, dass reiche Menschen sich für arme und geknechtete Mitbürger einsetzen würden, löste dieser Befund allergrößte Skepsis aus, sodass es 1967 zu einer Spaltung kam. Der eher gemäßigte Flügel fand sich als Partei unter dem Namen *Parcham*, die Fahne, wieder, Vorsitzender wurde Babrak Karmal. Als *Khalq*, das Volk, bezeichnete sich der andere Flügel, er war ideologisch die entschieden radikalere

Partei. In Herat war die Maoistische Partei prägend und tonangebend. Sie nannte sich *Scholae Dschavid*, ewige Flamme.

Als Folgeerscheinung dieser stark ausgeprägten linken Bewegung ergab es sich, dass auch die Islamisten sich neu und intensiver formierten. Den innersten Kern bildeten die Muslimbrüder, ihre Anhänger fanden sie vor allem in den religiös orientierten Schulen, den Madrasa.

Die Regierung unter König Zaher Schah ließ all diese Parteien praktisch unbehelligt. Sie konnten ihre eigenen Zeitungen veröffentlichen, Demonstrationen und Streiks organisieren und die Bevölkerung in jeweils ihrem Sinne informieren und aufklären.

1972, ich war fünfzehn und besuchte die neunte Klasse des Gymnasiums, erreichte die Welle des Gerechtigkeitsempfindens ihren Höhepunkt. Im Zentrum dieser Bewegung standen die Intellektuellen, ihre Anhänger fanden sich in den Schulen, den Colleges, den Universitäten und auch in der Armee. Die politische Haltung dieser meist jungen Männer übertrug sich in den Familien auch auf die Frauen. War der Bruder Maoist, war es selbstverständlich, dass auch die Schwester sich zu Mao bekannte. Und genauso spielte es sich bei den Rechten ab.

Vor allem den linken Parteigenossen war daran gelegen, ihren Nachwuchs aus der intelligenteren Schicht der Mädchen zu rekrutieren, und so warben sie besonders um Schülerinnen, die gute Leistungen zeigten. Eines Tages brachte meine zweitälteste Schwester ein kleines rotes Büchlein nach Hause: die Worte des großen Vorsitzenden Mao Tse-tung. Sie las es und reichte es an mich weiter. Diese fabelhafte Gerechtigkeit, die ich darin zu erkennen glaubte, drang tief in meine Gedanken und in mein Herz. Unsere Welt war klein, wir waren politisch völlig unerfahren, unsere Begeisterung für Maos Lehren war groß, und doch gab es etwas, das uns verstörte: Maos unverhüllte Forderung, diese Gerechtigkeit im Notfall auch durch Blutvergießen und die Vernichtung von Menschenleben in die Welt zu bringen.

Die allgemeine Streikbereitschaft hatte mittlerweile auch auf die Schulen übergegriffen. Die Lehrkräfte erschienen zwar zu ihren Arbeitszeiten, auch die Schüler und Schülerinnen waren anwesend, doch ein Unterricht fand nicht statt. Um ein Chaos zu verhindern, wurden die besten Schülerinnen der oberen Klassen dazu eingeteilt, die Kontrolle über einzelne Klassen und damit letztlich die Verantwortung für die ganze Schulgemeinschaft zu übernehmen. Nachdem die Lehrerschaft ihre Forderung nach Gehaltserhöhungen durchgesetzt hatte, wurde der Unterricht wieder aufgenommen, und um den versäumten Stoff nachzuholen, verkürzte man die Winterferien. Die Regierung musste also nicht nur mehr Geld für die Besoldung bereitstellen, sondern auch dafür sorgen, dass die vielen sehr hohen Klassenräume wenigstens einigermaßen beheizt wurden. In unseren dicksten Gewändern saßen wir in den Schulbänken und nahmen den Lernstoff vor Kälte zitternd, aber mit warmem Herzen in uns auf.

An einem freundlichen Sommermorgen, wir waren gerade dabei, die Geheimnisse der englischen Grammatik zu ergründen, drang plötzlich bedrohlicher Lärm aus dem Schulhof zu uns ins Klassenzimmer. Dann waren einzelne Schreie zu vernehmen. Es war, als würden diese Stimmen wie Feuer lodern und sich auf uns zu bewegen. Als kleinere Steine angeflogen kamen, ließ die Lehrerin Türe und Fenster schließen. Doch mit einem harten Ruck wurde die Tür aufgerissen, ein paar junge Frauen stürmten herein. Wie Blitz- und Donnerschläge kamen sie über uns und versuchten, uns mit Gewalt von unseren Sitzen zu zerren und mitzunehmen. Einige der Schülerinnen klammerten sich an die Bänke, wussten nicht, wie sie mit dieser Situation umgehen sollten. Mitlaufen oder sich weigern? Der Lehrerin folgen oder der Revolution? An Unterricht jedenfalls war nicht mehr zu denken.

Dieser Vorfall betraf nicht nur unsere Klasse, sondern die ganze Schule. Die flammenden Maoistinnen hatten ihr Ziel erreicht. Ihre politischen Parolen hallten durch das ganze Gebäude, durch den Schulhof, durch die Straßen.

Als ich am nächsten Morgen wie alle anderen zur Schule kam, war der Spuk vorläufig vorbei. Doch das Bild, das sich mir bot, blieb mir unvergesslich: Hunderte von Rosen und Petunien lagen auf dem Boden verstreut, zertreten und tot. Zerbrochene Äste überall, zerschmetterte Fensterscheiben, Scherben, wohin man sah. Es machte mich traurig. Wo war die Gerechtigkeit? Fast fing ich an, sie zu hassen. War sie tatsächlich nur durch Vernichtung zu erreichen? Die mit Füßen getretenen Blumen konnten nicht sprechen, ihr Zustand war ihre Sprache.

Außerhalb der Schulmauern zeigten die Demonstrationen der Männer ein noch schrecklicheres Gesicht. Der Park Cinema inmitten der Stadt war das Hauptfeld aller Demonstranten, der islamistischen Fundamentalisten ebenso wie der maoistisch oder sowjetisch orientierten linken Gruppierungen. Sie alle schrien nach Gerechtigkeit, so laut und so lang, bis ihre Kehlen zerkratzt waren.

Manche gingen noch weiter. Ein junger Maoist, voller Hoffnung auf Gerechtigkeit, rammte sein Messer in den Bauch eines anderen jungen Linken – voller Hoffnung auf Gerechtigkeit auch er. Mit dem Blut seines brüderlichen Gegners setzte er einen grausamen roten Punkt unter sein Ziel eines gerechten Lebens.

BRÜCHIGE FUNDAMENTE

بنیاد شکننده

Herat gilt als einer der markanten Orte der Seidenstraße, es liegt in Chorasan, dem »Gebiet der aufgehenden Sonne«. Viele der afghanischen Städte befinden sich in Gebirgsregionen, Herat dagegen ist zugänglich von allen Seiten. So ist es kein Wunder, dass sich hier verschiedene Kulturen entwickelt und das Land bereichert haben.

Die Stadt liegt an einem Fluss, dem Hari Rud. Und dort, wo dieses lebendige, fast als heilig gewertete Element Wasser im Überfluss vorhanden ist, freut sich die Erde, dass sie die Menschen, die ihre Kraft und ihre Fantasie einsetzen, um ihr zu dienen, mit vier Ernten im Jahr beschenken kann. Deshalb konnte sich in Herat auch eine Kunst des Gartenbaus entwickeln. Welche Pflanzen vertragen sich, tun sich wechselseitig sogar gut, welche benehmen sich wie Feinde und zerstören die schaffende Harmonie? Wann blüht die eine, wann verblüht die andere? Welche Farben ergänzen sich, welche Größen passen zueinander, wie betonen die unterschiedlichen Wuchsformen einander und unterstützen sich gegenseitig? Und das alles mit dem großen Ziel eines ewig grünen, ewig blühenden Gartens.

Auch diese Kunst, klug mit der Natur umzugehen, erreichte ihren Höhepunkt zur Zeit der Timuriden-Herrschaft und hinterließ Spuren, die noch heute erkennbar sind. Es war vielleicht Herats letzte große leuchtende Epoche. Was seither geschah, müsste man wohl eher als Niedergang bezeichnen.

Zu meiner Zeit gab es in Herat nur eine einzige höhere Schule für Mädchen. Es war das Lyzeum Mehry, benannt nach einer Dichterin der timuridischen Epoche. Meine Schwestern und ich gehörten zu den glücklichen Mädchen, die so eine Schule besuchen durften. Das Schulgelände schien uns fast unermesslich groß, aber die Schule bestand aus nur einem einzigen ausgedehnten, einstöckigen Gebäude, das sich in der Mitte dieses Territoriums befand. Später wurde entlang der Außenmauer eine Reihe von aneinander anschließenden Kammern gebaut, die als Labore und Bibliothek dienen sollten. Im Laufe meiner zwölf Jahre währenden Schulzeit wurde mein Traum, diese Räume als Labor zu erleben, ganze zwei Mal wahr, und zwar im Fach Physik, niemals dagegen in Chemie. Und was die Bibliothek anging, so hieß es: »Der Bibliothekar hat nichts zu tun, es sei denn, die Fliegen wegzuwedeln.«

Ich selbst betrat diese hehre, unbenutzte Lesehalle zum ersten Mal, als ich sechzehn war, allerdings nicht auf Empfehlung eines Lehrers, sondern weil meine Schwester es mir riet. Und so kam ich zum ersten Buch, zum ersten Roman meines Lebens: *Anna Karenina* von Lew Tolstoi. Ich las, und ich dachte: Wo wohne ich eigentlich? Kenne ich überhaupt die Welt? So eine Frau, mit so einer Liebe! In Afghanistan hätte sie schon längst ihren Kopf verloren. Und was für ein Mann!

Meine schwächsten Schulfächer waren Chemie und Algebra. In diesen Unterrichtsstunden, wenn ich wusste, dass ich den Stoff nicht beherrschte, ergriff mich eine Angst vor den Fragen der Lehrerin, die von den Haarwurzeln am Kopf bis zu meinen Zehenspitzen reichte. Mein Herz klopfte rasend, und es war, als würde mein Blut seinen normalen Verlauf durch den Körper abändern. Ich zitterte, und auch wenn ich keinen Spiegel hatte, wusste ich, dass ich bleich war wie eine Wand.

An einem dieser Tage rief mich die Chemielehrerin an die Tafel. Ich sollte vor der ganzen Klasse eine Frage beantworten. Ich blieb stumm. Sie wiederholte ihre Frage einmal, dann noch einmal. Als ihr klar wurde, dass ich nicht die geringste Ahnung hatte, stellte sie mir eine andere Frage: »Hast du jemanden zu Hause, der dir dabei helfen könnte? Hast du vielleicht eine Schwester hier in der Schule?« Mit gesenktem Kopf sagte ich: »Ja. Ich habe drei Schwestern.« Sie wollte ihre Namen hören. »Hafiza, Afifa und Halima«, erklärte ich. Sie war entsetzt. »Das Unglück soll dich verfolgen! Alle drei gehören sie zu den besten Schülerinnen. Und du? Du solltest dich schämen. Geh zurück auf deinen Platz! Du musst deine Schwestern um ihre Hilfe bitten.«

Zu Hause erzählte ich kein Wort. Ich wählte meinen eigenen Weg. Und der bedeutete: schlicht alles auswendig zu lernen. Weil ich auf keinen Fall noch einmal in eine ähnlich schmachvolle Situation geraten wollte, lernte ich nicht nur den aktuellen, sondern gleich auch noch den zukünftigen Stoff auswendig. Meine Lehrerin war zufrieden, und ich war es auch. Ob und warum sich auf den Neutronenbahnen um den Kern herum ein, zwei oder mehrere Elektronen bewegten, blieb mir so rätselhaft wie eh und je. Mein Ehrgeiz zielte nur darauf, perfekte Kreise für diese Teilchen zu zeichnen. Die chemischen Formeln schienen mir undurchschaubar, ich gab sie wieder wie ein Papagei. Ich lernte und lernte. Immer und immer nur nach dieser Methode. So wie die vielen, die den Koran auswendig lernen und seine Worte ebenso wiedergeben. Ohne jedes Verständnis. Wie ein Papagei.

Obwohl mein Erfolg nur ein scheinbarer und mein Wissen nichts als Oberfläche war, stieg mein Ansehen in der Klasse. Eines Tages rief mich die Chemielehrerin wieder einmal nach vorne an die Tafel, doch diesmal aus einem anderen Grund. Dort stand eines der Mädchen, verwirrt und beschämt, weil sie eine Frage nicht beantworten konnte. Ich sollte an ihrer Stelle die richtige Antwort parat haben. Und das hatte ich auch. Ich war die Kleinste der Klasse, sie war eine der Größten, und jetzt forderte die Lehrerin mich auf, diesem Mädchen eine Ohrfeige zu geben. Mein Kopf drehte sich, ich konnte nicht glauben, was ich gehört hatte. Die Lehrerin fragte: »Hast du mich verstanden?« – »Ja«, erklärte ich, »aber ich kann das nicht.« – »Du machst das jetzt, oder du bekommst eine Ohrfeige von mir.« Das große Mädchen hatte mir den Kopf schon entgegengesenkt, und ich berührte ihre Wange mit meiner Handfläche. »Nicht streicheln«, rief die Lehrerin, »schlagen sollst du sie!« Drei Gefühle zerrissen mich: Ich wollte meine Klassenkameradin respektieren, ich musste dem Befehl der Lehrerin nachkommen, aber die Vorstellung, jemanden zu schlagen, tat mir weh. Doch ich hatte keine echte Wahl.

Diese Lehrerin gehörte wohl zu den Menschen, die mit beiden Füßen in einem Schuh stehen; das heißt, sie kennen nur einen Weg, den ihren. Da war sie auch nicht die Einzige. Es geschah immer wieder, dass Lehrkräfte, wenn der Besuch eines Prüfers vom Schulreferat bevorstand, die Sitzordnung der Klasse auf den Kopf stellten. Nicht die Besten saßen dann in den ersten Reihen, wie es die Regel war, sondern die Schwachen. Die Guten wurden nach hinten verbannt. Und egal wie viele Hände aus den vorderen Reihen sich nach oben reckten, um eine in den Raum gestellte Frage zu beantworten, nur die Mädchen aus den hinteren Reihen bekamen eine Chance. Und der Prüfer durfte staunen, wie hoch doch das Niveau dieser Klasse war.

Mein heimlicher Wunsch, der Prüfer möge wenigstens einmal selbst ein Mädchen aufrufen, eines, das weiter vorne saß, ging leider nie in Erfüllung.

Was zählte, war der oberflächliche Erfolg – nicht anders als bei meinem papageienhaften Auswendiglernen der chemischen Formeln. Es war, als lebten wir in einem Haus, das wir uns selbst gebaut hatten. Doch sein Fundament war nicht die Wahrheit, sondern die trügerische Realität.

واقعيت

DIE WELLE

In Afghanistan erwarb man sich die Grundzüge seiner späteren Arbeit oder seines Berufs in so frühem Alter, wie es im Europa der Neuzeit undenkbar wäre. Schon sechs- oder siebenjährige Jungen wurden zu einem Meister geschickt, einem Handwerker wie Schneider, Schreiner, Schmied, Uhrmacher, Koch – je nachdem, welche Werkstatt sich in der Nähe des Elternhauses befand. Ob bei den Kindern dafür ein Interesse bestand, das spielte keine Rolle. So etwas wie Hobbys kannten wir nicht, und auf die Idee, etwas zum reinen Zeitvertreib zu machen, wäre niemand je gekommen. Die Kinder mussten für diese »Lehrzeit« kein Geld bezahlen, und sie bekamen auch keines für die auf diese Weise geleistete Arbeit. Auch die Mädchen mussten sehr früh handwerkliche Fertigkeiten erlernen, sei es durch ältere weibliche Familienmitglieder oder durch Frauen, die sich auf dem Feld des Stickens, des Webens oder Teppichknüpfens einen besonders guten Namen gemacht hatten. Dieser Weg des praktischen Lernens hat eine lange Geschichte, die selbst heute noch lebendig ist und zusätzlich zur mittlerweile meist üblichen schulischen Ausbildung ihren Wert behalten hat und auch immer noch unter Beweis stellt. Den wenigen Reichen, die es in der afghanischen Gesellschaft gab, blieb dieser Weg natürlich erspart – ob zu ihrem Vorteil oder nicht, sei dahingestellt.

Ich war etwa neun Jahre alt, als ich zusammen mit meiner Schwester Halima zu einer turkmenischen Meisterin in der Kunst des Teppichknüpfens geschickt wurde. Drei Monate meiner kostbaren Winterferien verbrachte ich in einem Zimmer, das von einem riesigen Webstuhl beherrscht war. Es roch nach der Suppe, die tagtäglich mittags in einer Ecke des Raumes vor sich hin brodelte, aber gleichzeitig auch nach unbekannten anderen Düften: Die gefärbten Fäden – das leuchtende Rot, die tiefdunklen Braun- und Blautöne, das strahlende Orange – strömten den Geruch von Natur aus, den Duft der Pflanzen, die der Wolle ihre Schönheit verliehen. Halima und mich hatte nicht Begeisterung zur Teppichmeisterin geführt, sondern der schlichte Wunsch, mit diesem Handwerk später einmal Geld verdienen zu können. Doch uns fehlte nicht nur die Begeisterung, sondern auch wahres Talent – alles, was wir beide dort an dekorativer Knüpfkunst lernten, löste sich auf wie ein Ornament, das man ins Wasser zeichnet.

Mit dem Frühlingsanfang begann dann auch die Schule wieder. Eines unserer Fächer war Schönschrift und Zeichnen. Im Gegensatz zu Themen wie Physik, Biologie oder etwa Geschichte wurde es weder von den Schülern noch von den Lehrkräften wirklich ernst genommen. Weißes Papier, schwarze Tinte und unterschiedlich schräg angeschnittene Bambusstifte waren unsere Instrumente. Da die Lehrerin zwar einigermaßen schönes Schreiben, nicht aber Kalligrafie beherrschte, konnten wir diese Kunst in der Schule auch nicht erlernen. Wer sich dafür wirklich interessierte, musste sich zu einem Meister dieses Fachs in die Lehre begeben.

Der Zeichenunterricht war noch um einiges farbloser und schwächer. Farben standen uns keine zur Verfügung, alles was wir hatten, waren ein dünner Bleistift und ein paar Blätter Papier. Das reichte für Blümchen, diverse Ornamente, gelegentlich auch einmal für ein Hündchen oder eine Lampe. Von der reichen Tradition der Malerei und Kalligrafie wurde uns nicht ein Hauch vermittelt. Auch hier galt: Wer wirklich etwas darüber erfahren wollte, musste sich seinen eigenen Weg suchen.

Dieses Desinteresse hing sicherlich damit zusammen, dass mit Künsten wie diesen kein Geld zu verdienen war. Man übte den Beruf des Malers oder des Kalligrafen immer nur nebenbei aus, nicht zum Gelderwerb, sondern aus Leidenschaft und Liebe.

Noch schlimmer stand es um die Musik. Als Unterrichtsfach existierte sie nicht einmal. Man hatte zwar seine Freude an der Musik, sei es bei Hochzeiten, Verlobungsfeiern oder Beschneidungen – ein Fest ohne Musikanten war nicht denkbar. Dennoch standen diese Menschen in keinem guten Ansehen. In Herat lebten sie praktisch alle in derselben Straße, der Gasse der Musiker, *Kuchae Motreban*. Obwohl man sie brauchte und ihr musikalisches und tänzerisches Können genoss, brachte man ihnen keinen Respekt entgegen. Man hielt sie für oberflächlich und leichtsinnig, und vor allem die Frauen hatten den Ruf, allzu zugänglich und leichtfertig zu sein. Das kam wohl daher, dass diese Frauen sich natürlicher und freier benahmen als der weibliche Rest der Gesellschaft. Musik kann starke Gefühle auslösen, sie kann den Menschen Freude bereiten, die so heftig ist, dass sie an Trunkenheit grenzt. Das aber stört die im Islam vorgegebene Ordnung und ist deshalb mit einem Verbot belegt.

In den Häusern von Herat, auch in den Wohnungen der Wohlhabenden, waren so gut wie keine gemalten Bilder zu sehen.

Wenn tatsächlich etwas an den Wänden hing, handelte es sich um Kalligrafien, Suren aus dem heiligen Buch Koran, Gedichte von klassischen persischen Dichtern wie Hafis, Saadi, Dchami, Maulanae Balchi oder anderen großen Gestalten der Literatur. Der Kalligraf stellte ihre Worte in so viel Schönheit dar, dass der Betrachter in der Bewegung der malerischen Buchstaben den Inhalt selbst interpretieren konnte.

Der Schlüssel dafür, warum man der Malerei, Bildhauerei, dem Tanz und der Musik eher mit Verachtung begegnete, ist wiederum im Glauben zu suchen. Der Islam untersagt die Darstellung lebender Wesen; sich Bilder zu machen von Menschen, selbst von Tieren, ist verboten. Einzig Gott ist es erlaubt, Leben zu geben. Da der Mensch diese Fähigkeit nicht hat, steht es ihm auch nicht zu, Leben abzubilden. Das erste Zeichen setzte Mohammed selbst, als er die dreihundertsechzig Götterstatuen im schwarzen Tempel von Mekka, der Kaaba, vernichten ließ. Wer ein Lebewesen darstellt, begeht eine schwere Sünde, für die er sich vor dem Jüngsten Gericht verantworten muss. Und so kommt es, dass die islamische Kunst sich vor allem auf Ornamentdarstellung und Kalligrafie beschränkt hat. Die Fantasie der Künstler durfte sich nur innerhalb dieses Rahmens bewegen, hat dabei aber ungeahnte Höhen erreicht. Dennoch gab es Ausnahmen. Zahlreiche Paläste und Tausende von Büchern wurden im Lauf der Jahrhunderte mit Lebewesen dekoriert, in menschlicher oder tierischer Gestalt. Das Verbot galt also, wie so viele Verbote, nur für die Allgemeinheit, nicht für die Könige und nicht für die edle Schicht der Gesellschaft.

Und doch, trotz all ihrer Unzulänglichkeiten war die Schule ein Ort der Inspiration.

Die warmen Sommertage gingen allmählich in den Herbst über. Das war die Jahreszeit, die ich am meisten liebte, in der ich mich wohl und frei fühlte, meine innere und die äußere Welt stimmten überein.

Ich verbrachte die Mittagspause mit einer Freundin im Schulgelände, viele der goldenen Blätter waren schon zu Boden gefallen und bildeten für uns einen Teppich aus reiner Natur. Plötzlich holte meine Freundin ein kleines Parfumfläschchen aus ihrer Tasche, einen tiefblauen Flakon. Er war leer, der Duft war verflogen. Aber ich konnte auf diesem blauen Glas eine Szene erkennen: ein kleines Boot, das über Wasser zog und dabei einen schaumigen Kranz von Wellen hinter sich ließ. Es war ein Bild, das mich tief berührte – dass es in mir eine Flamme auslösen und auf mein zukünftiges Leben Einfluss nehmen würde, konnte ich damals nicht ahnen.

»Wer hat das gemalt?«, fragte ich sie. »Meine Schwester«, lautete die Antwort.

Wie konnte es sein, dass eine leere Flasche, die so klein war und nicht einmal mehr ihren ursprünglichen Duft verströmte, in mir ein solches Feuer entzündete?

War es die tiefe, blaue Farbe des Glases?

Oder war es das kleine Boot, das ich mir nur in meiner Fantasie vorstellen konnte, weil es in Herat nirgendwo eine derart große Ansammlung von Wasser gab, keinen Teich, keinen See, auf dem ein wirkliches Boot sich hätte bewegen können? Als Kinder hatten wir Papierschiffchen gefaltet und auf dem Bach schwimmen lassen.

War es vielleicht das Wasser als die erfrischende, bewegende Kraft des Lebens? Wasser, das in so vielen Formen erscheinen kann und doch sein Wesen nie verändert.

Oder waren es die Wellen, die so winzig waren und mir doch so kraftvoll erschienen?

Ich war sechzehn Jahre alt, und es war das erste Mal, dass ich dieses Gefühl in mir entdeckte: eine tiefe Begeisterung für Malerei. Warum so spät?

Ich lebte in einem Land, das den Menschen kaum Zugang zu Museen, Galerien oder Ausstellungen bot. Es gab wohl Maler, aber man schuf für sie keine Öffentlichkeit, ihre Bilder blieben im Verborgenen.

Auch in unserem Haus gab es nur ein einziges Bild, eine Nas'ch-Kalligrafie der Sure *Fateha* aus dem heiligen Buch Koran. Es bildete das Zentrum unserer Ehrfurcht, und wir alle behandelten es voller Respekt. In diesem Bild gab es keinerlei Spuren der vielfältigen Farben, die die Natur uns schenkt, aber die Harmonie der Buchstaben und Wörter, das Spiel von Schwarz und Weiß, grenzte an Vollkommenheit. Das Einzige, was diesem Bild einen Hauch von Farbe verlieh, war von der Zeit verursacht worden, von den vielen Stunden, Tagen und Jahren, die das weiße Papier allmählich ins Gelbe gleiten ließen. Das Bild wurde aber nicht ärmer dadurch, sondern sogar reicher. Mag sein, dass es auch durch unsere Blicke angereichert wurde, Blicke, die wir ihm schenkten als Fröhliche, als Traurige, als Sünder, als in sich versunkene Betrachter– selbst wenn wir nicht einmal genau verstanden, was diese wunderschönen arabischen Buchstaben bedeuteten.

Mir jedenfalls hatten diese kleinen, weiß gemalten Wellen auf dem blauen Flakon meine Ruhe gestohlen – und im Nachhinein störten sie auch die Ruhe meiner Familie auf. Ich wollte malen lernen, und ich suchte den Weg. Meine Schwester Afifa, meine beste Freundin, erkannte den Ernst meines Wunsches und beschloss, mir zu helfen. Sie fand für mich heraus, dass es an der Pädagogischen Hochschule einen Lehrer gab, der gut zeichnen und malen konnte. »Weißt du, er nimmt einfach ein Stück Kreide in die Hand, macht ein paar Bewegungen, und schon erscheint auf der Tafel eine Blume, eine Gazelle, ein Pferd, ein Mensch. Er heißt Fazl Maqsoodi.« Sie wollte ihn fragen, ob er Malunterricht erteilte und zu welchen Bedingungen. Ich war aufgeregt und begeistert. Afifa wollte auch mit den Eltern sprechen und sie für mein Anliegen einnehmen.

Die Zeit war günstig, ich hatte die zehnte Klasse abgeschlossen, die Winterferien hatten begonnen. Meine Eltern waren einverstanden, und Afifa vereinbarte für mich einen Termin in der Galerie, in der Herr Maqsoodi mit seinem Meister Mohammed Said Maschal arbeitete. Ich sollte den Lehrer kennenlernen und mit ihm über das Unterrichtsprogramm sprechen.

Was geschah? Ich sah einen schmalen Mann mittlerer Größe mit hellbraunem Haar. Was mich vor allem anzog, waren seine Augen, sein offener Blick. Als ich ihm von dem blauen Flakon erzählte, hörte er mir mit Interesse zu, mit Respekt, aber auch mit einem leichten Lächeln.

Und dann sagte er so: »Wir werden sehen, wohin uns diese Welle bringen wird.«

EIN BLUMENSTRAUSS FÜR PAPA

دسته گل
برای پدر

Mit meinen Eltern wurde vereinbart, dass Herr Maqsoodi, dessen Spezialgebiet die Miniaturmalerei war, drei Monate lang zweimal die Woche in unser Haus kommen sollte, um mir Unterricht zu erteilen.

Es war Winter, die Zeit, die uns Kälte und Schnee brachte und damit auch den Rhythmus des Lebens einschränkte. Doch dieser Winter war anders für mich. Ich war beschäftigt mit etwas, das mein Herz wollte. Unter der Anleitung meines Lehrers lernte ich, Ornamente zu zeichnen, geometrische oder pflanzliche Formen. Jede Bewegung, jede Linie, die ich erlernte, die ich zeichnete oder malte, bedeutete für mich eine neue Welt. Langsam, Tropfen für Tropfen, konnte ich in sie eindringen und ihre Geheimnisse kennenlernen. Sie gab mir Kraft und erfüllte mich. Es war, als hätte mein ganzes Leben eine andere Farbe bekommen.

In diesen ersten drei Monaten ging es ausschließlich um die Grundkenntnisse der Miniaturmalerei, das heißt um das Erlernen der ornamentalen Formen und die dekorative, vereinfachte Darstellung von Lebewesen. Dieser Zweig der Malerei war in

Herat bekannt und auch verbreitet, und zwar schon seit der timuridischen Epoche. Schon damals gab es eine Akademie, in der sich Maler und anderweitig begabte Künstler aus der ganzen Region einfanden und die Grundlagen für die sogenannte Herat-Schule in der Miniaturmalerei schufen, die ihren Höhepunkt dann in den Werken von Behzad fand.

In Wahrheit aber hatten wir alle im Grunde nur ein höchst oberflächliches Verständnis für die Miniaturmalerei. In Afghanistan hatte man so gut wie keinen Bezug zur Kunstgeschichte, Kunst wurde grundsätzlich der Geschichte untergeordnet oder aber der Archäologie. Als ich später dann meine Dissertation über die Ornamenttradition in der zeitgenössischen afghanischen Keramik schrieb, konnte ich nur auf ein einziges Buch zurückgreifen, eine Studie, die Galina Pugatschenkowa verfasst hatte. Natürlich gab es zahllose internationale Veröffentlichungen und Forschungsberichte über Miniaturmalerei als Zweig der Kunst, uns aber war nichts davon zugänglich.

Eines Tages erschien mein Lehrer nicht zum vereinbarten Unterricht. Ich hatte meine Hausaufgaben mit Begeisterung erledigt und war gespannt auf den neuen Stoff, den er mir bieten würde. Ich wartete und wartete. Er kam nicht. Und plötzlich hatte ich ein Gefühl, als hätte ich etwas verloren, als fehlte mir etwas, das wichtig für mich war. Mein Herz war eng, mein ganzer Körper schien beunruhigt – ein Zustand wie ein Schmerz, der mir unbekannt war. Ich befand mich in einem Kampf mit mir selbst. Unter den blühenden Mandelbäumen, in denen die Bienen summten, lief ich auf und ab. Ich schimpfte mit mir, war wie versunken in einem schmerzlichen Nebel. Ich wollte weinen und wusste nicht, warum. Was hatte sich da für ein Gefühl in mir eingenistet? War es der Frühling, der mich fast jedes Jahr traurig gestimmt hatte? Nein, es war ein anderes Unglück, ein Schmerz, der gleichzeitig so schön war, dass man ihn lieben konnte. Der mir aber auch Angst machte, eine Angst, vor der ich davonlaufen wollte, die mir dabei aber nur immer näher kam.

Als Herr Maqsoodi mir in der nächsten Unterrichtsstunde eine Erklärung für seine unentschuldigte Abwesenheit bot, tat ich, als sei mir das vollkommen gleichgültig. Von meinen wahren Gefühlen war das meilenweit entfernt. Doch mein Stolz erlaubte es mir nicht, ihm auch nur einen Hauch davon zu verraten. Vielleicht wollte ich damit auch mich selbst überlisten.

Am Ende dieser für mich so wesentlichen drei Monate hatten meine Eltern einen Umschlag mit der vereinbarten Summe vorbereitet. Ich sollte mich bei meinem Lehrer bedanken und den Unterricht damit auch beenden. Es kam anders. Dieser erstaunliche Mann lehnte es kategorisch ab, sich bezahlen zu lassen, und erklärte, er würde weiterhin einmal in der Woche zu uns kommen, um mit mir zu arbeiten.

Nach den sechs Jahren, in denen mein Vater nur Gelegenheitsarbeiten ausführen konnte, hatte sich nun seine Lage verbessert. Eine reiche Paschtunen-Familie aus Kandahar hatte ihm den Posten eines privaten Vermögensverwalters angeboten. Die einzige Aufgabe des jungen Feudalherrn bestand darin, sich ein paar Mal im Jahr in seinen ausgedehnten Ländereien auf die Jagd zu begeben. Auch mein Vater musste diese Ländereien bereisen, weil er verantwortlich war für die Verteilung der Ernten, für den Zustand der Felder, für die Organisation der Arbeit und das Wohl der Arbeiter. Von einer dieser Reisen kam er sehr erschöpft und so krank zurück, dass er das Bett hüten musste. Seine Krankheit wollte nicht weichen, und bei uns, seiner Familie, nisteten sich große Sorgen um ihn und die Zukunft ein. Unsere Seelen waren in tiefer Unruhe, und tagtäglich beteten wir um Vaters Gesundheit. Er war der einzige Mann, unter dessen

Flügeln wir Schutz finden konnten – unser einziger Beschützer außer Gott.

An einem dieser Abende ging ich voller Trauer und Angst zu Bett. Ich weinte, aber ich wollte meine Tränen niemandem zeigen, nicht meiner Mutter, nicht meinen Schwestern. Kann sein, dass auch sie ihre Tränen vor mir verbargen. Ich las ein paar Suren aus dem Koran und hoffte verzweifelt, Gott möge uns helfen. Und dann hatte ich einen Traum: Ich stand vor dem grünen Eingangstor des Gymnasiums, mein Lehrer Maqsoodi kam mit einem großen Blütenstrauß auf mich zu und überreichte ihn mir. Es waren japanische Quitten, Blumen, wie ich sie noch nie zuvor gesehen hatte.

Als Herr Maqsoodi am nächsten Tag zum Unterricht zu uns nach Hause kam, hielt er einen großen Strauß japanischer Quitten im Arm. Er gab ihn mir mit den Worten: »Ich wünsche deinem Vater Gesundheit.«

Die Überraschung überwältigte mich fast. Mein Traum – die Realität? Aber wieder ließ ich mir nichts von meinen Gefühlen anmerken und steckte die Blumen in ein Glas. Es gab, wie in den meisten afghanischen Familien, keine Vase in unserem Haushalt. Blumen, wie wir sie kannten, hatten ihre Wurzeln in der Erde, ob im Garten oder in einem Topf. Ich lief mit dem Strauß zu meinem Vater und stellte das Blumenglas auf den einzigen Tisch vor dem einzigen Spiegel im Haus. »Herr Maqsoodi wünscht Ihnen Gesundheit«, erklärte ich.

Waren diese Blumen wirklich für meinen Vater gedacht? Was bedeutet ein Traum, der sich im hellen Tageslicht erfüllt?

Was mein Vater von all dem hielt, wusste ich nicht.

DAS GEFÄSS

صراحی

Allmählich war das Zeichnen der Motive, die ich erlernt hatte – Ornamente, Blumen, Tiere und sogar Menschen auf Papier, auf Keramik und auf Holz –, zu einem Teil von mir geworden. Meine Erfahrungen führten dazu, dass auch mehrere junge Leute aus der Verwandtschaft und Bekanntschaft Interesse an der Malerei zeigten. Es war ein sehr angenehmer Kreis, wir hatten dieselben Ziele, unterstützten uns gegenseitig und tauschten voller Vertrauen unsere Ideen aus. Das Zentrum bildete Maqsoodi, er genoss das, und uns gefiel es auch.

Eines Tages überraschte er mich mit einem unglasierten Tonkrug und drückte mir dazu Schleifpapier, einige feine Pinsel und verschiedene Farbpulver in die Hand. Dann erklärte er mir die einzelnen Schritte, nach denen ich dieses Objekt vorbereiten sollte, um es bemalen zu können. Zunächst galt es, die gesamte Oberfläche abzuschleifen und sie dadurch von den gröberen Tonspuren zu befreien. Dann stellte ich den Krug für eine Nacht lang ins Wasser und ließ ihn am nächsten Tag im Freien von den Sonnenstrahlen trocknen. Als Farbton für die Grundierung wählte ich meine damalige Lieblingsfarbe Gelb und überzog damit den ganzen Krug. Dann erst durfte ich meine Fantasie spielen lassen. Es dauerte fast drei Wochen, bis die Komposition aus geometrischen Ornamenten, die ich mir in Gedanken ausgemalt hatte, auch tatsächlich auf dem Krug zu erkennen war.

Mein erstes Werkstück war fertig. Es gefiel auch meiner Familie und bestärkte ihr Vertrauen in mich und den von mir gewählten Weg. Tag für Tag fühlte ich mich sicherer bei diesem künstlerischen Schaffen, das neben der Schule den meisten Platz in meinem Leben einnahm.

Ich war in der zwölften Klasse, als vom Rektorat die Anweisung kam, handwerklich begabte Schülerinnen sollten sich melden, um sich mit ihren Arbeiten an einer in Kabul geplanten Ausstellung zu beteiligen. Ich sprach darüber mit meinem Lehrer Maqsoodi, ob er es mir zutraue, mich dafür zu bewerben. Er war eindeutig dafür und versprach mir auch seine Unterstützung.

Ein paar Tage später brachte er mir ein Keramikgefäß, das von einem der Meister aus Herat geformt und neben Ziegelsteinen im Ofen gebrannt worden war. Die Proportionen waren vollkommen und strahlten eine Harmonie aus, die verzauberte: Der zarte, lang gezogene Hals ging nahtlos über in die schmeichlerische Kugelform des Bauches. Meine Aufgabe war es nun, für dieses wunderbare Gefäß eine Komposition von Ornamenten zu finden, die seine Schönheit nicht stören, sondern noch deutlicher hervortreten lassen würde.

Als Grundfarbe wählte ich dieses Mal Blau, Lapislazuliblau, und bei den Ornamenten entschied ich mich für Pflanzenformen, die Eslimi, die in Europa als Arabesken bekannt sind. Diese Wahl verlieh mir große Freiheit, mit Rücksicht auf die Form zu arbeiten, jede Drehung, jede Linie ermöglichte es mir, Blumen, Blätter, auch Tiere und Gesichter gefühlvoll zu platzieren. Das Ergebnis fiel zufriedenstellend aus, und so fand meine Arbeit ihren Weg zur Ausstellung in Kabul.

Die Organisation hatte das Schulreferat übernommen. Für mich war es die erste Ausstellung überhaupt, und ich hatte keine Ahnung von den Abläufen. Wie viele Teilnehmer gibt es? Was sind die Kriterien? Gibt es eine Jury, wird eine Auswahl getroffen?

Nach etwa zwei Monaten erfuhr ich über das Rektorat, dass meine Arbeit in der Ausstellung für 2000 Afghani verkauft worden war. Käuferin war die Frau des Staatspräsidenten Serdar Mohammad Daoud – was ich als große Ehre betrachten sollte. Darüber hinaus sei mir ein Preis verliehen worden mit einer Preissumme von 3000 Afghani. Ich war sprachlos, aber auch sehr glücklich.

Eine Monatszeitschrift in Herat wollte über diese Ereignisse berichten und plante, ein Foto von mir auf dem Titelblatt zu veröffentlichen. Das führte zu einer heftigen Diskussion innerhalb der Familie: Das Interview wurde abgesegnet, ein Foto auf der Titelseite aber kam nicht infrage.

Was meine Belohnung betrifft, so hatte ich es einzig den Bemühungen einer Lehrerin zu verdanken, dass die Kaufsumme von 2000 Afghani tatsächlich in meine Hände gelangte. Das Preisgeld von 3000 Afghani dagegen verlor sich absolut im Dunkeln – ich habe nie und nirgends auch nur eine Spur davon entdecken können.

Für mich erwies sich dieser Erfolg als zusätzlicher Ansporn, und in dem Wissen, dass ein Lehrer für einen Monat Arbeit zur damaligen Zeit knapp 1000 Afghani verdiente, fand ich auch die materiellen Aussichten ausgesprochen reizvoll.

Dieses alles in allem sehr erfreuliche Resultat genoss ich nicht alleine. Freude und Zufriedenheit konnte ich auch in den Gesichtszügen meines *ostad*, meines Lehrers, erkennen.

EINE MÄRCHENHAFTE WELT

جهان افسانوی

Ihr Leben lang hatten die Eltern uns zum Maßhalten und zur Mäßigkeit angehalten. Die Vorstellung, einfach aus Lust und Laune einkaufen zu gehen, gab es bei uns nicht. Neue Kleider bekamen wir nur zu den großen Festen *nouruz*, Ramadan und Opferfest. Waren wir zu einer Hochzeit in der Verwandtschaft eingeladen, konnte es sein, dass Vater eine Ausnahme machte und ein neues Kleid außer der Reihe gewährte. Auch in unseren Essgewohnheiten galt das Prinzip der Genügsamkeit. Das Essen war ausreichend und nahrhaft, aber nie übertrieben. Nicht einmal wenn wir Gäste hatten, kamen mehr als zwei oder höchstens drei Gerichte auf den Tisch. Anders als bei vielen Afghanen, die ihren Gästen, um sie zu beeindrucken, so viel Kostspieliges auftischten, dass sie selbst dann wochenlang knausern mussten.

Auch im Loben zeigte sich unser Vater ausgesprochen sparsam. Großzügiger ging er mit Kritik um. Kam es zu Streitigkeiten unter uns Nachbarskindern, hielt er uns immer dazu an, die Schuld bei uns selbst zu suchen. Ich fand das damals ungerecht und war darüber traurig. Später wurde mir klar, dass Vater uns auf diese Weise in die Erkenntnis zur Selbstkritik und die Kunst des Verzeihens einwies.

Seine Liebe zu uns, die ohne jeden Zweifel groß war, zeigte er nicht so, dass man sie sehen konnte. Ich entsinne mich nicht, dass er uns Kinder oder auch unsere Mutter einmal umarmt oder gestreichelt hätte. Aber ich weiß noch, dass er, als ich einmal hohes Fieber hatte und fast auf den Tod krank war, an meinem Bett saß, mir über Kopf und Stirn strich, mir Lieder vorsang und einen Apfel schälte. Es war Winter, sein Geld hatte nur für einen Apfel gereicht, und mit diesen Apfelstückchen fütterte er nun das kranke Kind.

Auch in der Ausübung seines Glaubens neigte er nicht zur Übertreibung. Er betete, aber einen Rosenkranz ließ er dabei nicht durch seine Finger gleiten. Den Hadsch, die fünfte Säule des Islam, interpretierte er auf seine Weise. Er empfand es nicht als eine Notwendigkeit, nach Mekka zu reisen. Bedürftigen zu helfen und dadurch ihre Herzen zu erreichen, das war für ihn die wahre Pilgerfahrt.

Wenn Schulfreundinnen uns besuchen wollten, so war das erlaubt. Verboten aber war es uns Schwestern, diese Mädchen in ihren Häusern aufzusuchen. Mag sein, dass Papa uns damit vor möglicherweise aufkommenden Neidgefühlen oder Wünschen, die er uns nicht erfüllen könnte, bewahren wollte.

Ich war siebzehn, als mich eine Klassenkameradin zur Hochzeit ihres Bruders einlud, weil sie mich sehr gerne bei dieser großen Festlichkeit dabeigehabt hätte. Als ich meinen Vater um Erlaubnis fragte, erhielt ich ein klares Nein zur Antwort. Und so konnte ich, genauso wie viele nicht eingeladene Herati, nur die Klänge der Hochzeitsmusik genießen, die der Wind fast durch die ganze Stadt trug.

Inzwischen war ich achtzehn geworden, und mein Ansehen innerhalb der Familie und der Verwandtschaft hatte sich durch meine ersten kleinen Erfolge in der Malerei etwas erhöht. Wieder erhielt ich eine Einladung zu einer prunkvollen Hochzeit, die von einer feudalen Familie im elegantesten Hotel der Stadt gefeiert werden sollte. Ich hatte mich ganz auf Papas Nein eingestellt und war umso verblüffter, als er mir die Erlaubnis erteilte. Vielleicht hatte die Tatsache, dass eine seiner Cousinen, eine Lehrerin, mich zu diesem Fest begleiten würde, seine Nachgiebigkeit ausgelöst. Obwohl ich mich freute, trieb ein bestimmter Gedanke mich doch etwas in die Enge. Und noch ehe ich diese kleine Beklemmung ausformulieren konnte, kam sie mir direkt entgegen, und zwar in der Frage meines Vaters: »Was würdest du denn zu diesem Anlass anziehen?« Die Frage war mehr als berechtigt. Da mein Kleidervorrat nicht eben eindrucksvoll war, erbat ich von meiner Schwester Afifa ein Kleid als Leihgabe.

Am Tag der Hochzeit stand die Cousine vor unserer Türe, um mich abzuholen. Sie trug ein wunderschönes Kleid, eine Wiese von Blumen, die bis zu den Knien reichte. Die Schminke schmeichelte ihrem Gesicht so sehr wie ihr Kleid dem Körper. Ihr Haar, das sich in weichen, perfekten Wellen ausbreitete, unterstrich ihre Schönheit noch. Sie trug cremefarbene Schuhe mit hohen schmalen Absätzen, die ihre Verbindung zur Erde fast aufzulösen schienen. Ich stand ihr gegenüber in meiner hippieartigen Schlaghose, über der ich Afifas einfaches Kleid angezogen hatte. Keine Spur von Schminke hatte meine Haut berührt, und mein glattes Haar steckte wie immer unter einem Tuch. Der Mann meiner Cousine brachte uns beide in seinem roten VW-Käfer zum Hochzeitsort.

Als ich den Hochzeitssalon betrat, fand ich mich in einer Welt wieder, wie sie sich nicht einmal meine sehr lebhafte Fantasie hätte ausmalen können. Es waren nur Frauen in diesem Raum, und sie bewegten sich zu den Klängen der Musik, als schwebten sie, als würden sie tanzen, obwohl sie keine echten Tanzschritte ausführten. Die meisten Kleider waren bodenlang und aus feinster Seide, aus Satin und Samt in den strahlendsten Farben gearbeitet. So weich wie diese Stoffe fielen, betonten sie noch die Eleganz dieser geschmeidigen, üppigen Körper und ihrer Bewegungen. Schmuckstücke aus Gold und Edelsteinen blitzten auf, sodass sie mich fast blendeten. Wie eine Fürstin schien jede einzelne dieser Frauen sich zu fühlen, und es war, als wollte jede die andere an Grazie und Schönheit übertreffen.

Diese Welt war mir absolut unbekannt, und sie stellte einen gewaltigen Gegensatz dar zu der Welt, die ich aus meinem Alltag kannte. Noch nie in meinem ganzen Leben hatte ich so viele bloße Arme gesehen, nackte Rücken sogar und Ausschnitte, die so tief verliefen, dass man die Brüste erkennen konnte. Hätte im Leben, wie es mir vertraut war, eine Frau sich so gekleidet, hätte nicht erst ein religiöser Richter sie bestrafen müssen, weil die Männer der Familie schon längst zuvor hart dagegen eingeschritten wären. In diesem opulenten Theater fühlte ich mich sehr einsam, sehr verloren. Aber dann kamen einige Frauen auf mich zu, die mich kannten, sich über meine Anwesenheit zu freuen schienen und versuchten, mich in dieses große, fremde Spiel einzubinden.

Plötzlich öffneten sich die hohen Türen des Salons, und die Musikanten stimmten das Lied an, das den Einzug des Brautpaars ankündigte: *aheste boro*, Geh langsam. Das Paar erschien nicht allein, sondern wurde von den engsten Angehörigen begleitet, darunter waren natürlich auch einige Männer.

Aus der Reihe von traditionellen Hochzeitszeremonien, die nun folgten, blieb mir als schönste *a'ine masaf*, der Spiegelritus, in Erinnerung. Dieser Brauch geht weit zurück in unsere Geschichte, in die Zeit, in der Braut und Bräutigam sich tatsächlich erst am Tag der Hochzeit kennen und erkennen lernten. Zwei oder vier weibliche Verwandte stellen sich neben dem sitzenden Brautpaar auf, nehmen ein großes grünes Tuch in die Hände und breiten es wie einen Baldachin über ihnen aus, sodass beide davon bedeckt und auch verdeckt sind. Eine andere Verwandte nimmt nun einen Spiegel zur Hand und hält ihn so unter diesen grünen Baldachin, dass das junge Paar sich, nur sich und nichts sonst, darin erblicken kann. In alter Zeit war dies der Augenblick, in dem der Mann seine Frau und die Frau ihren Mann zum ersten Mal tatsächlich in Augenschein nehmen konnte, und zwar in einem Spiegel als dem Symbol der Wahrheit. Heutzutage hat dieser Ritus meist nur noch metaphorische Bedeutung, auch wenn es immer noch Landstriche gibt, in denen sich diese Zeremonie in ihrem ursprünglichen Sinn erhalten hat. Das kann zu einem Augenblick führen, der den Beginn von Glück verheißt – oder aber auch einen Sturz in tiefes Unglück. Ein Unglück vor allem für die Frau, das sie bis zum Ende ihres Lebens begleiten wird. Ein Mann dagegen hat Möglichkeiten: Er kann wieder heiraten – ein zweites Mal, ein drittes Mal, ein viertes Mal.

Zurück in diese märchenhafte Welt, in der ich mich so unerwartet befand. Die Türen zum Speisesaal wurden geöffnet, und ich erblickte einen Tisch so groß, wie ich noch nie einen gesehen hatte. Er schien fast zusammenzubrechen unter der Last der Speisen, die ihm aufgeladen waren. Schüsseln voller Reis in den unterschiedlichsten Farben, eine unglaubliche Fülle von Kebab-Spießen in allen möglichen Formen und Zusammensetzungen, diverse Gemüse mit und ohne Soßen, eingelegt, gegrillt, gedämpft und gebacken. Duftwogen durchzogen den Raum, Wohlgerüche aller Arten. Allein bei den Süßigkeiten konnten einem schon die Augen übergehen, einige zitterten, andere waren durchsichtig, alle strahlten sie verheißungsvoll. Die Vielfalt der

Früchte war unfassbar, und sie bewies, dass man hier alle Grenzen von Saison und Region hinter sich gelassen hatte.

Ich stand und staunte vor Verwirrung. Eine meiner Lehrerinnen erkannte wohl meine Hilflosigkeit, sie kam auf mich zu, drückte mir einen großen Teller in die Hand und drängte mich, genau wie sie von allen diesen Wunderspeisen eine Kostprobe zu nehmen. Doch ich fühlte mich schon gesättigt von all den Düften und Aromen, den Farben und den Formen. Und so verließ ich schließlich hungrig diese märchenhafte Welt.

جمان

WER ENTSCHEIDET?

In den 1970er-Jahren galt in Afghanistan die Regel, dass man die besten Studenten nach dem Bachelor-Examen mit einem Stipendium für ein Studium im Ausland belohnte. Ganz unterschiedliche Länder hielten für zukünftige afghanische Spezialisten die Türen zu ihren Universitäten geöffnet – angehende Mediziner und Pharmazeuten oder Maschinenbauer gingen nach Deutschland oder Frankreich, Ingenieure nach Amerika, Theologen nach Ägypten, Archäologen nach Griechenland und Künstler selbstverständlich nach Italien. Nachbarländer wie etwa der Iran zogen Literaturwissenschaftler an, Indien war vor allem für Musik und Medizin zuständig. Und nachdem die Russen Ende 1963 ein polytechnisches Institut in Kabul gegründet hatten, wurden Stipendiaten für Metallurgie, Geologie und Medienwissenschaft auch in die Sowjetunion geschickt.

Ich gehörte zu denen, die danach dürsteten, weiter zu studieren, und die Flügel meiner Fantasie trugen mich ins Ausland, egal wohin, aber jedenfalls in weite Fernen. Alle meine Fähigkeiten und meinen ganzen Fleiß setzte ich dafür ein. Mein Kunstlehrer Maqsoodi unterstützte mich dabei; er versorgte mich mit

Büchern und anderweitiger Information, damit ich mein Wissen vertiefen und umfassender gestalten konnte. Ich hatte die zwölfte Klasse mit sehr guten Noten abgeschlossen und musste mich nun auf die Bachelor-Prüfung vorbereiten. Um auch in den Fächern zu bestehen, für die ich weder eine Vorliebe noch eigentlich Talent hatte, nahm ich sogar Nachhilfestunden, und zwar zusammen mit einer Freundin, deren feudale, aber fortschrittliche Familie diesen Unterricht finanzierte.

Am Prüfungstag versammelten sich alle Kandidaten aus Herat und den Nachbarstädten im Pädagogischen College von Herat, und natürlich gab es weit mehr männliche Prüflinge als weibliche. Die schriftlichen Prüfungen dauerten gut zwei Stunden und wurden von Professoren der Universität Kabul überwacht. Ich hatte ein ganz gutes Gefühl und deshalb auch die Hoffnung, dass mein Wunschtraum sich vielleicht erfüllen könnte.

Auf das Ergebnis musste ich allerdings vier Wochen warten, doch in Gedanken war ich längst schon über alle Berge in einem geheimnisvollen fremden Land, wer weiß wo. Und dann erhielt ich die Nachricht: Meine Noten waren sehr gut, aber das Studium, für das ich eingeteilt wurde, stand mit meinen Wünschen und Zielen ganz und gar nicht in Einklang. Mein neuer Studienort befand sich nicht irgendwo über allen Bergen, er lag nur wenige Kilometer von unserem Haus entfernt – es war das Pädagogische College von Herat. Dass ich in Herat zur Lehrerin ausgebildet werden sollte – nicht eine Sekunde lang hätte dieser Gedanke je mein Hirn gestreift. Ich wollte davonlaufen, aber wie konnte ich? Mit dieser Entscheidung geriet meine Welt aus den Fugen, und mein Interesse am Studium ging in einer steilen Kurve ganz nach unten. Es war Frühlingsanfang, und die Wolken hingen schwer über dem Himmel von Herat, voller Wasser. So ging es auch meinen Augen. Sie waren voller Wasser, das in so vielen Tränen abfloss wie der Regen über unseren Hof.

Ich war wild entschlossen, diese Entscheidung nicht zu akzeptieren – dass eine Behörde derart stark gegen alle meine Wünsche in mein Leben eingreifen konnte, forderte meinen Protest heraus. Ich steckte meine beiden Füße in einen Schuh und sagte mir: Ich wiederhole diese Prüfung im nächsten Jahr, um ein anderes Ergebnis und damit mein Ziel zu erreichen. Doch mein Plan war wohl auf Wasser geschrieben.

Als ich meine Absicht im Schulreferat vortrug, machte man mir klar, dass ich nicht die geringste Chance hatte. Ich hatte die Prüfung abgelegt und gut bestanden, doch ich war Opfer eines neuen Erlasses der Regierung geworden: Man hatte entschieden, die besten Prüflinge zum Grundschulstudium einzuteilen. Die besten jungen Kräfte des Landes sollten auch die beste Basis für die Zukunft des Landes bereiten, und das hieß nichts anderes als: Sie mussten Grundschullehrer werden.

Mir blieben genau zwei Wege. Ich konnte zu Hause sitzen, arbeitslos und ohne Studium. Oder Lehrerin werden.

Mit schwarzen Gefühlen und einer tiefen Lustlosigkeit betrat ich zum zweiten Mal das Gelände der Pädagogischen Hochschule. Dieses Mal allerdings nicht für zwei Stunden, sondern für zwei Jahre.

In diesen Tagen, in denen mein Weg für mich bestimmt und entschieden wurde, war mein Herz schwer. Mein Vater dagegen war glücklich und tief zufrieden – weil ich in Herat und damit unter seinem und dem Schutz der Familie bleiben würde, wie sehr ich mir auch Freiheit und Selbstständigkeit gewünscht hatte.

Ich hatte in der Zeit der Prüfungsvorbereitungen meine Malerei natürlich zurückstellen müssen. Nun aber war wieder Zeit für die Sprache der Seele. Als Fazl Maqsoodi wieder einmal zu uns ins Haus kam, um sich nach mir und meiner Arbeit zu erkundigen, sprachen wir auch über meine Enttäuschung und die Ungerechtigkeit, die mich niederdrückte. »Doch mein Vater ist darüber glücklich«, erklärte ich ihm. Seine Antwort war: »Er ist nicht allein. Ich bin genauso glücklich.« Ich blieb still. Kein Wort hätte ich über die Lippen gebracht. Ich fühlte, dass dies eine Liebeserklärung war – tief, fein, respektvoll und gleichzeitig unsicher.

Hätte ich mein Herz sprechen lassen, hätte er genau die Antwort bekommen, die er sich wünschte. Doch ich ging den orientalischen Weg. Eine Frau von Wert und Ehre darf ihre Liebesgefühle einem Mann gegenüber nicht so schnell zu erkennen geben. Ich kannte ihn, aber kannte ich ihn auch gut genug? Ich wusste, dass wir in einer männlich bestimmten Welt lebten, doch für mich als Frau war meine Welt, waren meine Rechte als Mensch, genauso wesentlich. Würde er das verstehen können?

Wir Studenten hatten in der Pädagogischen Hochschule vier Zweige zur Auswahl: Sprache, Geschichte, Chemie und Biologie, Mathematik und Physik. Mit fast verächtlicher Gleichgültigkeit wählte ich Chemie und Biologie. Unsere Klasse umfasste fünfundzwanzig Jungen und acht Mädchen. Schon am ersten Tag erfuhr ich, dass ich nicht die Einzige war, die unter der neuen Regelung litt. Auch vier der Jungen hatten zu den besten Prüflingen gehört, und statt ihr Wunschstudium aufnehmen zu können, fanden sie sich als angehende Lehrer wieder.

Wir hatten keine Lehrbücher zur Verfügung, der Stoff wurde uns von den Professoren mündlich vorgetragen, und wir mussten uns Notizen machen. In meinen beiden Hauptfächern Chemie und Biologie hielt ich mich auch daran, alles andere ließ ich mehr oder weniger an mir vorübergleiten. Vor der ersten Semesterendprüfung im Fach Pädagogik ging ich zum Dozenten und fragte ihn, ob er mir seine Vorlesungsmanuskripte für einen Tag überlassen könnte. Er erteilte mir eine Lehre. »Versetze dich in meine Lage, Mahbuba. Das ganze Semester lang hast du dir keine Notizen gemacht über das, was ich euch beibringen wollte. Damit hast du mir und meiner Arbeit keinen Respekt erwiesen. Jetzt kommst du zu mir und bittest mich um den ganzen Stoff.« Ich schämte mich und hatte nur eine Antwort: »Verzeihen Sie mir. Mein Grund war nicht Respektlosigkeit Ihnen gegenüber, sondern der Ärger darüber, dass man mich zu einem Studium gezwungen hat, das ich nicht wollte. Das empfand ich als Respektlosigkeit, und darunter leide ich. Ich wäre Ihnen sehr dankbar, wenn Sie mir das Material für eine Nacht überlassen könnten.« Er schaute mich an und überreichte mir ohne weitere Worte seinen Schatz.

Das erste Semester lag nun hinter uns, und alle Noten wurden bekannt gegeben. Es zeigte sich zu meiner Überraschung, dass ich das beste Ergebnis erzielt hatte, der zweitbeste Student lag siebzig Punkte hinter mir. Schlimm fand ich, dass es sich auch beim dritten, dem vierten und dem fünften in der Reihenfolge um einen Jungen handelte. Jetzt wollte ich um keinen Preis meinen neuen Rang verlieren, nicht gegen einen Jungen. Das stachelte nicht nur meinen Ehrgeiz, sondern auch mein Interesse an, und mein Lehramtsstudium verlor langsam seinen Schrecken.

Nach dem Abschlussexamen erhielt ich dann einen Brief vom Schulreferat. Man teilte mir mit, dass ich ab dem neuen Schuljahr meine Stelle als Lehrerin für Chemie und Biologie am Gymnasium Mehry anzutreten hätte. Zwei Jahre zuvor hatte ich eben dieses Gymnasium als Abiturientin verlassen, den Kopf voller fantastischer Vorstellungen über eine verheißungsvolle Zukunft in der Fremde. Nun würde ich wieder vor dieser grünen Türe stehen, wenn auch in anderer Funktion.

Es blieb mir ein ewiges Rätsel, warum man mich gegen meinen Willen zur Grundschullehrerin ausgebildet hatte, um mich dann als Gymnasiallehrerin einzusetzen.

WARTE NICHT AUF DAS LICHT

Mein Traum von einem Studium an einer ausländischen Universität hinter allen Bergen war nur ein Traum geblieben. Ich hatte mich mittlerweile im Pädagogischen College gut eingelebt. Aber das Beste daran war, dass allmählich mein Leben ein Kleid aus Liebe bekam. Fazl Maqsoodi, der mir schon früher einmal leise und unsicher seine Gefühle nahegebracht hatte, zeigte mir nun auf vielerlei Weise, manchmal mit Worten, vor allem aber mit seinen Blicken, die mich tief berührten, dass er mich liebte. Ich genoss sein Verhalten so sehr, dass es zum wesentlichen Teil meines täglichen Lebens wurde. Im Gegensatz zu vielen traditionellen Afghanen betrachtete er Frauen als Menschen von gleichem Wert und mit denselben Rechten, wie sie Männern zustehen. Von Tag zu Tag wurde mir deutlicher bewusst, dass diese Haltung einer tiefen, echten Überzeugung entsprach, dass er mich als Mensch und als Frau achtete und in mir nicht einfach eine Puppe sah, die seinen erotischen Wünschen und Bedürfnissen entgegenkommen könnte. Und so wuchs in mir eine Liebe zu ihm, die so groß war, dass sie mich an meine Grenzen zu bringen schien. Aber um nichts in der Welt hätte ich das zugegeben. Nicht durch Worte, nicht durch Taten, nicht einmal durch Blicke. Gerade vor ihm wollte ich meine Gefühle verbergen bis zum richtigen Moment. Aber wann ist dieser Moment wirklich da? War es so, dass mein unnötiger, übertriebener Stolz es verlangte, dass der Mann meines Herzens erst einmal eine Reihe von Prüfungen wie in einem Märchen bestehen musste?

Geld spielte für mich keine wesentliche Rolle. Hätte ich von ihm einen anderen Eindruck gehabt, hätte dies mein Bild von ihm entscheidend geändert und zerstört. Wenn er ein erotisches Interesse an mir auf irgendeine Art zu erkennen gegeben, mich gar berührt hätte, so wäre dies für mich das Ende von allem gewesen. Er schien eine Ausnahme zu sein. Er malte. Er trug merkwürdige Gewänder und Anzüge in Farben, die ich an anderen Männern noch nie gesehen hatte. Er sprach auch anders, ganz direkt, seine Mimik und seine Gesten kamen ohne jegliche orientalische Symbolik aus. Mein Vertrauen zu ihm, mein Respekt und meine Liebe schlugen Wurzeln in mir und wuchsen wie ein Baum. Ich wartete auf die Blüten und Früchte, die er tragen würde. Dieser Mann war ständig in meinen Gedanken, und bei jeder möglichen, aber auch jeder unmöglichen Gelegenheit sprach ich von ihm: »Mein *ostad* hat das und das gesagt …, hat das und das gemacht …«

Sein Äußeres entsprach meinem Ideal eigentlich gar nicht. Ich hatte mir einen großen, dunkelhäutigen Mann gewünscht mit breiten Schultern und dunklen Augen. Der Mann, der jetzt mein Herz gestohlen hatte, war in allem das Gegenteil – schmal, das Haar fast blond, helle Haut und helle Augen. Ich hörte auch Dinge über ihn, die mich in leise Zweifel stürzten: gelegentlicher Alkoholgenuss, spontane Tänzchen in der Öffentlichkeit auf Hochzeitsgesellschaften und ähnlich Ungewöhnliches, das man über einen afghanischen Mann eigentlich nicht erfahren wollte.

Wenn ich in den Unterrichtsstunden neben ihm saß, lernte ich von ihm und empfand gleichzeitig eine Art Erfüllung. Eines Tages brachte er mir ein Buch mit Blumenmalerei, und ich betrachtete und studierte diese schönen Abbildungen mehrfach und mit großem Interesse. Doch als wir uns dieses Buch dann einmal gemeinsam anschauten, war es, als öffnete sich eine neue Welt. Die Farben schienen tiefer und reicher, die Formen vielfältiger, ausdrucksvoller, und mir war, als hinge sogar der Duft dieser Blumen im Raum. Ich fühlte mich fast verloren in diesem Zustand. Wo versteckte sich die Ursache meiner geheimnisvollen Verwirrung, dieser flammenden Unruhe, die mich an den Rand der Verrücktheit brachte? Konnte das die Liebe sein? Aber wer war da, um mir zu erklären, wie und was die Liebe ist? Ich hielt meine Gefühle gut verborgen, vor meinen Eltern, vor meinen Geschwistern und lange Zeit sogar vor meiner Lieblingsschwester Afifa. Doch es kann ihnen gar nicht entgangen sein, dass ich mich verändert hatte. Am wichtigsten aber war mir, meine Gefühle vor ihm, dem Kern ihrer Ursache, zu verbergen. Ich wollte nicht und ich konnte es nicht sagen, dass ich brenne und gleichzeitig Flügel bekomme, dass ich Schmerzen leide und mich zur gleichen Zeit glücklich und zufrieden fühle. Dass mich eine Krankheit befallen hat, die mir auch Gesundheit verkündet. Dass dieser Mann mich an sich gekettet hatte.

Fazl Maqsoodi stammte aus einem Dorf in der Nähe von Herat. Er lebte lange bei seinen Eltern, hatte sich nun aber ein Haus für sich gebaut. Während einer Unterrichtsstunde erzählte er mir, dass sein Haus jetzt an das Stromnetz angeschlossen worden war. »Das ist wunderbar«, sagte ich. »Ihr Haus ist nun hell, und so können Sie besser arbeiten.«

Seine Antwort traf mich unerwartet. »Das Licht meines Hauses bist du. Erst wenn du kommst, wird die Dunkelheit schwinden.«

Mein Kopf drehte sich, und ohne darüber nachzudenken, ließ ich meinen Stolz antworten: »Warten Sie nicht auf dieses Licht.«

In dem Gespräch, das dann folgte, gab er mir zu verstehen, ich hätte ihm doch auf seinen Wunsch, mich zu heiraten, eine zustimmende Antwort gegeben. »Haben wir denn je darüber gesprochen?«, fragte ich ihn. »Habe ich je gesagt, dass ich Sie heiraten werde?« Nicht eine einzige Zelle meines Körpers war mit diesen Sätzen einverstanden. Und doch kamen sie aus meinem Mund.

Dieser Austausch verletzte uns beide tief. Sein Schmerz zeigte sich in Augen voller Tränen und einer Kehle, die wie zugeschnürt war. In vollkommener Stille arbeiteten wir weiter.

Warum habe ich mich damals so verhalten? Verlangte das die Tradition von mir? War es Angst vor der Zukunft, Angst davor, dass irgendwann einmal mein Mann oder ein Mitglied seiner Familie zu mir sagen könnte: »Du wolltest mich haben, du hast mich gewählt.« Ist das ein Fehler, ein Zeichen von Wertlosigkeit, wenn eine Frau sich ihren Mann selbst erwählt? Ist es ihr absolut verboten, den ersten Schritt zu tun? Ist das nicht eher eine Ursache für Unglück, wenn man sich von der Wahrheit so fernhält?

REVOLUTION?

انقلاب؟

In der Familie war langsam wieder die Harmonie eingekehrt. Vater hatte Arbeit, seine Gesundheit war stabil, und unsere finanzielle Lage hatte sich auch dadurch verbessert, dass meine Schwester Afifa und ich zum Lebensunterhalt beitragen konnten. Und so war Papa in der Lage, seine Verantwortung den drei jüngsten Töchtern gegenüber mit größerer Ruhe zu erfüllen. Um die Gesundheit unserer Mutter stand es nicht sehr gut, Migräneanfälle und ein übersäuerter Magen belasteten sie. Kein Wunder, denn dieser Körper hatte neun Kinder in sich getragen und ernährt. Ihre innere Welt aber, ihre Seele, war nach wie vor stark. Mutter war wie immer ein Kern der Liebe, war bereit, alles und sich selbst dafür zu geben, dass alle ihre Töchter, ob klein oder groß, sich in dieser Liebe wohlfühlen durften und keine je sich auch nur irgendwie benachteiligt empfinden musste. Das Leben war schön, und jede von uns konnte das nach ihren eigenen Möglichkeiten und auf ihre eigene Weise erkennen und genießen.

Ich übte meine Arbeit als Lehrerin am Lyzeum Mehry nun seit rund sechs Wochen aus und war damit sehr zufrieden, vielleicht vor allem deshalb, weil es den Anschein hatte, dass auch die

Schülerinnen mit mir zufrieden waren. Afifa war Lehrerin für Chemie und Biologie am Lyzeum Maleka'e Djelaly, dem zweiten Mädchengymnasium, das die Stadt vor Kurzem gegründet hatte.

Als wir am 27. April 1978 aufwachten und wie jeden Tag die Köpfe aus den Betten hoben, streichelte der Duft der Blumen, der Bäume und der Erde unsere Nasen. Vor Sonnenaufgang schon hatte Papa wie immer die trockene Erde mit Wasser besprenkelt, sodass jeder tiefe Atemzug Körper und Seele eine erquickende Erfüllung schenken konnte. Doch es gab noch eine weitere Erfrischung an diesem Morgen, eine außergewöhnliche, eine Nachricht, die zunächst lediglich angedeutet wurde und für uns noch nicht klar und erkennbar war. Es gab nur einen Sender in Afghanistan, Radio Kabul, und der hatte an diesem Morgen sein Programm geändert. Anstelle der erwartbaren Sendungen strahlte Radio Kabul nichts als Musik aus – Märsche und Hymnen, gefühlvolle Lieder, die auf zutiefst orientalische Weise und in afghanischer Übertreibung die Liebe zur Heimat heraufbeschworen. Wir alle waren ganz Ohr, und jeder hatte das Gefühl, dass etwas in der Luft lag, eine entscheidende Nachricht von großer Bedeutung. Und so war es auch.

In einer offiziellen Verlautbarung wurde verkündet, dass die linke Bewegung unter der Leitung der Demokratischen Volkspartei Afghanistans *Khalq* die Macht im Land übernommen hatte. Im Laufe des Tages drangen weitere Informationen durch. Präsident Dauoud, der 1973, damals noch mit Unterstützung der Linken, die Monarchie gestürzt und Afghanistan in eine Republik umgewandelt hatte, war erschossen worden und mit ihm der größte Teil seiner Familie.

Dieses dramatische Geschehen war die Folge eines Militärputsches, der von der DVPA als »Revolution« bezeichnet und sogar der Russischen Oktoberrevolution gleichgesetzt wurde. Um die Wahrheit zu sagen: Die meisten von uns Radiohörern und vermutlich auch die meisten von denen, die direkt daran beteiligt waren, wussten nicht, was Revolution bedeutete. Und dennoch waren viele Afghanen bereit, in die neue Regierung ihre Hoffnungen zu setzen auf dem Weg zu Gleichheit und Gerechtigkeit.

Auch Afifa und ich gehörten zu diesen Menschen. Wir waren von der Programmatik und der Wahrhaftigkeit der *Khalq*-Partei zutiefst überzeugt, und uns war klar: Jetzt erst beginnt die wahre politische Arbeit – und dafür fühlten wir uns bereit, sollte es auch unser Leben kosten. Wären wir nicht schon Parteimitglieder gewesen, hätten wir spätestens zu diesem Zeitpunkt die Mitgliedschaft beantragt. Wir waren begeisterungsfähige junge Menschen, verliebt in die göttliche Gerechtigkeit, und glaubten, dass die Partei für diese Gerechtigkeit auf Erden sorgen würde.

Als die neue Regierung ihr Kabinett vorstellte, stieß sie überwiegend auf Zustimmung, sogar auf Begeisterung. Rund zwei Wochen nach der Regierungserklärung waren alle wesentlichen politischen Positionen in allen Provinzen neu besetzt, selbstverständlich von Parteimitgliedern. Im Zuge dieser Umwälzung bekam auch die Provinz Herat einen neuen Gouverneur, der gleichzeitig die Funktion eines Armeegenerals ausübte und die große Garnison in der Stadt Herat befehligte. Als er sein Amt antrat, sprach er eine Einladung an alle gesellschaftlich, wirtschaftlich oder kulturell bedeutsamen Einwohner der Stadt aus, um die Vorhaben der Regierung, die Linien der Partei und ebenso sich selbst bekannt zu machen. Auch die Direktorin des Gymnasiums Mehry war eingeladen. Hochbeglückt und vor Zufriedenheit strahlend, kam sie von dieser Veranstaltung zurück zu uns ins Lehrerzimmer. Was sie darüber erzählte, ist in meiner Erinnerung eingegraben: »Das sind intelligente, helle Köpfe. Stellen Sie sich vor, der Gouverneur hat meine Hand geküsst. So viel Respekt hat er mir als Frau erwiesen!« Das war etwas, das man in Afghanistan bisher noch nie zu hören bekommen hatte, es machte auch mich wach und stimmte mich ein auf etwas gutes Neues.

Doch die vielen politisch motivierten Umbesetzungen führten auch zu Unruhe und Unfrieden. Über Nacht gingen Posten verloren, und ob einer seine Position durch sein Können, durch Bestechung oder sonstige Manöver erworben hatte, spielte dabei keine Rolle. Faktisch jedenfalls bedeutete dies die Entmachtung der bislang Etablierten und Privilegierten. Widerstand und Aufruhr waren eine natürliche Folgeerscheinung.

Eines Tages, als ich nach Unterrichtsende wie üblich ins Lehrerzimmer ging, um mich von den Kolleginnen zu verabschieden, traf ich auf einen Schwall von Unruhe und Verwirrung. Die Frauen wirkten aufgeregt, fast aufgescheucht, und dann kam aus dieser unerfreulichen Gemengelage ein Satz auf mich zu, fremd und unerwartet: »Gratuliere, Mahbuba. Deine Schwester ist ab heute unsere Direktorin. Das Schulreferat hat uns davon in Kenntnis gesetzt.«

Ich war vollkommen überrascht und wusste nicht, was ich sagen sollte. Diese Nachricht berührte mich kaum und löste in mir auch keine Freude aus. Es war eher so, dass ich mir wie die Zeugin einer Theaterszene vorkam. Ich sah die abgesetzte Direktorin, die unendlich nervös wirkte, vor ihrem Schreibtisch stehen. Die Schublade, zu der nur sie den Schlüssel besaß, klaffte weit offen. Mit zitternden Händen schaufelte sie Stapel von Briefen und anderen Unterlagen auf den Tisch, zerriss wütend das eine oder andere Papier und führte dabei ein ständiges Selbstgespräch. »Diese Leute verteilen alle Posten nur und nur an ihre Parteigenossen.« Noch heute klingt dieser Satz mir in den Ohren. Ich war froh, diesen aufgewühlten, von unklaren Gefühlen beherrschten Raum verlassen zu können. Eine Kollegin aus feudaler Familie, die jeden Tag von einem Chauffeur zur Schule gebracht und auch wieder abgeholt wurde, bot mir an, mich mit dem Auto nach Hause zu bringen – erstaunlich. Ich bedankte mich und lehnte ab.

Als ich heimkam, musste ich feststellen, dass diese unerhörte Neuigkeit die Familie schon erreicht hatte. Unsere Mutter saß im Wohnzimmer auf dem Teppich und drehte sich fast wie ein Kreisel um sich selbst. Dass man ihre Tochter zur Direktorin des bedeutendsten Mädchengymnasiums ernannt hatte, war ihr keine Freude. Es war ein Schmerz. So sagte sie: »Ich will das nicht. Ich bin dagegen mit Leib und Seele.« Sie hätte keinen Grund für diese Trauer angeben können, aber es schien, als würde ihr Herz etwas Bedrohliches verkünden. Vater war nicht zufrieden und auch nicht unzufrieden. Ich selbst hatte das Bedürfnis, neben meiner Schwester zu stehen, sie zu unterstützen in meiner ganzen unendlichen Ahnungslosigkeit – so wie ich auch die Gerechtigkeit stützen und unterstützen wollte.

Afifa hatte keinerlei Bedenken und zweifelte auch nicht daran, dass sie ihre neuen Aufgaben verantwortlich erfüllen könnte. Als problematisch allerdings empfand sie es, dass die afghanische Gesellschaft es gewohnt war, ausschließlich Personen aus sehr wohlhabenden oder anderweitig privilegierten Schichten auf Positionen dieser Art zu sehen. Als wir beide am nächsten Morgen zum Gymnasium kamen, waren Lehrerinnen und Schülerinnen schon im Schulhof versammelt. Afifa hielt eine kurze Begrüßungsansprache, die sie vorbereitet hatte, und dann begaben sich alle wieder in ihre Klassenzimmer und an die Arbeit.

Alles in allem genommen, stieß die neue Direktorin weiter nicht auf nennenswerte Schwierigkeiten.

EIN FRAUENPROJEKT – GOTTLOS?

پروژه زنان - بی‌خدا؟

Seit dem Putsch waren nun etwa drei Monate vergangen. Afifa und ich waren beide zufrieden mit unserer Arbeit. Ich fand meinen Beruf sehr spannend, weil nicht nur die Schülerinnen von mir etwas lernen konnten, sondern ich auch viel von ihnen. Eines Tages erhielt ich vom Schulreferat die Aufforderung, mich dort einzufinden, es gäbe etwas zu besprechen. Der Leiter des Schulreferats war zugleich Erster Bürgermeister der Stadt Herat, hatte also zwei wichtige Funktionen inne. Als ich sein Büro betrat, stellte er mir einige Fragen zur Situation an der Schule und kam dann auf sein eigentliches Anliegen zu sprechen. Er eröffnete mir, dass ich meinen Posten verlassen müsse und ab Beginn des nächsten Monats die Leitung von *Moassese zanan* übernehmen sollte, der Einrichtung für Frauenförderung, die bereits in den 1970er-Jahren noch unter der Herrschaft des Königs in mehreren Städten gegründet worden war.

Ich war verblüfft, und ich war auch alles andere als begeistert. Ich liebte meinen Beruf als Lehrerin, und deshalb erklärte ich dem Bürgermeister, dass ich diese mir nun zugedachte neue Aufgabe lieber nicht übernehmen wollte. In seine Stimme trat ein anderer Ton, ein klarer Befehlston. »Das ist die Entscheidung der Partei. Du wirst diesen Posten übernehmen.« Ich hatte keine Ahnung, nicht einmal eine Vorstellung davon, wie ich meine Freiheit als Individuum verteidigen könnte, und so blieb ich stumm, aber mit einem unzufriedenen Herzen. Ich fand keine Antwort, und ich hatte auch keine Wahl. Schon tagelang war bei meinen Schülerinnen das Gerücht umgegangen, dass ich die Schule bald verlassen würde. Nun musste ich nicht länger rätseln, wer das in die Welt gesetzt hatte.

Mein neuer Arbeitsplatz befand sich in einer schönen einstöckigen Villa, die von einem großen Garten umgeben war. Seitlich der Grenzmauer verlief ein breiter Bach, der immer reich mit Wasser gesegnet war und nicht nur den Bäumen und Blumen Frische schenkte. Im Sommer diente dieser Wassersegen auch dazu, dass man die Sandwege des Gartens reich besprengen und damit für Erfrischung sorgen konnte.

Zu dieser Einrichtung für Frauen gehörte auch ein Kindergarten für rund vierzig Kinder im Alter von vier bis sechs Jahren. Er wurde einerseits von arbeitenden Müttern in Anspruch genommen, aber auch von Eltern, die ihren Kindern eine fortschrittliche, eine »moderne« Erziehung zukommen lassen wollten. Die Frauen konnten zwischen mehreren Ausbildungsmöglichkeiten wählen. Es gab eine Schneiderei, es gab Kochkurse, und es gab eine Abteilung, in der Maschinenschreiben gelehrt wurde. Das war vor allem für Mädchen und Frauen interessant, die zwar Lesen und Schreiben gelernt hatten, ihre Ausbildung aber aus irgendwelchen Gründen nicht zu Ende bringen konnten. Jede dieser Abteilungen wurde von einer Ausbilderin geführt, für den Kindergarten waren vier Erzieherinnen zuständig. Dazu kamen ein junger Mann, der als Postbote diente – alle Briefe innerhalb der Stadt wurden persönlich überbracht –, ein Buchhalter und eine Empfangsdame. Niemand unter den Angestellten war Parteimitglied. Wirklich ungewöhnlich war, dass dieses Frauenprojekt Tag und Nacht von zwei bewaffneten Soldaten bewacht wurde, die auch den Zugang kontrollierten. Die Einzige, vor der sie salutieren mussten, war ich, die neue Leiterin. Wann immer ich an ihnen vorbeiging, präsentierten sie das Gewehr, und ich hatte keine Möglichkeit, sie davon abzuhalten.

Auch wenn ich diese Arbeit nicht freiwillig übernommen hatte, so versuchte ich doch, das Beste daraus zu machen. Ich stellte für den Kindergarten eine weitere Erzieherin ein und konnte so die Kapazität und auch die Qualität steigern. Für die Schneiderei holte ich zusätzliche Aufträge herein, um auch die Einnahmen zu verbessern. Meine Initiativen in der Kochabteilung dagegen führten nicht wirklich zu Erfolgen. Weil Schreibmaschinenkenntnisse sehr gefragt waren, ließ ich neben den Morgenkursen auch Nachmittagskurse abhalten und konnte dadurch das Angebot verdoppeln. Diese Kurse dauerten sechs Monate und boten eine solide Ausbildung, sodass alle Teilnehmerinnen anschließend beruflich tätig werden konnten und sich damit nicht nur materiell verbesserten, sondern ganz sicher davon auch in ihrem Selbstbewusstsein profitierten.

Der Frauenanteil in der Partei war damals noch sehr niedrig, mehr als zehn weibliche Mitglieder gab es nicht, und auch die Zahl der Sympathisantinnen war gering. Es war ein dringendes Bedürfnis der Partei, das zu ändern, schließlich gehörte es zu den erklärten Zielen, die Rechte der Frauen zu stärken. Das Frauenzentrum *Moassese zanan* bot sich dafür geradezu an. Ich erhielt mein Gehalt als Leiterin, war aber zusätzlich sehr stark in der ehrenamtlichen Parteiarbeit engagiert, wobei mir vor allem die Aufklärung der Frauen am Herzen lag. Ich organisierte Vorträge, Kurse und Sitzungen, die alle darauf ausgerichtet waren, den Frauen ihre Rechte als Menschen bewusst zu machen.

Diese Arbeit war tatsächlich nicht ungefährlich. Von außen gesehen, vom traditionellen gesellschaftlichen Standpunkt aus, galt sie als gottlos, von kommunistischer Ideologie durchtränkt und gegen den Glauben gerichtet. Diese Interpretationen beflügelten negative Fantasien. In einer vom Primat des Männlichen beherrschten Gesellschaft genügte allein schon die Aussage, dass Mann und Frau gleiche Rechte haben, um unter dem Schutz der Scharia die Gottlosigkeit scheinbar zu beweisen. Aus eigener gelebter Erfahrung aber weiß ich, dass von diesem Zentrum keinerlei Aktivitäten ausgingen, die gegen den Glauben gerichtet waren. Schlimmer noch als diese Vorwürfe war jedoch die Tatsache, dass man Frauen, die sich dort versammelten, sich für die Aufklärung und vielleicht auch für die Partei einsetzten, mit Schimpf und Schande überzog, sie beleidigte und Huren nannte. Natürlich sagte man ihnen diese grundlosen Gehässigkeiten nicht direkt ins Gesicht. Die afghanische Gesellschaft war und ist zweischneidig, zeigt gerne zwei Gesichter. Gut möglich, dass dabei der herrschende, niemals hinterfragte Zwang zu absoluter Höflichkeit eine wesentliche Rolle spielt.

Unsere Familie war durch Afifas und meine politischen Aktivitäten sehr exponiert. Je stärker die Unruhen wurden, desto mehr gerieten wir in Gefahr. Es war schwer, in dieser Situation zu erkennen, wer zu den wahren Freunden zählte. An Fazl Maqsoodis Freundschaft mussten wir nicht zweifeln, und dass er neben uns stand, war für uns von großem Wert. Dazu kam, dass er eine politische Vergangenheit und damit auch ein tieferes Verständnis für uns hatte. Als junger Lehrer und Nachwuchsmitglied der DVPA hatte er in der Provinz Gur gearbeitet, und als es damals in Zentralafghanistan zu einer großen

Hungersnot kam, gehörte er zu den Demonstranten, die gegen den Willen der Regierung einen vollgefüllten Silo aufbrachen und das Getreide an die Hungernden verteilten. Das brachte ihm eine Woche im Gefängnis ein. Doch Fazl war nicht nur regierungskritisch, er opponierte auch gegen die Partei, und so war es wohl nur folgerichtig, dass man ihn ausschloss.

ICH TANZE NICHT NACH DER FLÖTE DER ANDEREN

من به ساز دیگران
نمی‌رقصم

An einem warmen Sommerabend kam es für mich ganz unerwartet zu einem Gespräch mit meinem Vater. Er sagte so: »Du hast jetzt so viel zu tun, Mahbuba, du hast ja kaum noch Zeit zu malen. Warum kommt dein Lehrer immer noch jede Woche, um dich zu unterrichten? Solltest du oder sollte er mit dem Gedanken spielen, dass ihr ein Leben zusammen verbringen, also heiraten möchtet, dann lass dir gesagt sein: Ich bin nicht einverstanden.« Trauer überfiel mich: »Seit vier Jahren ist er mein Hauslehrer und besucht mich regelmäßig. Wenn wir ein Leben zusammen gründen wollten, was würden denn die Leute sagen, die Gesellschaft von Herat, die so traditionell gebunden ist? Das Gerede hinter unseren Rücken könnte viele Gesichter annehmen, die nicht die Wahrheit spiegeln.« Vater antwortete klar und sicher: »Aber ich kenne dich. Das Gerede interessiert mich nicht. Ich tanze nicht nach der Flöte der anderen. Ich bin aus einem anderen Grund dagegen. Ich habe das Gefühl, dass ich mit seinem Vater nicht zurechtkomme. Mit einfachen Worten: Der Vater gefällt mir nicht.« Meine Antwort lautete: »Nichts ist mir wichtiger als Ihr Einverständnis.« In dieses Kleid hüllte ich das Geständnis meiner Liebe zu Fazl und verletzte auch nicht den Respekt, den ich meinem Vater schuldete.

Mein Vater war von ganz besonderem Stoff. Nicht viele Menschen verstanden ihn. Er hatte sieben Töchter und beschwerte sich nicht darüber, und er verkaufte keine von ihnen. Er nahm sich keine zweite Frau, um einen Sohn zu zeugen. Er gründete eine Schule für Mädchen, eine Handlung, die allgemein große Verwunderung auslöste. Nie erhob er seine Hand, um jemanden zu schlagen, er erhob nicht einmal seine Stimme. Und er hatte wohl auch recht in seiner Beurteilung von Fazls Vater. Es ging ihm nicht darum, diesen Mann abzuwerten. Er wollte damit lediglich ausdrücken, dass mein potenzieller Schwiegervater für ihn selbst kein guter Gesprächspartner war.

An diesem Abend ging ich mit sehr schweren Gedanken zu Bett. Meine Tränen hatte ich vor meinem Vater verborgen. Wie könnte ich nur zu einer guten Lösung finden? Der einzige Weg, der mir einfiel, führte über Afifa. Ich erzählte ihr von dem Gespräch, das mein Herz so belastete. Sie lachte: »Papa könnte ja auch recht haben. Ich weiß auch nicht, was du an diesem Mann findest. Ich würde ihn nie heiraten.« – »Ich liebe ihn«, erklärte ich ihr. »Er ist meine Wahl. Und ich heirate ihn, oder ich heirate gar nicht. Ein anderer Mann kommt in meinem Leben nicht infrage. Aber eine Entscheidung gegen Papa kommt genauso wenig infrage. Ich verstehe nur nicht, warum Fazls Vater dabei eine so große Rolle spielen sollte.«

Afifa stand neben mir wie ein Berg, und sie tat, was sie konnte, um meinen Eltern ihr Einverständnis abzuringen. Im Februar 1979 dann war es so weit, und Fazls Familie erhielt das Signal zu handeln.

Da die Frauen seiner Familie uns schon kannten, traten sie nicht zu Antrittsbesuchen bei uns an. Um die große symbolische Geste auszuführen, musste Fazls Vater uns aufsuchen. Es war ein

Freitag, ich hielt mich im Hamam auf, als völlig unerwartet meine Freundin Parastu auf mich zukam. Sie hatte eine wichtige Nachricht für mich, eine Botschaft, die sie mir in Fazls Auftrag überbrachte: Heute Abend würde sein Vater meinem Vater den entscheidenden Besuch abstatten. Ich saß im Hamam und hatte auf einmal ein Gefühl, als befände ich mich mitten in einer Erzählung aus *Tausendundeiner Nacht*, als würde das Märchen, das ich mir so lange gewünscht und erträumt hatte, endlich einen Weg in die Wirklichkeit finden.

Nach dem Abendessen klopfte es an unserer Haustür, und auch mein Herz klopfte gewaltig. Die Gäste traten ein und wurden von Vater ins Gästezimmer geleitet. Dann stand Papa in der Wohnzimmertür und sagte mit einem leisen Lächeln: »Maqsoodis Vater und ein Freund sind gekommen. Bitte bereitet Tee.« Ich war still und stumm, aber mein ganzer Körper schien aus nichts als Ohren zu bestehen. Nach etwa zwei Stunden verließen die Gäste das Haus. Als Papa zu uns ins Zimmer kam, sprach er kein Wort, aber seine Miene und seine Bewegungen verhießen mir Gutes. Unser Vater musste und wollte seine Gedanken gar nicht immer erst in Worte fassen, wir waren sehr geübt darin, ihn auch so zu verstehen. Vielleicht würde er mir morgen, vielleicht auch erst übermorgen einen Satz sagen, der meinem ganzen Wesen Flügel aus Liebe verleihen würde, der mich befreien würde aus dem Gefängnis von Angst und Befürchtungen.

Fazl hatte während dieser beiden Besuchsstunden auf der Straße vor unserem Haus im Auto gewartet. Sehr viel später erst erzählte er mir von den Gedanken, die damals seinen Kopf durchpflügten. Was erwartet mich, wenn Mahbubas Vater ein Nein sagt? Was wird sie machen? Wie wird das Leben für mich werden? Und dann gestand er mir, was sein Vater zu ihm gesagt hatte, als er aus unserem Haus kam: »Mahbuba war dir schon längst gegeben, mein Sohn.«

Mein Mund stand vor Überraschung offen. Und in diesem Augenblick erst begriff ich, was mein Vater mir an jenem Sommerabend hatte sagen wollen. Er war wirklich aus einem anderen Stoff. Er ignorierte die Tradition der vielfachen Besuche, ehe man ein Ja erteilte, um den Wert einer Tochter zu steigern. Er kannte den Wert seiner Töchter. Und ich erkannte den Unterschied in der Denkweise dieser beiden Männer, der Väter, die unsere Existenz in der Welt verursacht hatten. Und mir schien es ein Unterschied wie zwischen Himmel und Erde.

DIE KUGEL

گلوله

Die vielen Reformen, die die neue Regierung anordnete und erzwang, lösten vielfach Unruhen und Aufruhr aus. Auch die Schulen blieben davon nicht verschont. Immer wieder kam es zu aggressiven Handlungen und Ausschreitungen durch oppositionelle Islamisten, versteckt oder offen. Man versuchte beispielsweise mit allen Mitteln, die Mädchen am Schulbesuch zu hindern, so etwa durch Säureattacken auf ihre Beine. Es gab aber auch Schülerinnen, die selbst aktiv wurden, den Unterricht störten oder zu Lernstreiks aufriefen. Afifa, der die Erziehung der jungen Mädchen nicht nur am Herzen lag, sondern die als Direktorin der größten Mädchenschule nun seit mehr als einem Jahr dafür auch Verantwortung trug, konnte diese Geschehnisse nicht tatenlos hinnehmen. Sie wandte sich an das Schulreferat, um in dieser schwierigen Situation Unterstützung zu finden und Lösungswege aufgezeigt zu bekommen.

Es war ein sonniger Augustmorgen, meine Schwestern Afifa und Halima – auch sie unterrichtete am Gymnasium Mehry – waren auf ihrem Weg zur Arbeit und tauschten ihre Gedanken aus. Es ging um den Ablauf des Tages, um die Probleme und Bedürfnisse der Mädchen, die ihnen anvertraut waren. Halima erinnert sich, dass ihr Gespräch, obwohl es einen ernsthaften Inhalt hatte, von Fröhlichkeit geprägt war und dass auf Afifas Gesicht ein Lächeln stand. Als sie noch rund hundert Meter von der Eingangstür der Schule entfernt waren, hörten sie plötzlich einen lauten Knall. In diesem Augenblick raste ein Mann auf einem Fahrrad an ihnen vorbei. Halima rannte hinter ihm her, um ihn anzuhalten. Als sie sich umdrehte und sah, dass ihre Schwester auf der Erde lag, ließ sie von ihm ab und lief zurück. Sie nahm Afifas Kopf in ihren Schoß und schrie verzweifelt um Hilfe. Doch die Straße war leer. Dann endlich tauchte ein Auto auf, hielt an, nahm die beiden Frauen auf und brachte sie ins Krankenhaus. Erst vor dem Eingang zur Klinik wurde Halima klar, dass sie in all dieser Aufregung und Verwirrung ihre Sonnenbrille aufbehalten hatte. Als sie die Brille abnahm, sah sie, dass dieses leichte Lächeln noch immer Afifas Lippen kräuselte, erkannte aber auch, dass Afifas Augen die Kontrolle verloren hatten. Ein tiefer Atemzug drang aus Afifas Brust, ein Seufzer.

Der Schuss, der auf unsere Schwester abgefeuert wurde, war so genau gezielt, dass die Kugel ihren Weg durch Afifas Rücken direkt zum Herzen fand. Und dort auch blieb. Sie trat nicht wieder aus.

Mag sein, dass diesem Stück Metall die grausame Zerstörung bewusst wurde, die es bewirkt hatte. Mag sein, dass diese Patrone sich schämte für die Hand, die diese sinnlose Vernichtung verursacht hatte. Wer weiß, vielleicht erkannte sie, dass dieses Herz, in das sie eindrang, voller Hoffnung war und rein wie ein Spiegel – ein Ort, den man nicht wieder verlassen möchte.

EIN LÄCHELN, VERZIERT VON EINEM TROPFEN BLUT

لبخند آراسته به
قطره خون

Afifa hatte das Haus am Morgen gesund, voller Energie und Hoffnung verlassen. Um vier Uhr nachmittags umarmte die Erde ihren kalten Körper. Dieses Geschehnis stürzte die Familie in tiefste Trauer.

Mich hatte gegen acht Uhr im Kindergarten eine Mitarbeiterin angesprochen. Aufgeregt und fast verwirrt erklärte sie mir, ich solle am Gymnasium Mehry nachfragen, ob Afifa sich an ihrem Arbeitsplatz aufhalte. Da ich telefonisch dort niemanden erreichen konnte, wandte ich mich an das Schulreferat und erhielt die Auskunft, dass sich Afifa im Krankenhaus befände. Voller Sorge machte ich mich auf den Weg dorthin. Als ich in das Zimmer des Klinikdirektors stürmte, sah ich dort meinen Vater sitzen. Er sprach kein Wort zu mir, und er sah anders aus als sonst – sein Gesicht wirkte dunkler, die Farbe der Haut fast wie verbrannt. Mir verkündete das Unheil. Ich erkannte seinen Schmerz, und ein Gefühl von Schuld und Sünde stieg in mir auf. »Wo ist meine Schwester? Bitte, bringen Sie mich zu ihr«, bat ich den Direktor. Er führte mich einen engen Gang entlang zu einem schmalen Raum, der nichts enthielt als eine Bahre. Meine Schwester Afifa war darauf gebettet. Reglos, mit geschlossenen Augen lag sie da, und ich erkannte, dass ihr junger Körper, der so lebendig gewesen war, sich der Kälte überließ. Ein zartes Lächeln stand auf ihren Lippen, verziert von einem kleinen Tropfen Blut. Einen zweiten Blutstropfen entdeckte ich auf ihrer Brust.

Ich habe keine Erinnerung daran, wie mein Körper oder meine Seele diesen Schock zu verarbeiten suchten. Irgendwann vernahm ich die Stimme meiner Mutter, es waren Schreie, Klagen, die ich bis heute nicht beschreiben kann. Ob meine Geschwister da waren, wie sie reagierten – nichts davon ist in meinem Gedächtnis geblieben.

Viele Menschen, vor allem Frauen, waren in das Krankenhaus geströmt. Sie begruben Afifa unter einem Berg von Blumen, Blumen, die bis heute, siebenunddreißig Jahre später, bei unserer jüngsten Schwester, die damals acht Jahre alt war, tiefe Spuren hinterlassen haben. Geraten ihr Chrysanthemen in den Weg, muss sie flüchten, weil Farbe und Geruch dieser Blumen das grausame Geschehen von damals wie lebendig in ihr aufsteigen lassen.

Den islamischen Bestattungsregeln gemäß soll ein Mensch noch am Tag seines Todes in die Erde gebracht werden. Zuvor wird die rituelle Reinigung durchgeführt, Männer waschen Männer, Frauen waschen Frauen, daraufhin wird der Leichnam in weißes Leinen gehüllt. Stirbt ein Mensch den Märtyrertod, entfallen diese Rituale – er wird nicht gewaschen, er wird nicht in Leinen gehüllt, er wird in dem Kleid begraben, in dem der Tod ihn fand.

Ein *chatip*, ein hochrangiger Prediger, erschien im Krankenhaus, trat an Afifas Bahre und gab bekannt, dass diese junge, hell denkende Frau unsere Welt als Märtyrerin verlassen habe.

Der Trauerzug vom Krankenhaus zum Friedhof setzte sich schließlich in Bewegung – eine gewaltige Karawane, deren Krone

Afifas kalter, toter Leib darstellte. Sehr viele Menschen wollten unserer Schwester die Ehre erweisen, verwandte und fremde, reiche und arme, Parteimitglieder und Oppositionelle. In Afghanistan dürfen Frauen nicht an einer Beerdigung teilnehmen. Man hatte in unserem Fall eine Ausnahme gemacht und sogar einen Bus bereitgestellt, der die Frauen der Familie zum Friedhof bringen sollte. Unser Frauenbus befand sich ganz am Ende dieses Zuges, seine Spitze, Afifa, war unseren Blicken entzogen. Was wir sehen konnten, war ein Spalier von Soldaten, die auf der ganzen Strecke zu beiden Seiten der Straße aufgereiht waren, die Gewehre präsentiert.

Für alle diese Äußerlichkeiten hatte unsere Mutter keinen Sinn. In ihr brannte eine Flamme, und wie sie damit umgehen könnte, wusste sie nicht. Mein hilfloser Versuch, sie zu beruhigen, erschöpfte sich in dem Satz: »Mama, Afifa wurde für ein Leben in Gerechtigkeit geopfert.« Gleichzeitig wollte ich schreien, weil auch ich nicht wusste, wie ich mit diesem Schmerz umgehen könnte. Doch meiner Mutter zuliebe würgte ich meine Stimme. Da wir Frauen uns dem Grab nicht nähern durften, konnten wir Afifas Beerdigung nur aus unklarer Ferne, nur durch das Busfenster wahrnehmen. Die Realität war unfassbar für uns, in jedem Sinn.

Die Nacht, die kam, empfand ich als wahrhaft höllisch. Afifas kahles, leeres Matratzenbett befand sich neben meinem. Am Morgen versammelten sich alle meine Schwestern in diesem Zimmer an Afifas Bett. Unser Leid war groß. Dann trat auch Vater ein, umarmte seine jüngeren Töchter und versuchte, uns allen Ruhe zu spenden.

An den folgenden drei Trauertagen machten sich viele Frauen auf den Weg zu uns, um ihre Teilnahme auszudrücken, so viele, dass unser Haus nicht mehr alle aufnehmen konnte, deshalb stellten die Nachbarn ihr geräumiges Haus für den Empfang der

Trauergäste zur Verfügung. Die Männer erwiesen unserem Vater in der Moschee die Ehre. Diese Trauertage fielen mit den drei Tagen des Ramadanfestes zusammen – und so wurde in diesem Jahr das Fest überschattet vom Tod einer jungen Frau, die versucht hatte, nach neuen Gedanken zu leben und zu arbeiten.

Als ich nach den Fest- und Trauertagen meine Arbeit wieder aufnahm, erhielt ich einen Anruf aus dem Schulreferat, und das bedeutete, von der Partei. Man erklärte mir, dass der Tod von Afifa zu schweren Störungen im Schulbetrieb geführt habe; ich solle nun dabei helfen, dass Ruhe einkehre und die Lehrveranstaltungen wieder aufgenommen werden könnten. Fazl, der Angst um mich hatte, begleitete mich auf meinem Weg zum Lyzeum Mehry. Der Glockenton, der den Befehl zur allgemeinen Versammlung im Hof erteilte, erklang. Ich stand vor den Lehrerinnen und Schülerinnen, und einige von ihnen waren so überrascht, mich hier zu sehen, dass sie in Tränen ausbrachen.

»Ihr seid das Licht, und ihr seid die Augen der denkenden Menschen in diesem Land. Afifa hat für dieses Licht gekämpft. Diejenigen, die es vernichten wollen, zeigen damit nur, dass sie schwach sind und Angst haben«, sagte ich zu ihnen. Ich sprach weiter über die Reformen der Regierung, die bei vielen Menschen Unsicherheit und Ängste hinterlassen hätten, und bezog mich dabei vor allem auf die Reform Nummer Sieben, die erstmalig in der Geschichte des Landes gleiche Rechte für Mann und Frau festgestellt und gefordert hatte und das Verbot einschloss, die Töchter zu verkaufen, und auf die Reform Nummer Acht, die das Ziel hatte, der Feudalherrschaft ein Ende zu setzen und das Land neu und gerecht zu verteilen. So gerechtfertigt beide Reformen auch seien, betonte ich, so sehr auch träfen sie auf harte Gegner, die auf die alten, in unserer Geschichte fast versteinerten Rechte nicht verzichten wollten. Nicht alle

Frauen würden ihre neuen Rechte verstehen oder gar akzeptieren, nicht alle Bauern seien gewillt, das Land in Besitz zu nehmen, das bisher einem anderen gehörte. Dass der herrschende Glaube und seine weltlichen Vertreter mit den neuen Gerechtigkeitsforderungen nicht einverstanden sein könnten, erkläre sich von selbst. Und dass sich nun ein Teil der Linksorientierten wie etwa die Maoisten auf eine prekäre Allianz mit den islamistischen Fundamentalisten eingelassen habe, mache die Lage nur noch schwieriger. Dazu käme, dass westliche Demokratien Öl ins Feuer gießen würden durch ihre teils offene, teils verdeckte Unterstützung der Mudschaheddin. »Meine Schwester Afifa hat für diese gottgegebenen menschlichen Rechte gekämpft, ihre innere Stimme war ruhig, friedlich und klar. Wir sollen ihren Weg weitergehen, ohne Angst, damit auch unsere innere Stimme ruhig und friedlich bleibt.«

ICH KÖNNTE IHM VERZEIHEN

من میتوانم
او را
ببخشم

Die Atmosphäre des Landes, die Befindlichkeit seiner Menschen, verschlechterte sich von Tag zu Tag. In der Partei tobten Grabenkämpfe, gravierende Fehler wurden gemacht, Egoismen und Machtinteressen herrschten. Der Rückhalt in der Bevölkerung schwand, die Opposition gewann an Boden. Die Situation schien nicht mehr beherrschbar. Und dann kam es zur verhängnisvollsten aller Fehlentscheidungen. Um die Unruhen zu bewältigen und die Feindseligkeiten, die sich zu einem Bürgerkrieg ausgeweitet hatten, in den Griff zu bekommen, drängte die DVPA auf Militärhilfe: Am 27. Dezember 1979 marschierten sowjetische Truppen in Afghanistan ein.

Fünf Monate waren seit Afifas Ermordung vergangen. Meine Familie war nicht nur von Schmerz gezeichnet, sondern nun auch von der Angst um mein Leben. Es war bekannt, dass ich politisch dieselbe Linie vertrat wie Afifa und damit auch nicht hinterm Berg hielt. Ich selbst hatte Angst davor, verschleppt zu werden, gefoltert zu werden, doch größere Sorgen um mich machte sich Fazl. Wir beide erlebten das Glück unserer Beziehung, aber es war durch den Tod meiner Schwester und die gefährlichen politischen Entwicklungen schwer belastet. Die Anwesenheit der sowjetischen Soldaten und die gesellschaftspolitischen Auswirkungen, die sich daraus ergaben, ließen mich an meinen Idealen beinahe verzweifeln.

Wenn ich mit Fazl den Weg zu Afifas Grab ging, waren das für mich trotz der Schmerzen friedvolle und erholsame Augenblicke. Meine Mutter dagegen brachten die Friedhofsbesuche fast um die Besinnung. Wenn sie am Grab ihrer Tochter saß, wünschte sie sich klagend nur noch den eigenen Tod. Am 22. Januar 1980 ging ihr unsagbar trauriger Wunsch in Erfüllung. Sie erlitt einen Gehirnschlag, und zwei Stunden später verließ sie das Leben. Wie sie es sich gewünscht hatte, wurde sie neben Afifa begraben.

Für uns war das Leben jetzt wirklich dunkel.

Herat, das mir viel gegeben hatte, hat mir auch viel genommen. Ich, die ich verliebt in die Freiheit war, fühlte mich nun in der Stadt wie in einem Gefängnis. Für das ursprünglich geplante Hochzeitsfest hatten Fazl und ich keinen Gedanken mehr übrig. Jetzt ging es darum, wie wir uns retten könnten. Der Weg schien uns schwierig, aber auch klar. Er führte uns nach Kabul. Mit einem kleinen Koffer, mit Bildern, so vielen, wie wir sie tragen konnten, und dem vorbereiteten Hochzeitsbett kamen wir in der Hauptstadt an.

Im Vergleich zu Herat herrschten in Kabul Stabilität und Sicherheit. Fazl übernahm eine Stelle als Kunstpädagoge an der Stiftung von Gulam Mohammad Maimanagy und lehrte dort Heratische Miniaturmalerei. Ich fing an, wieder als Lehrerin zu arbeiten, und unterrichtete an der Abendschule Lyzeum Engelab Biologie und Chemie. Unser Vertrauen in die Regierung, in die Partei und ihre Wahrhaftigkeit war zutiefst erschüttert. Gerettet wurden wir von der Liebe zum Leben, der Liebe zueinander und der Liebe zur Kunst.

Im April 1980 fand in Kabul eine internationale Kunstausstellung statt. Wir waren beide zur Teilnahme eingeladen und konnten fünfundzwanzig Bilder ausstellen. Diese Bilder stießen auf so gute Resonanz, dass das Hochschulministerium uns ein Auslandsstipendium zur akademischen Weiterbildung anbot. Gegen alle Erwartung schien mein alter Traum von einem Studium in weiter Ferne plötzlich doch noch Wirklichkeit zu werden. Das Ziel lag allerdings nicht hinter allen Bergen, sondern in der Sowjetunion. Auch wenn dieser Staat, der uns seine Soldaten geschickt hatte, kein wirkliches Wunschziel war, so war es doch allemal besser, als wenn wir das Land, dessen Entwicklung uns so sehr befremdete, illegal hätten verlassen müssen. Für uns war das ein Gottesgeschenk. Wären wir in Afghanistan geblieben, hätte Fazl ein Gewehr in die Hand nehmen müssen. Doch in seiner Hand war ein Pinsel die ungleich bessere Waffe.

In Herat hatte sich die Lage weiter verschlechtert. So wurde es beispielsweise für Mädchen immer gefährlicher, die Schule zu besuchen. Und genau das führte letztlich auch dazu, dass wir unseren Vater davon überzeugen konnten, die Stadt zu verlassen. Im Juni 1980 zog er mit vier Töchtern nach Kabul. Es fiel ihm sehr schwer. Und es wurde noch schwerer für ihn, als Fazl und ich uns vier Wochen später auf die Reise nach Moskau machten.

In den Jahren darauf, wenn ich ihn in den Semesterferien besuchte, sprachen wir auch von alten Zeiten. Vor allem eine Frage beschäftigte ihn, setzte ihm zu: »Warum seid ihr, Afifa und du, diesen Weg gegangen?« Ich versuchte, ihm zu erklären, dass auch der Verlauf seines Lebens, die Ungerechtigkeiten, die ihm widerfahren waren, zu unserer Entscheidung beigetragen hatten.

Der wahre Schlüssel aber, der Kern unserer Entwicklung, sei seine Erziehung gewesen. Er selbst habe es sich zum Ziel gesetzt, dass seine Töchter zu freien, klar und gerecht denkenden Frauen heranwachsen sollten. Vater blieb stumm. Für mich bedeutete das: Er war einverstanden.

Nach einer Weile des Schweigens überraschte er mich, überwältigte mich fast mit diesem Satz: »Ich würde mir wünschen, dass derjenige, der deine Schwester umgebracht hat, zu mir käme und mir sagen würde, warum er das tat. Ich könnte ihm verzeihen.«

Vor seiner Großzügigkeit verneigte ich mich.

Russland

TÜREN ÖFFNEN SICH WIE VON GEISTERHAND

دروازه که دست غیب
بازمیکند

Unser Umzug innerhalb der Grenzen dieses zum Unglück verdammten Landes, unser Weg von Herat nach Kabul, erfolgte im Frühjahr 1980. Im Land herrschte Bürgerkrieg. Und dieser Krieg mit seinen Schrecken breitete sich immer weiter aus. Der fatale Kern des Konflikts war wohl darin zu sehen, dass die Regierung, das heißt die jeweils herrschende Partei, sich das radikale Ziel setzte, alle Unterschiede, selbst wenn sie naturgegeben waren, mit allen Mitteln auszumerzen. Und das bedeutete, dass nicht Gleichberechtigung, sondern Gleichschaltung das angestrebte Ziel sein würde.

Die Machtkämpfe innerhalb der DVPA gingen nicht nur unvermindert weiter, sie hatten sogar zugenommen. Obwohl nach offizieller Meinung die *Kalq*-Fraktion die russische Armee zu Hilfe gerufen hatte, verschob sich nach dem Einmarsch das Gleichgewicht der beiden Fraktionen zugunsten der *Parcham*. Mir zeigten all diese Geschehnisse, dass die Partei sich von ihren ursprünglichen Idealen, die immer noch meine waren, weit entfernt hatte. Von den weltpolitischen Spielen der großen Machthaber wusste ich nichts. Doch das weiße Kleid der Hoffnung und des Glaubens an die Gerechtigkeit zeigte schwarze Flecken. Also stellte auch ich meine politischen Aktivitäten ein und löste meine Bindung an die Partei. Die Blätter des mir vertrauten, stabilen Baums hatten angefangen zu zittern.

Als mein Vater erfuhr, dass wir das Auslandsstipendium annehmen würden, verstand er nicht, warum wir ihn dazu gedrängt hatten, Herat zu verlassen und nach Kabul zu ziehen. Dass unser Weggehen einen erneuten Verlust für ihn bedeutete, war mir sehr bewusst. Ein Schleier aus Schuld hatte sich über meinen Körper und über mein Herz gelegt. Dennoch mussten wir an unsere eigene Zukunft denken und vor allem an den neuen Sinn unseres Lebens, das Kind, das ich erwartete. »Ich verstehe sehr gut, dass die Entscheidung über euer Leben euch beiden gehört«, sagte Vater zu mir. »Aber man kann nicht zwei Wassermelonen in einer Hand halten. Ein Kind in die Welt zu bringen und zu studieren, das sind zwei große Aufgaben. Wie willst du beides schaffen?« Ich war jung, fühlte mich voller Kraft, war sehr unerfahren, die Vorstellung, Kunst zu studieren, begeisterte mich, ich vertraute bedingungslos darauf, dass Fazl mich in allem unterstützen würde – und daraus erklärte sich auch meine simple Antwort: »Sie haben recht, Papa, aber in der Sowjetunion gibt es viele, viele Kinderkrippen. Es wird für mich kein Problem werden.«

Mein Bauch wurde runder, und meine Angst, das Kind könnte noch in Kabul seine Augen für die Welt öffnen wollen, wurde immer größer. Als die Familie uns zum Flughafen begleitete, rochen die Felder schon nach Herbst, und in mir tobte ein Sturm von Gefühlen. Es tat so weh, meinen Vater und meine Schwestern in einer schwierigen Situation zurückzulassen, doch ich war auch erfüllt von Neugier auf eine mir unbekannte Welt.

Jahre später erst hat Fazl mir erzählt, dass Papa ihm damals am Flughafen einen Zettel zugesteckt hatte, ein paar Zeilen von seiner Hand. »Ich gebe euch beide in Gottes Schutz. Und ich bete dafür, dass ihr beide aufrecht bleiben könnt in dieser Welt und in der, die kommen wird. Auf Wiedersehen.« Bis heute hüte ich dieses Blatt Papier als einen großen Schatz, einen Talisman.

Nach einer Zwischenlandung in Taschkent kamen wir gegen Mitternacht auf dem Moskauer Flughafen Scheremetjewo an. Und schon begannen die Rätsel. Wie konnte das sein, dass wir direkt aus dem Flieger das Gebäude des Flughafens betreten konnten, ohne auch nur einen Fuß auf Erde zu setzen? Wie war das möglich, dass sich riesige Türen aus Glas öffneten und schlossen wie von Geisterhand? Nachdem wir einige dieser Türen durchschritten hatten, begrüßte uns ein Universitätsangestellter und brachte uns zum Uni-Hotel. Und noch ein erstes Mal für uns an diesem Tag: Nie zuvor hatten wir uns in einem derart hohen Gebäude aufgehalten, und jetzt standen wir in einem Lift, der uns ungeheuer weit nach oben trug. Man überreichte uns den Schlüssel zu einem Zimmer, das vor Sauberkeit und Sterilität nur so strahlte – doch wir befanden uns nicht in einer afghanischen Klinik, sondern unter dem sternenlosen Himmel von Moskau.

Als Gäste der Universität durften wir auch die Mensa benutzen, und gleich unser erstes Frühstück dort hinterließ einen unauslöschlichen Eindruck. Es gab Kaffee, warme Milch, Butter, heiße Fleischbällchen, Eier und Vinaigrette, und es gab *kascha*, den klassischen Milchgrießbrei. In größtes Erstaunen versetzte mich *chorne chleb*, das schwarze Brot – noch nie hatte ich so etwas gesehen, geschweige denn gegessen. Es roch und schmeckte nach Saurem. Wäre es nach meiner Großmutter gegangen, hätte sie schon den Teig als etwas Grundverdorbenes vom Tisch gefegt. Nicht sehr erfreulich war auch der Tee, das afghanische Leibgetränk. Der Sud, den man hier vorgesetzt bekam, war schwach, kalt und geschmacklos, für Afghanen fast eine Kränkung. Eine Tasse schwarzer Tee, ein Löffel Zucker und ein Stückchen Brot, das war das Frühstück, das ich kannte. Dieser russischen Üppigkeit stand ich fassungslos gegenüber.

Als wir von dieser verblüffenden Mahlzeit zurück aufs Zimmer kamen, wartete eine weitere Überraschung. Meine Sonnenbrille, die ich auf dem Tisch zurückgelassen hatte, war verschwunden. Es war mir unbegreiflich. Ich befand mich doch in der sozialistischen Welt, und dass es in dieser Welt so ein Vergehen wie Diebstahl geben sollte, schien mir undenkbar. Diese Brille hatte Afifa gehört, meiner Schwester, die unter der Erde lag, weil sie ihre sozialistischen Ideale gelebt hatte. Mein schön gemaltes linkes Bild erfuhr hier seine ersten Risse.

DER UNTERRICHT MUSS WARTEN

Nun waren wir also in Moskau – ohne Sprachkenntnisse, ohne Geld, und auch über die Stadt wussten wir kaum etwas außer ihrem Namen. Nicht einmal einen Stadtplan hatten wir. Ganz vorsichtig erkundeten wir die Umgebung, blieben aber sicherheitshalber immer in der Nähe des Hotels. Die Universität war von gepflegten, blumenreichen Gartenanlagen umgeben, die Sonne strahlte auf uns, als wir auf einer Bank saßen, beglückt über das, was wir sahen und empfanden – die stimmige Ordnung der Blumenpracht, das saftige, frische Grün der Wiesen, die Sauberkeit und die fast göttliche Ruhe, die hier zu herrschen schien. Auch die Menschen strahlten Ruhe aus, anders als wir das aus Afghanistan kannten. Alles war neu für uns, und alles fanden wir schön und harmonisch. Und so beflügelte uns der Gedanke, dass auch Afghanistan bald in sozialistischer Harmonie und Schönheit erblühen würde. Mein Erlebnis mit Afifas Sonnenbrille verschob ich in den Hintergrund.

Die Aufgabe, die uns erwartete, galt für alle ausländischen Studenten. Zum Studium zugelassen wurde nur, wer einen einjährigen Sprachkurs belegte und erfolgreich mit dem Examen abschloss. Doch nach drei Tagen Wartezeit erklärte man uns, die Sprachkurse in Moskau seien leider überfüllt, wir müssten zurück nach Taschkent. Das bedeutete eine anstrengende, viertägige Zugreise. Ich hatte nun schon so viel Neues hinter mich gebracht und machte mir deshalb Gedanken darüber, ob nicht vielleicht auch unser Kind es plötzlich eilig haben könnte, Neues zu erleben. Ein Arzt beruhigte mich – eine Frühgeburt müsste ich nicht befürchten.

Und so fanden wir uns in einem Coupé für vier Personen wieder. Ich hatte einen langen Flug überstanden, nun musste ich eine Fahrt mit der Eisenbahn, die erste meines Lebens, überstehen. Es schien, dass auch unser Kind in seiner warmen Höhle diese Reise miterleben wollte. Unsere Mitreisenden, ein sehr freundliches älteres Ehepaar, waren wie wir auf dem Weg nach Taschkent. Wir sprachen kein Russisch, sie konnten mit unserem Englisch nichts anfangen, also verständigten wir uns mit Händen und Füßen, mit den Augen und unserem Mienenspiel. Sie waren beide besorgt um mich und wollten mir Gutes tun. Als sie mir von ihrer *kolbasa* anboten, griff ich zu, obwohl ich mir einige Gedanken darüber machte, ob ich nun verbotenerweise womöglich Schweinefleisch zu mir nahm. Gut schmeckte es jedenfalls.

Es war dies unser erster direkter Kontakt mit russischen Menschen, und er hat unser Bild nachhaltig geprägt. Freundlichkeit, Zugewandtheit und herzliche Offenheit, das war der Eindruck, den wir gewannen. Ein Gefühl, das sich auch in den folgenden vierzehn Jahren, die ich in der Sowjetunion verbringen würde, nicht wesentlich veränderte.

Diese nicht geplante und nicht erwartete Reise führte uns über eine fast unermesslich weite Strecke, von Europa bis nach Zentralasien. Würde ich diese Fahrt heute antreten, könnte ich eine

Unmenge von Beobachtungen machen und viele Erkenntnisse gewinnen. Doch an die Eindrücke von damals kann ich mich kaum erinnern. Ich könnte weder die Landschaften schildern, die wir durchquerten, auch nicht die Verschiedenartigkeit der Siedlungen und Bauten und schon gar nicht die unterschiedlichen Ethnien. Ich war zu naiv, nicht wach genug, zu sehr mit mir selbst beschäftigt und konnte so das Geschenk, das diese Reise eigentlich darstellte, nicht wirklich schätzen. Eine Sache aber blieb mir im Gedächtnis – die Anwesenheit von Frauen. Sie waren überall, im Zug, auf den Feldern, auf den Gleisen. Und keine von ihnen trug einen Schleier. Mit meinen dreiundzwanzig Jahren hatte ich zum ersten Mal das Gefühl, gelebte Gleichberechtigung zu erfahren.

Am vierten Tag gegen elf Uhr morgens empfing uns die schöne, sonnige Stadt Taschkent, die ich nur aus Märchen und Geschichten kannte. Alle Sprachstudenten waren in dem Gebäude untergebracht, in dem auch der Unterricht stattfand. Uns wurde ein Zwei-Personen-Zimmer zugewiesen, zwei Betten, ein schmaler Schrank, ein Tischchen, zwei Stühle.

Einige Tage später wurden wir zum Unterricht eingeteilt, am Morgen darauf sollte er beginnen. An diesem Nachmittag kümmerte ich mich um unser Gepäck, räumte auf und räumte um. Gegen acht Uhr abends überfiel mich ein Schmerz im Rücken und im Bauchbereich, der mir fremd war. Nach meiner afghanischen Zeitrechnung sollte ein Schmerz dieser Art mich doch erst in etwa einem Monat besuchen. Ich war verwirrt. Hatte ich mich zu sehr angestrengt? Ich hoffte, er würde vergehen, aber das blieb nur eine Hoffnung.

Unter den rund achtzig afghanischen Studenten, die wie wir in diesem Haus wohnten, war ein Mädchen, das ich aus Kabul kannte. Sie hatte dort in einer Geburtsklinik gearbeitet und hatte mir, als wir uns hier trafen, ihre Hilfe angeboten. Sie lachte, als sie in unser Zimmer trat: »Wieder das Gleiche. Wieder eine Afghanin, die nicht rechnen kann.« Ich wehrte mich gegen diesen Vorwurf. »In einer halben Stunde wissen wir mehr«, meinte sie trocken. Eine halbe Stunde später wussten wir tatsächlich mehr: Mein Kind wollte zur Welt kommen.

Fazl, fast in Panik, lief zum Wachmann des Studentenheims und machte ihm mithilfe eines Dolmetschers unsere Lage begreiflich. Ein Krankenwagen wurde gerufen. Im Nachthemd rannte ich die vier Treppen hinunter. Ich schämte mich. Morgen sollte ich mit dem Sprachunterricht beginnen und stand nun vor einem ganz anderen Unterricht, einem, den mir das Leben erteilte. Fazl und der Dolmetscher begleiteten mich zur Klinik, allerdings nur bis zur Rezeption, weiterer Zutritt war ihnen nicht erlaubt.

Ich war allein, mein Liebster konnte nicht bei mir sein, es gab niemanden, den ich kannte, und schlimmer noch, ich verstand kein Wort von all den Wörtern, die rund um mich herumschwirrten. Eine Ärztin untersuchte mich und drückte mir danach eine Schere in die Hand. Meine Fingernägel seien zu lang, machte sie mir durch Gesten klar. Es gelang mir, mit meiner Rechten die Nägel meiner Linken zu schneiden, doch dann war ich, als Rechtshänderin, die noch nie eine Schere zum Nagelschneiden benutzt hatte, hilflos. Die Krankenschwester erbarmte sich meiner, als ich ihr meine Hand entgegenstreckte.

Man brachte mich in den Kreißsaal, diverse Personen in weißen Kitteln wirbelten herum, redeten auf mich ein, und als sie merkten, dass ich nichts von ihren Anweisungen verstand, versuchten sie, mir durch Mimik und Gesten beizubringen, was ich tun und was ich erwarten sollte. Mit einem Mal war es, als würde der Schmerz mich verlassen, doch meine Geburtshelfer schienen darin eher ein bedrohliches Zeichen zu erkennen. Sie antworteten darauf mit einer Spritze, die mir wahrhaft riesig vorkam. Fünf Minuten später überfiel mich neuer Schmerz, zerriss mich fast. Und dann hörte ich einen Schrei, die Stimme des Lebens, das bisher – als ein Teil von mir und in mir – stumm gewesen war. »Jetzt bin ich ich!«, verkündete mir dieses neue Lebewesen, mein Kind. Und weil das russische Wort *malchik* mir nichts sagte, zeigten sie mir so anschaulich, wie es eben möglich ist, dass ich einen Jungen geboren hatte. Gegen elf Uhr nachts hatte ich das Studentenheim verlassen, um ein Uhr morgens war ich die Mutter eines kräftigen Sohnes.

Ganz früh am nächsten Tag kam Fazl in die Klinik. Ich sah ihn mit einem großen Blumenstrauß hinter der Glaswand stehen, zu der mich eine Schwester führte. Mir liefen die Tränen übers Gesicht, weil wir uns nicht berühren konnten. Ich war so glücklich, dass das Kind da war und dass es gesund war, aber ich konnte einfach nicht verstehen, warum man die Frauen, die zu Müttern wurden, so allein ließ, sie absonderte und abschnitt von ihrer Familie.

Wie ich später erfuhr, war es übliche Praxis, die Geburtshäuser zum Schutz von Mutter und Kind rigide abzuschotten. Aber hatte man dabei auch wirklich an die seelische Gesundheit aller Beteiligten gedacht?

SCHOLE MORG

شولهمرغ

Wir waren jetzt Eltern, die sich seit fünf Jahren kannten. Aber wie gut kannten wir uns wirklich? Wir befanden uns in einem Land, das uns vollkommen fremd war, und wir standen vor zwei großen Aufgaben: ein Studium, das unsere ganze Zeit und unsere ganze Aufmerksamkeit beanspruchen würde, und ein Baby, dem wir so viel Liebe und Zuwendung geben sollten und wollten wie nur möglich. Es würde mit Sicherheit eine Zeit der Prüfung werden – eine Prüfung, die unsere Liebe stärken oder aber in Scherben zurücklassen würde.

Noch waren alle Türen, die uns zueinander hätten führen können, geschlossen. Wir hatten nichts als unsere Blicke durch diese kalte, gläserne Wand, die uns zwar trennte, es aber nicht schaffte, die Wärme unserer Gefühle völlig zu verschlucken. Das Beste daran war, dass wir einander sogar hören konnten. Jeden Tag stand Fazl vor dieser Glaswand – mit Blumen, mit Früchten, vor allem aber mit seinem Lächeln. Und manches Mal versuchte er sogar, meine Seele mit Gedichten zu berühren, die er mir durch diese kühle Scheibe hindurch vortrug. »Es ist immer ein Stückchen Glück dabei, Mahbuba. Stell dir vor, du wärst nicht im Erdgeschoss, sondern im dritten Stock einquartiert! Meine Stimme könnte dich nie erreichen. Wir sind hier nicht in Afghanistan, schreien darf man hier nicht.«

Er wollte mir die Einsamkeit erleichtern und kam dabei auf die Idee, für mich etwas ganz Besonderes zu kochen. In Afghanistan gibt es den Brauch, dass man eine Frau, die entbunden hat, mit einem speziellen Reisgericht ehrt, dem *schole morg*, der die Genesung der Mutter beschleunigen und die Milchproduktion anregen soll. Dieser Reis enthält Hühnerfleisch, viele unterschiedliche Gewürze und eine große Menge Kurkuma, die ihm ein leuchtendes Gelb verleiht. »Mahbuba, deine Familie ist in weiter Ferne, du bist umgeben von Menschen, deren Sprache du nicht verstehst, die Wärme, die du vor allem in diesen Tagen bräuchtest, kann ich nur hilflos geben. Was du zu Hause als Selbstverständlichkeit bekommen würdest, habe ich versucht, für dich zuzubereiten. Verzeih, wenn es mangelhaft ist. Aber ich wünsche dir einen guten Appetit.« Er zog einen kleinen, beige glänzenden Emailletopf, der nur einen Henkel hatte, aus seiner Tasche und übergab ihn einer Schwester.

Als ich wieder auf dem Zimmer war, kam diese Krankenschwester herein, hielt Fazls Geschenk in der Hand, sagte unter prustendem Lachen etwas zu mir, das ich natürlich nicht verstand, und stellte dann das Reistöpfchen auf meinen Nachttisch. Die drei jungen Mütter, die das Zimmer mit mir teilten, schienen fasziniert und brachen in schallendes Gelächter aus. Ganze drei Wörter kannte ich mittlerweile: *choroscho* (gut), *plocha* (schlecht) und *spasibo* (danke). Im Persischen sagt man: Nicht zu verstehen ist eine Gnade. Ich war sicher, das traf hier auf mich zu. Gestenreich und in großer Freundlichkeit wollte ich sie einladen, an meiner für junge Mütter so hervorragend geeigneten Mahlzeit teilzunehmen. Mit bestem Dank und unter großem Kichern lehnten sie ab. Also aß ich, mit Fazls Kochkunst hochzufrieden, meinen *schole morg* allein. Den leeren und gesäuberten Topf schob ich unter meinen Nachttisch.

Am nächsten Morgen schubste die Putzfrau mit ihrem Besen mein glänzendes Töpfchen hin und her, kriegte sich vor Lachen kaum mehr ein und stellte mir Fragen über Fragen, die ich stumm über mich ergehen ließ. Irgendetwas an dieser Geschichte musste schief sein. Aber was? Ich hatte keine Ahnung.

نمیرانم

OMID, DAS HEISST HOFFNUNG

امید، یعنی آرزو

Jeden Tag, vom frühen Morgen an, wartete ich auf den Nachmittag, auf die kostbaren Momente, in denen mein Mann vor unserer gläsernen Wand auftauchen würde, ich ihn sehen und auch ein bisschen hören konnte. Zu sagen hatte ich nicht viel. Aber meine Ohren waren ganz angespannt, weil sie von der Nachricht gestreichelt werden wollten, dass ich die Geburtsklinik verlassen dürfte. Ich hatte herausgefunden, dass die jungen Mütter nach zwei bis drei Tagen zusammen mit ihren Neugeborenen nach Hause entlassen wurden. Doch Fazl erwies sich als ein Botschafter mit einer Nachricht, die meinen Ohren einen Schlag versetzte. Er habe mit der Direktorin und dem Arzt des Studentenheims gesprochen und zusammen hätten sie entschieden, dass ich zwei Wochen in dieser Klinik bleiben müsse. Es gehe um meine Gesundheit und um die des Kindes, aber auch darum, in dieser Zeit einen Platz in einer Kinderkrippe zu sichern. Mein Herz fiel in die Tiefe. »Ich bin doch gesund. Das Kind ist gesund. Warum soll ich in diesem Gefängnis bleiben?« Doch Fazl sagte: »Bitte hab Geduld. Glaub mir, diese Entscheidung ist zu unser aller Wohl getroffen worden. Oder zweifelst du daran?« Mir blieb nur eine Antwort. Ich sagte »Nein« und legte einen Stein der Geduld auf mein Herz.

Ich musste also bleiben. Ich konnte nur versuchen, meine stumme Einsamkeit zu bereichern. Ich konnte kein Wort sagen, kein Wort verstehen, ein Buch, das mein Freund hätte sein können, gab es nicht, das kyrillische Alphabet war mir ein völliges Geheimnis, und wir hatten uns in der kurzen Zeitspanne noch keinen Zugang zu persischer Literatur verschaffen können. Ich hatte nichts als meinen Kugelschreiber und mein Notizbuch. Das war kein gutes Werkzeug für eine Miniaturmalerin, aber auf den Gedanken, um Farbe und Papier zu bitten, kam ich nicht.

Und doch gab es jeden Tag Phasen, in denen mir nichts fehlte und ich voller Erfüllung war – die Zeiten, in denen man uns die Kinder zum Stillen brachte. Ich bereitete mich vor, so gut ich konnte, wusch mir Hände und Brust und wartete auf diese Augenblicke des Glücks. Ich konnte meinen Sohn in die Arme nehmen, ihn riechen, seinen feinen, harmonischen Atem spüren. Meine Brüste waren voller Milch, es war so neu und schön für mich, dass mein Körper nun ein neugeborenes Leben mit Nahrung versorgen konnte. Ich empfand diese Momente als etwas fast Göttliches, etwas, das man einfach lieben musste.

Und doch waren es zwei schwere Wochen für mich. Die Frauen kamen und gingen wieder, nur ich lag wie ein Stein auf meinem Bett. Auch die Putzfrau zeigte sich höchst verwundert: »Afghan domoj?« Sollte besagen: Willst du immer noch nicht nach Hause gehen? Und wie ich wollte, doch ich durfte nicht. Und ein echtes Zuhause hatte ich auch nicht.

Endlich war es so weit. Am Tag vor meiner Entlassung stand Fazl wieder vor der Glaswand und sagte so: »Unser Sohn heißt Omid.« Während meiner ganzen Schwangerschaft war ich überzeugt, dass ich eine Tochter zur Welt bringen würde und aus tiefem Herzen genau das wollte. Pakiza, Reinheit, sollte sie heißen. Alles, was mir als Kind gefehlt hatte, wollte ich meinem Mädchen schenken. Roch das nach Vergeltung? An einen Namen für einen Sohn hatte ich keinen Gedanken verschwendet. »Ich bin einverstanden«, erklärte ich. »Du hast eine schöne Wahl getroffen. Omid, das heißt Hoffnung, und das passt gut zu uns. Aber warum kommt diese Entscheidung so plötzlich?« Fazl klärte mich auf: »Wir sind hier nicht in Afghanistan. Dort kommt man auf die Erde, und man verlässt die Erde, und nichts davon wird registriert. Willst du diese Klinik verlassen oder nicht, meine Liebe? Freu dich, dein Sohn ist als erstes Mitglied unserer Familien offiziell registriert und anerkannt. Und so bekommst du morgen deine Freiheit.«

Auf der Heimfahrt in einem öffentlichen Bus hielt Fazl zum ersten Mal seinen Sohn im Arm. Die folgende Nacht verbrachten wir zu dritt im Zimmer unseres Studentenheims – sie sollte für eine ganze Weile unsere einzige gemeinsame Nacht bleiben.

Am nächsten Morgen brachten wir unser Kind in das Säuglingsheim, in dem die Fakultät einen Platz organisiert hatte. Man zeigte uns die Räumlichkeiten und erklärte mir, dass ich zweimal am Tag, morgens gegen acht Uhr und abends gegen fünf Uhr, zum Stillen kommen sollte. Das schien uns eine sinnvolle Regelung, das Kind in guter Hut, ich würde es zweimal am Tag sehen und nach dem Stillen genügend Milch abpumpen können, es würde keinen Hunger leiden.

Als ich Omid am vierzigsten Tag nach seiner Geburt in die Arme nahm, um ihn zu stillen, verspürte ich zu meinem Erschrecken durch all den Windelstoff hindurch ein heißes Brennen seines kleinen Körpers. Voller Angst rief ich nach einer Schwester und bat um ein Fieberthermometer. Meine Angst steigerte sich, als sich zeigte, dass Omids Körpertemperatur auf über 42 Grad angestiegen war. Die Panik ergriff nun auch das

Personal, und zehn Minuten später fuhr ein Krankenwagen vor, um mein Kind und mich in eine Kinderklinik zu bringen.

Die Krankenzimmer dieser Klinik waren durch Glaswände in kleine Einzelzellen unterteilt, darin je ein Bett für das Kind und daneben ein Stuhl für die Mutter. Für die Mütter gab es zusätzlich einen Schlaf- und Ruheraum unter dem Dach, in dem sich etwa zwanzig Betten befanden. Ich war sehr unruhig und völlig beherrscht von Aufregung und größter Unsicherheit. Im Grunde war ich jetzt zum ersten Mal alleine zuständig für mein Kind. Ich hatte es bis dahin nur gestillt, aber nicht gesäubert und nicht gewickelt, von unserer ersten und bisher einzigen Nacht im Studentenheim einmal abgesehen. Als die anderen Mütter im Krankenzimmer, russische und usbekische Frauen, erkannten, wie ungeschickt und hilflos ich war, kamen sie auf mich zu, um mir zu helfen und mich zu trösten.

Dann erschien eine Ärztin, die Omid untersuchte. Ich kannte es nicht anders, als dass kranke Kinder daheim von der Familie gepflegt wurden, diese Situation war mir fremd und nicht geheuer. In einer Mischung aus Englisch und Russisch versuchte ich, mich der Ärztin verständlich zu machen, ihr zu erklären, dass es mein Wunsch sei, dieses Krankenhaus zu verlassen und mein Kind zu Hause gesund zu pflegen. Sie schaute Omid an, sie schaute mich an und sagte dann: »Das ist ein sehr hübscher Junge, er hat so wache Augen. Wenn Sie diese Entscheidung treffen, könnten Sie ihn verlieren.« Mein Widerstand war gebrochen.

Drei Tage später machte man mir das Klinikleben etwas leichter: Ich durfte zusammen mit Omid den Zellenraum verlassen. Wir wurden in ein Zimmer verlegt, das wir uns mit einer usbekischen Mutter und ihren Babyzwillingen teilten. Fazl hatte mir meine Russisch-Lehrbücher gebracht, ich fand immer wieder Zeit, mich in das Lernen zu vertiefen, und die vielen freundlichen Frauen in meiner neuen Zwangsumgebung waren mir eine große Hilfe.

Omid bekam langsam seine Gesundheit zurück, und ich bekam langsam eine Ahnung davon, wie vielfältig die Gefühle einer Mutter sein können. Ich begriff, dass es bei Weitem nicht ausreichte, ein Kind lediglich zu stillen und dadurch körperlich zu ernähren. Omids Ärztin gab mir einen wichtigen Rat mit auf den Weg: »Wenn Sie wollen, dass Ihr Sohn gesund bleibt, dürfen Sie ihn nie wieder dahin zurückbringen, wo er war, nie wieder zurück in das Kinderheim.«

Und noch etwas Erhellendes geschah in diesem Krankenhaus. Als ich eines Tages versehentlich die Tür zu einer Abstellkammer öffnete, fand ich mich einem Regal gegenüber, das mit emaillierten Töpfchen und Töpfchen und Töpfchen bestückt war – blau, gelb, grün, mit Wiesenblumen, Schmetterlingen oder Häschen verziert. Hier wird doch nicht gekocht, wunderte ich mich. Und dann sah ich es: Alle hatten sie nur einen Henkel. Das Rätsel war gelöst. Fazl hatte mir seinen schmackhaften Genesungsreis in einem Nachttopf serviert.

»Na und?«, meinte er, als ich ihm mein Erlebnis schilderte. »Der war doch brandneu gekauft.«

Nach etwas mehr als drei Wochen durfte ich mit meinem gesunden Kind das Krankenhaus verlassen. Wir hatten für Omid in unserem Studentenzimmer ein Bettchen vorbereitet. Ich war absolut entschlossen, den Rat der Ärztin zu befolgen. Doch wie könnte eine Lösung aussehen? Ein paar Tage später wurde ich zur Direktorin der Fakultät gerufen. Sie sprach gut Englisch, war aber unwirsch und sehr unzufrieden mit mir. Sie habe alles darangesetzt, für uns einen Platz im Kinderheim sicherzustellen, und nun würden wir uns weigern, diese Gunst anzunehmen. Wie könnte ich so studieren, wie würde ich mir die Zukunft vorstellen? Ich bat sie um Geduld, wir würden uns mit aller Kraft um eine gute Lösung bemühen, sie möge mir doch bitte ein paar Tage Zeit geben. Sollte uns das nicht gelingen, würde ich mich schweren Herzens dafür entscheiden, zusammen mit meinem Kind nach Afghanistan zurückzukehren.

Mein Ziel war es, eine Frau zu finden, die sich von acht Uhr morgens bis zwei Uhr nachmittags um Omid kümmern und für ihn verantwortlich sein würde. Doch es erwies sich als unerwartet schwer, in einem sozialistischen Land jemanden aufzuspüren, der bereit und gewillt war, eine derartige Arbeit zu übernehmen. Man war bereit und gewillt, für den Staat zu arbeiten, nicht aber für eine Privatperson.

Alle Studenten befanden sich in ihren Klassenräumen, ich war als Einzige im Wohntrakt zurückgeblieben, allein mit meinem kleinen Kind. Die Frau, die die Flure reinigte, eine freundliche, etwa fünfzigjährige Tatarin, zog mich ins Gespräch. Warum war ich nicht im Unterricht? Ich erklärte ihr meine Notlage und fragte sie, ob sie nicht vielleicht jemanden wüsste, der mir helfen könnte. Es kam ein klares Nein. Ganz vorsichtig bohrte ich weiter und erkundigte mich, ob nicht vielleicht sogar sie diese Aufgabe übernehmen könnte, die Bezahlung sei vergleichsweise üppig, neunzig Rubel im Monat, das Gehalt eines Lehrers. Sie erbat sich Bedenkzeit, und ein paar Tage später vereinbarten wir eine Probezeit.

Dieses Experiment ging glücklich und zur Zufriedenheit aller aus. Omid bekam eine Art Großmutter im fremden Land. Als mein Vater mich damals in Kabul davor gewarnt hatte, meine Schultern mit zu schwerer Verantwortung zu belasten, hatte ich seine Worte in den Wind geschlagen. Jetzt wusste ich es: Man kann nicht zwei Wassermelonen in einer Hand halten.

DAS TASCHKENT-JAHR GEHT ZU ENDE

Omids Krankheit hatte mir gezeigt, dass niemals alle Türen zu sind, wenn man ratlos ist. Eine wird offen sein, man muss sie nur suchen. Uns hatte eine Tatarin geholfen, diese Türe zu finden. Ich konnte mich nun guten Gewissens auf das Studium konzentrieren, in der Hoffnung, dadurch die Schlüssel zu weiteren Türen des Lebens in die Hand zu bekommen.

Der Hauptschlüssel war das Erlernen der Sprache. Aber es gab auch Nebenschlüssel, die uns vieles eröffneten, uns mit Neuem bekannt machten. Unter den Dächern der Auditorien und auch im Studentenheim trafen wir auf Menschen fremder Nationalitäten, unbekannter Sprachen und Kulturen. Die meisten Studenten kamen aus Ländern der sogenannten Dritten Welt, deren Regierungen sozialistisch orientiert waren. Wir alle wurden in Gruppen eingeteilt, die sich aus unseren Studienzielen ergaben. Unsere kleine Lerngemeinschaft bestand aus sieben Personen – neben uns beiden ein weiterer Afghane für den Bereich Malerei, ein äthiopischer Student für Musik mit Spezialfach Trompete, zwei Mädchen und ein Junge aus Kambodscha für Literatur und Sprache.

Unser Verständigungsmittel für den Notfall war die englische Sprache.

Das Sprachenjahr war in zwei Semester aufgeteilt, die jeweils mit einer Prüfung abgeschlossen wurden. Die Noten waren für die Studienerlaubnis entscheidend. Im Fach Literatur unterrichtete uns Delbar Kaderowna, eine begnadete Lehrerin. In ihrer ersten Stunde sprach sie über Puschkin. Meine Russischkenntnisse waren noch sehr mager, und doch war mir, als könnte ich die Geschichte von Eugen Onegin tatsächlich erfassen, als würden diese Figuren für mich lebendig. Fazl und ich verstanden uns so gut mit ihr, dass sie uns einmal sogar zu sich nach Hause einlud. Wir lernten ihre Familie kennen und genossen ein köstliches usbekisches Mahl. In Afghanistan hatte ich es oft erlebt, dass nach dem Essen in der Familie musiziert wurde. Das geschah auch hier. Allerdings wurde nicht *tabla*, *harmonia* oder *robab* gespielt, sondern Klavier. Delbar setzte sich an den Flügel und spielte für uns. Klaviermusik hatte ich schon als ganz junges Mädchen geliebt, aber ich kannte die Töne nur aus dem Radio, das Instrument nur aus Büchern. Jetzt konnte ich Finger über die Tasten fliegen sehen – ein tiefes Erlebnis. Ich befand mich in Asien, aber die Atmosphäre des Hauses, der sorgfältig gedeckte Tisch und die Speisen, die Stimmung zwischen Mann und Frau – das alles erinnerte mich an meine erste europäische Lektüre, an *Anna Karenina*.

Mit dem Sprachenlernen tat ich mich etwas leichter als Fazl. Ich begriff die Grammatik schneller, auch mein Wortschatz war reicher, und deshalb war es dann doch eine Überraschung für mich, dass wir beide beim Abschlussexamen die gleiche Note erzielten, die Note Vier. Ich fühlte mich nicht ganz gerecht behandelt, wollte aber meine Enttäuschung auf keinen Fall über die Zunge bringen, um meinen Mann nicht zu verletzen.

Eines Abends, der Sprachkurs lag hinter uns, saßen wir mit unserem Russischlehrer zusammen, der nun nicht mehr unser Lehrer, sondern eher ein Freund war. Der Wodka schmeckte ihm, machte ihn redselig. »Weißt du überhaupt, Mahbuba, dass ich mich deinetwegen ganz grässlich mit Delbar Kaderowna gestritten habe? Sie sagte zu mir: ›Wenn du Fazl eine Vier gibst, musst du Mahbuba eine Fünf geben, wenn du Mahbuba eine Vier gibst, muss Fazl eine Drei bekommen.‹ – ›Niemals‹, habe ich zu ihr gesagt, ›niemals darf es geschehen, dass der Mann schlechter bewertet wird als seine Frau.‹«

Nun wusste ich, warum wir beide eine Vier bekommen hatten. Und ich war nicht mehr enttäuscht, wohl aber ein bisschen verwundert darüber, dass es auch dem Sozialismus nicht gelang, Männervorrechte abzubauen.

Dann kam das große Abschlussfest, auf dem die Studenten sich bei ihren Lehrern bedankten. Alle bereiteten etwas vor für diese Feier, ein Dankeschön in der Form von Speisen, Tänzen, Musik und Gedichten. Wir hatten uns für kleine Bilder entschieden, Landschaftsminiaturen auf schwarzem Atlasstoff, mit weißer Tempera aufgetragen. Viele der Studenten erschienen in ihren Landestrachten; auch ich trug mein langes, reich besticktes bordeauxfarbenes Nomadenkleid, ein grüner Chiffonschal bedeckte mein Haar. Der Raum war festlich geschmückt, Tische und Bänke hatte man zu einer Tafel geformt, es herrschte ein wunderbares Gemisch von Farben und Düften. Und dann entdeckte ich etwas – elf leere, glänzende, emaillierte Töpfe, und alle hatten sie nur einen Henkel. Auf der feierlichen Tafel aufgereiht warteten sie darauf, mit duftender Speise gefüllt zu werden. War hier jemand drauf und dran, unsere Erfahrung zu wiederholen? Und das auch noch elfmal schlimmer? Ich fand heraus, dass die Besitzerin dieser Gefäße eine moderne Afghanin aus

Kabul war, nicht etwa eine Provinzlerin, so wie ich. Sie hatte die Töpfchen als Geschenke für die heimatliche Verwandtschaft gekauft. Als ich sie aufklärte, was sie hier auf den Tisch gestellt hatte, wollte sie mir nicht glauben. Doch schließlich siegte der Zweifel, und eines nach dem anderen verschwanden die Töpfchen vom Tisch.

War mein Eingreifen richtig, oder war es falsch? Habe ich dadurch jemanden aus einer misslichen Lage gerettet, oder habe ich vielen Leuten einen Riesenspaß verdorben, ihnen den Stoff für eine Anekdote vorenthalten, die man jahrelang hätte erzählen können?

متوانست

GRAU

Ich war nun vierundzwanzig Jahre alt, und seit ich denken konnte, waren fast alle meine Tage geprägt von einer Sonne, die ihre gelborangefarbenen Strahlen wie Flammen aussandte. Die Nächte waren tiefschwarz und voller Sterne, doch wenn der Vollmond herrschte, verschenkte er so viel Licht, dass man ohne Lampe lesen konnte.

Diese schönen Gewohnheiten von Licht und strahlend blauem Himmel erlebte ich auch in Taschkent, aber noch reicher und um erstaunliche Annehmlichkeiten vermehrt. Aus den Leitungen floss warmes und kaltes Wasser, das Stromnetz funktionierte zuverlässig. Der öffentliche Nahverkehr erschien mir, gemessen an den Verkehrsverhältnissen in Afghanistan, unglaublich effektiv, die Metro-Stationen waren wunderschön und bilderreich gestaltet, mit ihren Mosaiken und Fresken wirkten sie auf mich fast wie Museen. Und um so märchenhafte Städte wie Samarkand, Buchara oder Chiwa zu erreichen, musste man sich nicht dem langsamen Karawanenschritt und dem Klang der Kamelglocken anvertrauen. Man bestieg einen Bus, einen Zug und machte sich auf den Weg in das Reich von *Tausendundeiner Nacht*.

In Herat gab es nur ein einziges Museum, doch seine Türen waren Besuchern verschlossen. Also trug es seinen Namen nicht zu Recht – es war nichts als ein Archiv, ein Lager. Kabul war stolz auf sein Nationalmuseum und die Nationalgalerie und konnte damit den Durst der wenigen Kunstliebhaber löschen. Die Vielzahl und die Vielfalt der Museen, die wir in Taschkent vorfanden, erfüllte uns mit Ehrfurcht und Verwunderung. Unsere afghanisch geprägte kleine Welt der Kunst verwandelte sich in etwas Großes, Unvergleichliches. Noch nie zuvor hatten wir Miniaturmalereien als Originale betrachten können, die Fülle der Buchillustrationen, von denen manche bis in timuridische Zeiten zurückführten, begeisterten uns. Ein kleines Wunder war auch das Susani-Museum, das ausschließlich Frauenarbeiten ausstellte, Stickereien aus unterschiedlichen Zeitaltern. Diese leuchtenden Farben erfüllten das Auge meines Herzens und zeigten mir die Kraft des Lebens, das die Frauen mit ihrem Können und ihrer Fantasie in Bewegung gebracht hatten, eine unendliche Bewegung in der Form von gestickten Kreisen.

Einer der Höhepunkte unseres Taschkenter Sprachenjahres war die Tatsache, dass das Haus der Freundschaft Fazl und mir eine Ausstellung unserer Bilder ermöglichte – unsere erste Präsentation im Ausland.

Nun also waren wir gerüstet: Wir hatten den Nachweis in der Tasche, dass wir die russische Sprache beherrschten, dazu zwei Empfehlungsschreiben an die beiden Kunsthochschulen von Leningrad, wir hatten ein elf Monate altes Baby im Arm und zwei Flugtickets in der Hand. Ein Flug von fünf Stunden brachte uns in die Stadt, die für die nächsten Jahre unsere Heimat werden sollte, die Stadt Lenins. Diesmal allerdings gab es niemanden, der uns abholte. Dass wir alleine zurechtkommen würden, durfte man zu Recht erwarten.

Bald standen wir vor der Akademie Repina, einem wunderschönen neoklassizistischen Gebäude am Ufer der Newa. Den Auftakt einer Treppe, die zum Fluss führte, bildeten zwei erhabene ägyptische Sphinxe aus Granit, die sich stolz gegenübersaßen, Brust gegen Brust, und ewig schauten sie einander in die Augen. Dieser Anblick ergriff mich in seiner ganzen Schönheit, und er sollte auch in all den kommenden Jahren für mich nichts von seinem Zauber verlieren. Als wir den Blick nach links wandten, erblickten wir die Eremitage mit dem Winterpalast, der Residenz des ehemaligen russischen Kaisers – nun ein Kunstmuseen von Weltruf. Auf der anderen Seite der Newa erhob sich die Kuppel einer der schönsten Kirchen Leningrads, der Isaakskathedrale, und auch der ewige Reiter, das Denkmal Peters des Großen, lag in unserem Blickfeld. Für uns waren dies die ersten Eindrücke von Europa, und sie haben uns überwältigt.

Und so waren auch unsere ersten Schritte in die Akademie vorsichtig, ehrfürchtig. Sie brachten uns in ein kreisrundes, von einer Kuppel gekröntes Foyer, den Boden zierten Ornamente aus Naturstein. Ein Pfeil wies den Weg zum Dekanat für ausländische Studenten.

Als wir uns dem Dekan vorstellten und ihm unsere Briefe aus Taschkent vorlegten, stand in den Falten seines Mundes tiefe Überraschung. Er sagte: »Willkommen.« Aber er sagte auch, dass bisher noch nie ein ausländisches Studentenehepaar mit Kind über die Schwelle dieses Raumes getreten sei. Dann machte er mir deutlich, dass ich ja nicht in der Akademie Repina, sondern in der Akademie Muchina studieren würde, also nicht unter seine Verantwortung fiele. Wir wussten das natürlich, wussten aber nicht, welche Auswirkungen das auf unser tägliches Leben haben würde. Er bewies russische Großmut: »Für heute Nacht können Sie beide mit Ihrem Kind in unserem Studentenheim bleiben. Aber wir müssen für Ihre Situation eine Lösung finden.«

Dieses Heim befand sich ganz in der Nähe, und die *wachtor*, so nannte man die wachhabende Aufsichtsperson, ließ uns ein. Ein paar Minuten später erschien die Kommandantin, eine kleine, schmale, blonde, sehr streng wirkende Frau, die uns den Schlüssel zu einem Zimmer aushändigte, dazu noch Bettwäsche, zwei Teller, zwei Messer, zwei Gabeln, zwei Löffel, zwei Gläser und einen Topf. Erst Jahre später erfuhr ich, dass sie eine *nemke*, eine Deutsche, war; das bestätigte das Bild oder besser gesagt, das Vorurteil, das ich noch in Afghanistan über deutsche Menschen gewonnen hatte: korrekt, geradlinig, streng, ernst und konsequent. Tatsache war, dass ich diese Frau in den ganzen dreizehn Jahren, in denen ich mit ihr zu tun hatte, kaum je lächeln sah.

Am nächsten Tag suchte ich die Akademie Muchina auf, die Akademie für angewandte Kunst. Auch dieses Gebäude befand sich an einem Fluss, an der Reki Fontanki, einem Nebenfluss der Newa. Mein Weg führte mich durch den *Letniy sad*, den berühmten Sommergarten. Als ich auf seinen Pfaden schritt, blickten mich aus jeder Ecke, aus jedem Winkel durch die goldene Blätterlast der Bäume hindurch Götter an, marmorne Götterstatuen. Diese Blicke waren zauberhaft, waren neugierig, waren zart und tief. Und ich dachte: Vor welchem sollte ich stehen bleiben, mich beugen, mich verneigen und beten?

Mit diesen Gedanken betrat ich den zweiten Tempel der Kunst in der Stadt, der man den Namen Lenins aufgepfropft hatte und die heute wieder St. Petersburg heißt. Als ich meinen Blick nach oben richtete, sah ich, dass das Foyer von einer gläsernen Kuppel überwölbt war. Doch es gab noch mehr zu bestaunen. Über einer Halle von gewaltigen Ausmaßen erhoben sich Korridore und Galerien, die wiederum von einer Glaskuppel überstrahlt wurden, und nicht einmal der Staub von hundert Jahren, der wohl auf ihr lastete, konnte die Strahlen der Sonne daran hindern, ihr Licht zu verbreiten. Inmitten von so viel Schönheit zu studieren, dieses Wissen löste in mir ein Glücksgefühl aus, das mich wie ein Schauer überfuhr. Aber in meiner inneren Welt kochte eine große Unruhe: Wo sollte ich wohnen? Was geschieht mit meinem Sohn, wenn ich tagtäglich von neun bis achtzehn Uhr anwesend sein muss? Und wie sollte ich die zusätzlichen Unterrichtseinheiten bewältigen, die zwar freiwillig, aber für den Studienerfolg unerlässlich waren?

Der Rektor hieß mich als erste afghanische Studentin dieser Akademie willkommen. Als er erfuhr, dass mein Mann an der Akademie Repina studieren würde und wir ein elf Monate altes Kind hätten, sagte er: »Sie stellen mich vor eine völlig neue Erfahrung.« Nach einigen Minuten des Überlegens griff er zum Hörer und rief den Rektor der Akademie Repina an: »Wenn Sie Mahbuba Elham Maqsoodi einen Platz in Ihrem Studentenheim geben, bin ich bereit, zwei Plätze für Ihre Studenten bei uns zur Verfügung zu stellen.«

Zwei Tage später erhielten wir den schriftlichen Bescheid, dass wir als junge Familie im Studentenheim Repina aufgenommen würden. Und so begann unser neues Leben in dieser außergewöhnlichen, wunderschönen Stadt, die so reich war an Kultur, deren Architektur mich begeisterte, deren vielgestaltige Kanäle und Brücken mich bezauberten – auch wenn die Kälte uns Tränen in die Augen trieb und all das doch weitgehend von der Farbe Grau beherrscht war, einem Grau, das meist auch den Himmel und das Licht einschloss.

KERAMIK ODER GLAS?

سفال یا شیشه ؟

Die Akademie Muchina bot eine Vielfalt an Studiengängen wie etwa Monumentale Malerei, Bildhauerei, Textilkunst, Design, Mode, Keramik und Glas. In Taschkent hatte man mich auf meinen Wunsch hin für die Fakultät Keramik angemeldet. Doch als ich mich einschreiben wollte, stand ich plötzlich vor einer unerwarteten Wahl. Denn zu meinem Erstaunen fragte mich die Sekretärin, ob ich mich für den Studiengang Keramik entscheiden oder nicht vielleicht lieber ein Glasstudium aufnehmen möchte.

Der Raum, in dem ich mich befand, war mit großen Vitrinen ausgestattet, aus denen mir herrlichste Glasarbeiten entgegenblickten – schöpferische Gedanken, von hervorragenden Studenten umgesetzt in Glas. Wieder einmal war ich überwältigt. Die Farben, die Formen, das Licht, das sich darin brach, die Linien, die Bewegungen, all das weckte in mir eine mich selbst überraschende Zuneigung zu diesem so starken und so zerbrechlichen Material. Die Sekretärin schien meinen Zwiespalt zu spüren und fragte mich: »Waren Sie denn schon in unserem Museum? Vielleicht könnte Ihnen das helfen. Und Sie sagen mir dann einfach morgen, wie Sie sich entscheiden wollen.« Dass es hier auch ein Museum gab, hatte ich nicht einmal geahnt. Also machte ich mich sofort auf den Weg ins Untergeschoss, und was mir dort begegnete, übertraf alle meine Erwartungen. Es war eine Auswahl der besten Stücke, die im Laufe vieler Jahre an dieser Akademie entstanden waren. Ich sah keramische Arbeiten, die ich aus tiefstem Herzen nur bewundern konnte, und dennoch hatte ich ein Gefühl, als übe das Licht, das durch so großartige gläserne Formen und Gestalten fiel, eine magische Anziehungskraft auf mich aus.

Verwirrt machte ich mich auf den Heimweg – mein Herz pochte: Glas, Glas, Glas, und mein Kopf antwortete: Keramik, Keramik. Fazl erkannte meinen Konflikt, und er verstand ihn auch. »Mahbuba, so leid es mir tut, du wirst auf deinen Kopf hören müssen. Es wird schwer genug sein für dich, in Afghanistan mit Keramik das zu erreichen, was du dir vorstellst. Aber Glas – davon darfst du nicht einmal träumen. Es gibt im ganzen Land keine Basis dafür.« Ich wusste, dass er die Wahrheit aussprach.

PERSISCHE KINDERLIEDER

Tägliche Anwesenheit von neun Uhr morgens bis achtzehn Uhr am Abend war für alle Studenten Pflicht, der Samstagsunterricht war auf den Vormittag beschränkt – für uns als Eltern eine extrem schwierige Situation: Was sollte mit Omid geschehen in diesen langen Stunden? Das bittere Erlebnis mit der Kinderkrippe in Taschkent steckte tief in unserer Haut. Eine gute Kinderfrau, das war es, was wir für unseren Sohn wünschten. Aber wir waren Fremde in einer fremden Stadt, waren wie verloren in diesem schönen, grauen Leningrad. An welche Türe könnten wir klopfen? Wo würde sich ein Fenster auftun, um uns Licht zu schenken?

Es gab viele Parks und Grünanlagen, viele Bänke, auf denen viele Frauen saßen, die dort in Muße ihre Zeit verbrachten. Da sollte doch wenigstens eine darunter sein, die sich gegen gute Bezahlung um unser Kind kümmern würde. Doch die Erkenntnis, die wir schon in Taschkent gewonnen hatten, dass im Sozialismus kaum jemand bereit war, für andere Menschen zu arbeiten, weil man dies als Dienen empfand, traf uns in Leningrad mit noch härterer Wucht. Alle meine Anfragen, meine diversen Versuche, unser Anliegen vorzutragen, endeten in Vergeblichkeit.

In unserer Not wandten wir uns an *dom druschba*, das Haus der Freundschaft, und hofften auf eine Empfehlung für einen Kindergarten. Dieses Haus, fast ein Palast, befand sich am Ufer der Moika. Der Beauftragte für ausländische Studenten gab uns zwar ein Empfehlungsschreiben in die Hand, machte uns aber in großem Ernst darauf aufmerksam, dass wir so gut wie keine Chance hätten; die Wartelisten seien endlos lang, und die Wartezeit würde mindestens ein Jahr betragen. Und so war dieser Brief tatsächlich nichts anderes als ein Schlag ins Wasser: Keiner der vielen Kindergärten, die wir aufsuchten, hatte für Omid einen Platz frei.

Uns blieb nur noch ein einziger Weg, einer, den wir eigentlich niemals mehr gehen wollten – eine Kinderkrippe, in der Omid seine Tage und auch seine Nächte verbringen würde. Er war zu klein, um zu ahnen, was wir mit ihm vorhatten. Aber von meinem Herzen und aus meinen Augen tropfte fast das Blut. Ich liebte mein Kind so sehr, aber ich war auch in das Lernen verliebt, und so wussten wohl nur Gott und ich, wie es wirklich in mir aussah.

Als wir mit unserem Sohn an diesem ungeliebten Ort eintrafen, nahm man ihm als Erstes seine Kleider ab und steckte ihn in einen Flanellanzug, wie ihn auch alle anderen Kinder trugen. Eine Kindergärtnerin brachte Omid in ein kleines Einzelzimmer und stellte ihn in einem Gitterbett ab. Wir konnten ihn nur noch durch die Glasscheibe betrachten, sahen, wie er sich mit einer Hand an das Gitter klammerte und die andere nach uns ausstreckte, immer und immer wieder, sahen seine großen schwarzen Augen voller Tränen, hörten sein verzweifeltes »Mama. Mama«. Wenn uns daran liege, dass unser Kind zur Ruhe komme, erklärte die Betreuerin, dann sollten wir diesen

Ort so schnell wie möglich verlassen und auch erst in einer Woche wiederkommen. Das Kind könne sich sonst nicht eingewöhnen.

Ich fühlte mich verletzt, schuldig und voller Sünde. Unser Studentenzimmer war einsam ohne Omid und dunkel. Ich schrie ohne Stimme, aber ich hörte die Schreie meines Kindes, und seine tränenvollen Augen blickten mich von allen Wänden an.

Am nächsten Tag in der Akademie sagte eine Studentin zu mir, das sei doch eine gute Lösung, jetzt könne ich in Ruhe studieren. Nein, erklärte ich ihr, das ist keine Ruhe, und das ist keine Lösung. Es war mir auch unmöglich, die vorgeschriebene Karenzzeit von einer Woche einzuhalten. Nach drei Tagen, die mir wie eine ganze Welt des Wartens schienen, standen Fazl und ich wieder in der Kinderkrippe. Das fröhliche Kind, das ich dort abgegeben hatte, sah ich nicht. Als ich meine Arme öffnete, um Omid aufzunehmen, drehte er den Kopf weg, wandte sein Gesicht von mir ab und flüchtete sich in die Arme seines Vaters. Mein Herz fiel ins Bodenlose, ich schämte mich. Was hatte ich dem Sinn meines Lebens angetan? Hatte ich ihn ausgetauscht für ein Studium? Meine Augen verdunkelten sich, und in diesem Augenblick traf ich die Entscheidung. Es muss einen besseren Weg geben. Wenn ich keinen finde, dann gibt es nur die eine Lösung: Ich nehme mein Kind und gehe mit ihm zurück nach Afghanistan.

Aber sollte ich wirklich so schnell aufgeben und auf meine zweite Liebe, das Studium, verzichten? Wäre das dann wirklich ich? So aussichtslos das auch scheinen mochte – ich wollte, ich musste einen Kindergartenplatz finden.

Im Kindergarten Nummer Dreizehn bat ich die Direktorin um ein Gespräch, schilderte ihr unsere Lage. Sie ließ mich reden, zehn lange Minuten, sprach kein Wort, hörte mir nur zu. Dann sagte sie: »Wir haben hier unsere Vorschriften. Und nach diesen Vorschriften hat unser Kindergarten keinen einzigen Platz mehr frei. Aber Ihr Kind soll seinen Platz bekommen. Bringen Sie es morgen zu uns.«

Ich war sprachlos vor Glück. Und dieses Glück verlieh mir so starke Flügel, dass sie mich fast wie durch Luft zur Kinderkrippe trugen. Als Mutter nahm ich mein Kind in die Arme und fühlte mich gleichzeitig wie ein junges Mädchen, das hochgradig und hoffnungsvoll verliebt ist.

Omid war jetzt alle Abende und alle Nächte zu Hause in unserem Studentenzimmer. Wir erlebten sein Lachen, sein Weinen, seinen Duft, sein Wachsen – und vor dem Einschlafen konnte ich für ihn persische Kinderlieder singen.

بخوانم

VOR DER STAFFELEI

مقابل سه پایه

Vor mir stand eine sehr schöne junge Frau – sie war nackt, vollkommen nackt. Ein Anblick, wie er sich mir in meinem ganzen Leben noch nie geboten hatte. Ich hatte keine meiner Schwestern, ja nicht einmal mich selbst je in diesem Zustand radikaler Blöße gesehen. Das afghanische Gebot der Schicklichkeit wirkte bis tief in die Familie hinein. Auch in einem öffentlichen Hamam wäre es niemandem je eingefallen, keinem Mann, keiner Frau, alle Hüllen fallen zu lassen.

Und jetzt befand ich mich in einem Auditorium zusammen mit etwa einem Dutzend Studenten beiderlei Geschlechts. Jeder von uns hatte eine Staffelei vor sich, und jeder versuchte, den besten Winkel, die beste Perspektive, den besten Blick auf diese nackte Schönheit zu gewinnen – weil es unsere Aufgabe war, sie zu malen.

Meine Aufgabe war doppelt schwer. Ich musste nicht nur mit einem nackten Menschen zurechtkommen, sondern auch mit meiner Staffelei, einem Malutensil, das mir fremd war. Im Grunde aber ging es um mehr. Mir wurde klar, dass ich hier meine erste Bekanntschaft mit dem Stil europäischer Malerei machte, etwas, mit dem ich mich auseinandersetzen musste, auf das ich mich einlassen und das ich mir sogar aneignen musste.

Ich wusste, dass alle meine Kommilitonen nicht nur eine Ausbildung an einer Kunstschule hinter sich hatten, sondern auch, dass sie zu den wenigen gehörten, die man unter Hunderten von Bewerbern für die Akademie ausgewählt hatte. Diese Prüfung wurde einmal im Jahr abgehalten, und einige von denen, die jetzt neben mir standen, hatten mehrere vergebliche Versuche hinter sich. Kein Wunder, dass all das bei mir ein Gefühl großer Unsicherheit auslöste. Und ich fragte mich, ob meine Anwesenheit in diesem Kreis nicht im Grunde ein Unrecht oder jedenfalls eine Ungerechtigkeit sei. Aber ich war nun einmal da, das war meine Realität, und ich wusste immerhin, dass ich nach afghanischen Maßstäben die Voraussetzungen erfüllte. Umso klarer aber wurde mir, dass die Arbeit, die die anderen schon bewältigt hatten, ich erst noch leisten müsste.

Wie hatte es also überhaupt dazu kommen können, dass man mir an dieser hoch angesehenen und gesuchten Akademie einen Platz angeboten hatte? Eine Erklärung dafür war sicherlich, dass man aus ideologischen Gründen Ausländern grundsätzlich das Beste zukommen ließ. So war es beispielsweise ausländischen Studenten nicht erlaubt, Bahnfahrten zu unternehmen wie der sowjetische Normalbürger. Ihnen stand nur *krasnoe estrella*, der Rote Pfeil, zur Verfügung, ein Zug für gehobene Ansprüche.

Doch zurück zur nackten Frau. Die Aufgabe bestand darin, diesen Akt in Aquarelltechnik wiederzugeben. Die Staffeleien wurden von der Akademie gestellt, Papier, Pinsel und Farbe mussten die Studenten selbst bereithalten. Mein Malkasten sah anders aus als der meiner Nachbarn, er stammte von der deutschen Firma Pelikan, und das erregte beträchtliches Aufsehen. Auch meine Pinsel unterschieden sich deutlich, sie waren so fein, wie man sie für Miniaturmalerei benötigt. Zwei, drei Studenten kamen mit ihren großen Pinseln bedrohlich auf mich zu. »Mahbuba, wir möchten gerne deine Farben ausprobieren.« Ich hatte noch kaum ein Ja gehaucht, da drehten sie auch schon ihre in meinen Augen gewaltigen Pinsel in meine Farben hinein. Ich erzitterte innerlich, von der Angst beherrscht, dass eine zweite Drehung von meiner Farbe kaum noch etwas übrig lassen würde. Aber meine afghanische Erziehung zur Höflichkeit hätte ein Nein nie und nimmer zugelassen. Doch zu meinem Glück enttäuschte die Firma Pelikan auf der ganzen Linie. Die Neugierigen wandten sich ab und rieten mir: »Lass das sein, Mahbuba. Nimm lieber Leningradsij aquarell Newa, das funktioniert besser.« – »Gut, dann kaufe ich mir das«, sagte ich. Das löste ein allgemeines, wenn auch leicht verlegenes Kichern aus. »Warum? Ist das so teuer?«, fragte ich. Teuer sei es nicht, erklärte man mir. Aber zu kaufen sei es auch nicht. »In zwei Monaten vielleicht, im Kiosk der Akademie, aber auch nur, wenn du dich früh genug in die Schlange stellst.«

Still und traurig versank ich in meinen Gedanken: Jetzt bin ich in so einer wunderbaren großen Stadt, an einer der besten Akademien des Landes, und ich kann mir nicht die Farben kaufen, die ich für meine Arbeit brauche. Was ist denn nur mit dem Sozialismus los? Tatjana, eine der Studentinnen, kam mir zu Hilfe: »Mach dir keine Sorgen. Ich bringe dir morgen eines von meinen Reserve-Kästchen.«

Das war meine erste Lektion in der Kunst der Vorratswirtschaft. Man musste immer Reserven haben. Man musste kaufen, wenn es etwas zu kaufen gab.

HAUPTFACH UND NEBENFACH

مضمون أصلي وفرعي

Unsere Hauptfächer waren Zeichnen, Malen, Formen, Entwerfen, Kunstgeschichte, Ästhetik und Anatomie. Natürlich gab es auch Nebenfächer wie etwa Geometrie oder Technologie, das heißt vor allem Materialkunde, chemisches Reaktionsverhalten, Brenntechniken und Ähnliches. Mein Interesse galt grundsätzlich mehr der künstlerischen Seite, Technik und Technologie dagegen nahm ich nicht so ernst; für mich war das etwas, das man eher vernachlässigen konnte.

Am Ende des ersten Semesters stand mir die Prüfung im Fach Technologie bevor. Unser Lehrer, der auch die Prüfung abnahm, war ein hervorragender Fachmann, der sich bestens darauf verstand, die kreativen Gedanken von Künstlern praktisch umzusetzen. Ich wusste, dass ich nicht gut vorbereitet war, entsprechend groß war auch meine Unruhe. Schon nach seiner ersten Frage und meinem hilflosen Versuch einer Antwort wurde ihm das Ausmaß meiner Ahnungslosigkeit deutlich.

»Ich kenne eure orientalische Art und Weise, wie ihr versucht, um den heißen Brei herumzureden«, sagte er. »Mir scheint, dass du keinerlei Interesse an diesem Stoff hast und nicht bereit bist, zu lernen. Wenn ein sowjetischer Student sich so verhält, kann ich das zwar nicht billigen, aber doch halbwegs verstehen, weil er weiß, dass es auf allen Feldern Spezialisten gibt, die ihm bei der Realisierung seiner künstlerischen Projekte zur Seite stehen. Aber du, wenn du nach Afghanistan zurückgehst, kannst du dort auf solche Hilfe zählen? Oder bist du auf dich allein gestellt? Ich denke, du gehst den falschen Weg. Du solltest den Schatz unserer Erfahrung nicht so geringschätzen. Ich habe keine weiteren Fragen. Geh nach Hause und komm in einer Woche wieder.«

Ich konnte den heißen Schweiß der Scham auf meinem ganzen Gesicht spüren.

Als ich nach einer Woche wieder vor ihm stand, fühlte ich mich etwas sicherer, weil ich die Zeit genutzt und hart gelernt hatte. Er war zufrieden, und ich war es auch. Seine schonungslose Klarheit verhalf mir zu der wertvollen Erkenntnis, dass es im Leben keine »Nebenfächer« gibt.

مباشر

EINE SEGENSREICHE UNORDNUNG

Seit etwa einem Jahr lebten wir in unserem kleinen Zimmer im Studentenheim – zwei zusammengeschobene Einzelbetten, ein kleines Kinderbett, ein schmaler Schrank, ein Tisch mit zwei Stühlen und ein kleiner Kühlschrank, das war unser Mobiliar. Auf dem Flur befanden sich eine Gemeinschaftsküche mit mehreren Herden und die Toiletten. Im Erdgeschoss lag der Sanitärtrakt mit Duschen und einer Waschküche, die allerdings noch keine Waschmaschinen kannte. Alle zwei Wochen wurden die Bewohner mit frisch gewaschener, gebügelter und desinfizierter Bettwäsche und frischen Handtüchern versorgt. Für uns war das Luxus, mehr brauchten wir nicht.

Ein Luxus allerdings, der uns viel bedeutete, war das unglaublich vielfältige kulturelle Angebot. Fazl hatte gleich den ersten Sonntagmorgen genutzt, um das Russische Museum zu besuchen. Als er am Abend zurückkam, war er tief erfüllt von so vielen Wunderwerken russischer Malerei, beschrieb mir seine Eindrücke in leuchtenden Worten und fasste schließlich seine Gefühle so zusammen: »Diese Künstler haben in ihren Werken die Spitze einer ganz hohen Säule erreicht. Ob uns beiden es jemals möglich sein wird, auch nur einen Tropfen aus diesem Ozean an Kreativität und Können zu erlangen?«

Seine Worte lösten in mir fast ein bisschen Angst, aber auch große Neugier aus. Der nächste Sonntag musste unbedingt mein Museumstag werden. Es war ein Muster, das wir lange Zeit beibehielten: Einer saugte sich voll mit Kunst, versuchte zu verstehen und zu lernen, der andere blieb bei Omid. Doch unser Kind wurde größer, und bald war es so weit, dass wir die vierundzwanzig Kilometer langen Korridore der Eremitage zu dritt bewältigen konnten, in Abschnitten natürlich.

Als ich eines Abends mit Omid vom Kindergarten nach Hause kam, war unser Flur von Glasscherben übersät. Eine Spur der Verwüstung zog sich durch die ganze Etage, Waschbecken waren zertrümmert, zerschmetterte Milch- und Wodkaflaschen bildeten ein gefährliches Chaos. Ein betrunkener Student aus dem Nachbarzimmer hatte laut randalierend alle Grenzen überschritten. Als Afghanin hatte ich keinerlei Erfahrung damit, welche schrecklichen Auswirkungen zu viel Alkohol bei Menschen haben kann. Es machte mir elende Angst.

Am Tag darauf brachten wir im Dekanat die Bitte vor, ob man uns nicht ein Zimmer im Frauentrakt zuweisen könnte. Dass auch Frauen sich betrinken können, war uns klar. Aber wir wussten auch, dass sie sich, bei aller Gleichberechtigung, nicht dermaßen gewalttätig verhalten würden.

Für unsere kleine Familie ging diese schlimme Geschichte gut aus. Denn bald darauf erhielten wir einen Brief des Dekans. Nicht der Frauentrakt würde unsere neue Wohnstatt sein, sondern eine Zwei-Zimmer-Wohnung mit Küche, die sich im Hof der Akademie befand und sogar einen Telefonanschluss hatte, unglaublich. Die Miete war nicht höher als im Studentenheim – zwei Rubel pro Person im Monat. Bei einem monatlichen Stipendium von neunzig Rubel für jeden von uns war das ein großartiges Geschenk.

Diese Entscheidung war eine absolute, eine ganz wunderbare Ausnahme. Denn es war ausländischen Studenten nicht erlaubt, ein Zimmer oder eine Wohnung zu mieten. Sie waren gezwungen, in den Studentenheimen zu leben, Besucher mussten ihren Ausweis bei der Wache an der Pforte abgeben und das Haus spätestens um dreiundzwanzig Uhr verlassen, eine Regel, die sehr streng gehandhabt wurde. So gesehen, lebten wir nun fast in einem Paradies von Freiheit. Niemand machte uns Vorschriften, niemand kontrollierte uns. Und dieses Privileg hatten wir unserem kleinen Sohn zu verdanken.

SICH BELÜGEN

Langsam hatte ich mich an all das Neue in meinem Leben gewöhnt – an das Grau von Himmel, Erde und Wasser, an die Kälte, das Essen und auch an den Klang der Sprache. Ich kam zwar in Gesprächen und auch im Unterricht ganz gut zurecht, hatte aber das Gefühl, dass mir noch einiges an Verständnis fehlte, wenn es um sprachliche oder sachliche Feinheiten ging.

Im Fach Handwerk lernten wir, wie der Mensch seit Urzeiten mit Ton umging, wie Keramik entstanden war und welch unterschiedliche Methoden die verschiedenen Kulturen erfunden und entwickelt hatten. Das älteste Dekorverfahren ist die Engobemalerei, bei der man Ton auf Ton in verschiedenen Farbschattierungen aufbringt. Und nun erhielten wir die Aufgabe, einen freien Entwurf zu gestalten und in dieser Technik auszuführen.

Ich entschied mich für eine herbstliche Chrysantheme, und die Lehrerin war mit meinem Entwurf einverstanden. Ich nahm meinen feinsten Pinsel zur Hand und begann zu malen. Mein Bild auf dem noch feuchten Tonteller nahm Gestalt an. Die Professorin schaute mir über die Schulter und sagte dann einen einzigen Satz: »Du belügst dich.« Das irritierte mich, aber es kam mir nicht in den Sinn zu fragen, was sie mir damit sagen wollte. Und so arbeitete ich stumm weiter vor mich hin.

Der nächste Schritt bestand darin, dass wir unsere Arbeiten dem flammenden Feuer übergeben sollten, sie also zum Brennofen brachten. Was würde das Feuer damit machen? In Afghanistan hatte ich nur in Kalttechniken gearbeitet, das heißt Farbe als Dekor auf schon gebrannte Gefäße aufgetragen. Nun würde ich eine neue Erfahrung machen, die Erfahrung mit Feuer.

Zwei Tage später wurde der Brennofen geöffnet, und unsere gemalten Objekte kamen wieder ans Licht. Was ich sah, löste fast Verzweiflung in mir aus – ich sah nämlich nichts, fast nichts. Von den Linien und Farben meiner wunderschönen Chrysantheme hatten sich nur noch Spuren erhalten, kleinere Stellen, an denen die Farbe etwas dicker aufgetragen war. Alles andere war vom Feuer verzehrt worden. In diesem Augenblick hörte ich den Satz meiner Professorin deutlich und bitter noch einmal in meinen Ohren klingen. Und dieses Mal verstand ich ihn.

DIE TREPPE

رازینه

Die Studenten der Akademie Muchina mussten jedes Studienjahr mit einem vierzigtägigen Praktikum abschließen. Erst dann gab es Ferien, der August gehörte uns. Wir waren ziemlich frei in der Wahl des Ortes und auch des thematischen Gebietes, aber es sollte in Zusammenhang mit dem Stoff der beiden letzten Semester stehen.

Am Ende meines dritten Jahres fand ich die Vorstellung, der Leningrader Kälte zu entfliehen, reizvoll und entschied mich für die sonnige Schwarzmeerküste. Es gab eine Fayence-Fabrik in Krasnodar, die meinen Wünschen entgegenkam. Unsere Gruppe bestand aus vier Studenten, zwei kamen wie ich aus der Keramik, der vierte aus der Glasfakultät. Mein Privileg als ausländische Studentin hatte es mir zu meinem Leidwesen untersagt, diese Reise zusammen mit meinen Freunden zu unternehmen. Ich »musste« diese zwei Tage einsam und etwas gelangweilt in der komfortablen Atmosphäre des Roten Pfeils absitzen. Untergebracht aber waren wir dann zum Glück wieder gemeinsam.

Gleich beim ersten Frühstück nutzten wir die Genüsse, die unsere neue Umgebung bereitstellte: Im strahlend warmen Sonnenlicht liefen wir frühmorgens zum Basar. Der Duft von frisch gebackenem Brot, die saftige Vielfalt von Obst und Gemüse in allen Farben, der unerwartete Anblick weiß glänzender, runder Käseballen zog uns an und wässerte schon unsere Lippen. Wir kauften hemmungslos ein, suchten uns eine Parkbank und schwelgten unter freiem Himmel mitten im Grünen. Das Grau von Leningrad war weit, weit weg.

Glücklich und satt trafen wir in der Fabrik ein. Im Sekretariat informierte man uns über Vorschriften, die einzuhalten, und Möglichkeiten, die zu nutzen waren. Wir erkannten schnell, dass die hier gefertigten Produkte unseren ästhetischen Vorstellungen nicht entsprachen, wussten aber, dass wir uns darauf einstellen mussten. Zum Erstaunen meiner Kommilitonen entschied ich mich für ein ziemlich derb geratenes Speiseservice. Aber meine Erfahrung als Miniaturmalerin sagte mir, dass ich es durch eine Harmonie von Farben und bewegten Linien, durch das Ornament der Arabeske, schaffen würde, die Form zurückzudrängen und stattdessen das Dekor leuchten zu lassen.

Natürlich mussten unsere Werkstücke zunächst gebrannt werden, und dafür standen uns Studenten bestimmte Brennöfen zur Verfügung. Das bedeutete, man musste warten, bis so viel fertiggestellt war, dass ein Ofen voll beschickt werden konnte. Aber da Geduld nie meine Stärke war, suchte ich mir einen Ausweg. Ich brachte meine Arbeiten in die große Produktionshalle, wo das Feuer in den Brennöfen keine Pause kannte. Wagen auf Schienen, voll beladen mit Geschirrteilen aller Arten, warteten darauf, in den Brennofen geschoben zu werden. Ich fragte den Ofenmann, ob ich vielleicht meine Arbeiten dazustellen dürfte. Er schaute mich kurz an, hob ein mit Vasen und Tellern gefülltes Gestell von seinem Wagen, schmiss die ganze Ware auf den Boden, wo sie in tausend Scherben zerfiel, und sagte: »Dieser Platz ist jetzt frei für dich.«

Meine Freude darüber, dass ich für meine Arbeit so schnell einen Platz im Ofen bekommen hatte, war sehr überschattet. Das Geräusch von zerberstendem Ton, das Bild der fliegenden Splitter, noch heute habe ich das in meinen Ohren und vor meinen Augen. Ich fand seine Handlung, die mir zwar nutzte, unverantwortlich und respektlos gegenüber der Arbeit, die andere geleistet hatten. Wie konnte es dazu kommen? Lag es am System, in dem Verantwortung nicht beim Individuum, sondern in der Gesellschaft verankert war? Lag der Grund in seiner eigenen Haltung, seiner persönlichen Erziehung oder Prägung? Oder hatte es mit der Nivellierung von Arbeit und Arbeitslohn zu tun? Ich fand keine Antwort auf meine Fragen.

Wir alle hatten mehr Teile bearbeitet als die zum Mitnehmen erlaubte Anzahl. Aber als wir die überzähligen Werkstücke bezahlen wollten, stießen wir auf Granit. Was also konnten wir tun? Es gab einen Weg. Er war nicht einfach, er war riskant, und er löste Ängste aus. Und doch waren wir bereit, ihn zu gehen.

Das weit ausgedehnte Fabrikgelände war von einer Mauer umgeben. An dieser Mauer gab es eine sehr besondere Stelle, die für besondere Zwecke, nicht unbedingt legale Zwecke, vorgesehen und vorbereitet war. Eine provisorische Treppe aus Steinen, Ziegeln und Holzstücken führte auf der einen Seite diese Mauer hinauf und auf der anderen Seite wieder herunter. Errichtet wurde sie von Fabrikarbeitern, regelmäßig zerstört wurde sie von Sicherheitskräften, und ebenso regelmäßig aufgebaut wurde sie wieder von den Arbeitern. Ein Spiel wie Katz und Maus.

Es sollte aussehen wie ein Spaziergang, aber in Wahrheit war es die Verschleierung eines Diebstahls: Heimlich steckten wir unsere Werkstücke ein, machten uns auf den Weg zur ominösen Treppe in der Hoffnung, dass sie auch tatsächlich gerade vorhanden wäre. Und hievten so nach und nach Stück für Stück über die Mauer.

Dann kam der Tag, an dem wir unsere Treppe vergeblich suchten. Ratlos standen wir vor der Mauer. Schlimme Gedanken überfielen mich. Was würde geschehen, wenn Sicherheitsleute uns hier entdecken würden? Wenn ein Brief an die Akademie und an die afghanische Botschaft gelangte, in dem man mich eine Diebin nennen würde? In meiner angsterfüllten Fantasie sah ich mich schon vom Studium ausgeschlossen, auf dem Weg zurück nach Afghanistan ohne ein Diplom in der Hand, und dann schließlich vor meinem Vater stehen. Aber hatte er mich nicht so erzogen, auf meine innere Stimme zu hören, mein Gewissen als die wesentliche Instanz für meine Handlungen zu betrachten? Was ich von ihm hören wollte, war: »Kind, du hast nur genommen, was dir gehört. Du hast keine Sünde begangen.«

Wir waren zu zweit, doch meine Freundin wollte von meinen Ängsten nichts hören. Sie reagierte auf ihre Weise, besonnen und pragmatisch. Wir sollten die Stücke doch einfach hier verstecken, meinte sie, und fand auch gleich ein geeignetes Gebüsch.

Als wir am nächsten Tag zum Ort der Verzweiflung zurückkamen, war die Wundertreppe wieder an ihrem Ort. Alles war gut.

Es war üblich, dass die Arbeiten, die die Studenten während ihrer Praktika geschaffen hatten, dann in der Akademie ausgestellt und benotet wurden. Ich erhielt die Höchstbewertung, und ein Teil meiner Arbeiten wurde in den Fonds der Akademie übernommen. Eines dieser Stücke, ein ungewöhnlich großer Teller, wurde später für eine öffentliche Ausstellung ausgewählt.

Dieser Teller kam nicht wieder zurück. Irgendjemand, der fand, er hätte ein Recht dazu, muss ihn gestohlen haben.

EIN ENGEL AUF EINER SÄULENSPITZE

فرشته‌ای بر قله ستون

Mittlerweile befand ich mich im achten Semester. Unser Lehrer im Fach Komposition war ein hoch angesehener Architekt. Das Thema, das er uns stellte, hieß »Arbeit«. Wir hatten völlig freie Hand, wie wir dieses Thema darstellen wollten – durch welche Inhalte und Motive, mit welchen Gefühlen und Absichten. Viele der Studenten entschieden sich für industrielle Szenen, so wie sie Arbeit im Wesentlichen erlebt hatten. Mir war Industriearbeit nicht unbedingt vertraut, weil in Afghanistan Arbeit vor allem handwerkliche Tätigkeit bedeutete. Und so wählte ich als Thema das Teppichknüpfen, eine Arbeit, an der ich mich als junges Mädchen schon einmal erfolglos versucht hatte.

Mein Ziel war es, die Harmonie der Ornamente, die Anziehungskraft der Farben und die Zartheit des Knüpfwerks so aufzuzeigen, wie es die feinen Finger der Frauen erschaffen. Im Zentrum meiner Darstellung standen drei Frauenfiguren. Mein Professor war einverstanden, hatte allerdings auch einen präzisen Einwand. Er fand, ich hätte einen bestimmten Bereich, eine bestimmte Bewegung nicht klar genug herausgearbeitet.

»Warum hast du diese Stelle unvollkommen gelassen?« Meine Antwort: »Weil man das sowieso nicht sieht.«

Er musterte mich von oben bis unten. Mein ganzer Körper war gespannt vor Aufmerksamkeit und Wachheit, ich bestand fast nur noch aus Ohren in diesem Augenblick. Ich trug eine enge weiße Cordhose und darüber einen Pullover in Lapislazuliblau. Sein Blick hatte mich in die Enge getrieben, als orientalische Frau empfand ich Scham. Und dann kam dieser Satz von ihm: »Deine Unterwäsche sieht niemand. Soll die nicht schön und sauber sein?«

Ich war den Tränen nahe. Er schien zu spüren, dass er eine Grenze überschritten hatte, wollte mich aber nicht verletzen. »Du kennst doch die Säule, die auf dem Platz vor der Eremitage steht«, sagte er. »Dann weißt du auch, dass an ihrer Spitze ein Engel schwebt. Als Architekt hatte ich einmal die Gelegenheit, mich auf Augenhöhe mit diesem Engel zu befinden, ihn ganz aus der Nähe betrachten zu dürfen. Er beugt sich etwas herab – ob vor einem König, einem unbedeutenden Menschen oder vor Gott? Wir wissen es nicht, und es interessiert uns nicht. Warum erzähle ich dir das? Weil der Körper dieses Engels vollkommene Schönheit und Harmonie ausdrückt. Bis hin zu den Nägeln seiner Füße. Kann man die sehen?«

DIE ERDBEERSCHLANGE

قطار برای توت فرنگی

In meinen ganzen dreiundzwanzig Jahren, die ich in Afghanistan gelebt hatte, war ich nie in einer Schlange gestanden. Einkaufen war nicht die Aufgabe der Frauen, das wurde in aller Regel von den Männern der Familie erledigt. Dazu kam, dass man bei uns in ganz anderen Mengen einkaufte. Wir hätten niemals ein Kilo Reis gekauft, sondern gleich zweihundert Kilo, auch nicht eine Melone oder Wassermelone, sondern gleich eine ganze Ladung im Netz vom Rücken des Esels herunter, der es trug. Feine Früchte wie Maulbeeren wurden vom Baum geschüttelt und sofort gegessen, damit sie nicht verderben konnten.

Wollte man eine Kinokarte kaufen, hieß das, dass man eine Menge an Körperkraft einsetzen musste. Gab es zum Beispiel zwanzig Interessenten, dann wollten diese zwanzig ihre Karten alle zum gleichen Zeitpunkt und sofort haben. Die Folge war eine chaotische Auseinandersetzung, ein Klumpen von Männern, die unter Schimpfworten wild drängelten und schoben und notfalls einander auch auf die Schultern oder die Köpfe stiegen, um ihr Ziel zu erreichen.

Genauso ging es an Bushaltestellen zu. Wer ordentlich und höflich ein- oder aussteigen wollte, konnte stundenlang stehen und hatte dennoch kaum eine Chance. Die Einsteigenden hinderten die anderen am Aussteigen, und die Fahrgäste, die den Bus verlassen wollten, bahnten sich ihren Weg, wenn es sein musste, mit Gewalt.

Das alles kam mir noch deutlicher zu Bewusstsein, wenn ich in der Sowjetunion die langen Schlangen vor den Geschäften, Museen, Kliniken oder Theatern sah – alle Wartenden friedlich hintereinander aufgereiht, in allerschönster Ordnung. Wenn ich früher Fotos von Schlangen dieser Art sah, hatte sich für mich darin der respektvolle Umgang der sozialistischen Menschen miteinander gespiegelt. Jetzt in Leningrad erkannte ich darin etwas anderes: Mangelwirtschaft und Zeitverlust.

Als ich an einem Sommerabend mein Kind vom Kindergarten abholte, kam ich an einer etwa fünfzig Meter langen Schlange vorbei – ein Kiosk verkaufte Erdbeeren. Noch nie zuvor hatte ich mich in so eine Schlange eingereiht, meine Zeit war zu beschränkt und zu kostbar. Doch an diesem Abend ließ ich mich verführen. Es gab keine Erdbeeren in Afghanistan.

Ich stand eine Stunde lang, die Schlange bewegte sich kaum. Ich wollte schon aufgeben, fand aber, dass ich diese Zeit dann wirklich vollkommen sinnlos vertan hätte. Und so stand ich eine weitere Stunde an in der Hoffnung, dass es irgendwann schneller vorangehen würde. Es ging voran, langsam zwar, aber schließlich stand nur noch eine Frau vor mir am Kiosk. Das Erdbeerangebot war geschmolzen, doch für einige Käufer würde es noch reichen. Als aber die Dame, die nun an der Reihe war, erklärte, sie würde alles nehmen, die ganzen zehn bis fünfzehn Kilo, war ich wie geschockt von dieser Gier. Und ich bat sie, meinem Kind wenigstens ein paar Erdbeeren zu gönnen.

Sie lehnte ab. Doch die Verkäuferin zeigte Erbarmen und hielt fünfhundert Gramm für uns zurück.

Bei allem Respekt und bei aller Ordnung: Nie wieder wollte ich in einer so langen Schlange stehen – selbst wenn man Gold verteilt hätte.

تقسيم كرر

LENIN PFLANZTE KEINE BLUMEN

لنین گل نکاشت

Fünf lange harte Jahre lagen nun schon hinter uns, Jahre, in denen wir viele Erfahrungen sammeln konnten, die aber auch Züge eines militärischen Drills aufwiesen – Züge, die ich erst heute wirklich zu schätzen weiß und für die ich sogar dankbar bin.

Ein hartes Jahr lag noch vor uns, ehe wir dann hoffentlich die Früchte unserer Anstrengungen würden pflücken können: das ersehnte Diplom, das uns viele Türen öffnen würde in einer Zukunft, die wir uns in Afghanistan erträumten. So streng reglementiert der Unterricht auch war, in der Wahl von Thematik und Technik ihrer Diplomarbeiten genossen die Kunststudenten beider Akademien große Freiheiten.

Ich musste nicht lange überlegen, welches Material und welches Thema ich wählen würde. Ich kannte eine Porzellanmanufaktur in Kabul, die in den 1960er-Jahren eine Blütezeit erlebt hatte, dann aber aufgrund einer Invasion von praktischem und billigem Plastikgeschirr aus dem Iran in den Strudel des Niedergangs geriet und schließlich den Betrieb einstellen musste. In meiner Vorstellung sah ich mich schon als Retterin, als Wiederbeleberin dieser Manufaktur, hatte deshalb sogar schon Kontakt mit dem Planungsministerium in Kabul aufgenommen und war dabei auf willige Ohren gestoßen. Porzellan also musste es sein.

Die erste Hürde war das Gespräch mit den Professoren. Wir mussten unsere Projekte vorstellen und diese Wahl begründen. Wer damit überzeugte, erhielt einen Begleiter zugeteilt.

Meine Mentorin war eine in der Porzellanszene sehr bekannte Künstlerin, bei der ich auch schon ein Jahr lang Unterricht gehabt hatte. Sie war eine feine Frau, fein in ihren Gesichtszügen, der Art ihrer Kleidung, in ihren Bewegungen und in ihrer Rede. Ich empfand sie so zart und zerbrechlich, fast als wäre sie selbst ein edles Stück Porzellan. In unserem ersten Gespräch brachte ich ihr mein Vorhaben nahe. Meine Diplomarbeit sollte aus einem Tee- und Kaffeeservice bestehen. Nina Stepanowna wusste gut Bescheid über die Teezeremonien in den zentralasiatischen Republiken und Städten wie Samarkand und Buchara. Von mir wollte sie nun etwas über die Teesitten und Teegebräuche in Afghanistan erfahren. Ich erzählte ihr, dass in meiner Heimat zwar viel Tee getrunken, die Pflanze dort aber nicht angebaut wird. Unser grüner Tee kommt aus China, der schwarze Tee aus Indien, verfeinert wird er durch Zugabe von Kardamom und serviert wird er grundsätzlich zusammen mit Süßigkeiten. Ich erzählte ihr auch, dass die afghanischen Teesitten stark mit symbolischer Bedeutung aufgeladen sind. Alle Gäste werden zu jeder Zeit mit Tee begrüßt. Bekommt ein Besucher kalten Tee vorgesetzt oder eine bis zum Rand gefüllte Schale oder Tasse, dann weiß er, dass er eigentlich unerwünscht ist. Will ein Gast das Zeichen geben, dass er nicht weitertrinken möchte, stellt er einfach seine Schale auf den Kopf; tut er das nicht, wird ihm ständig, wirklich ständig von Neuem eingeschenkt. Zum Glück gibt es auch eine Zwischenform: Der Gast kippt seine Tasse halb um als Zeichen, dass es ihm gut geschmeckt habe, sein Durst jetzt aber gelöscht sei.

Meine Mentorin zeigte sich amüsiert, wollte nun aber wissen, wie man es in Afghanistan mit dem Kaffee hielte. »Da gibt es nicht viel zu erzählen«, erklärte ich ihr. »Wir trinken so gut wie keinen Kaffee.« In Afghanistan hatte dieses Getränk eher den Status eines Medikaments. In meiner Schulzeit hatte meine Mutter, wenn der Prüfungsstress sehr hoch war, für mich Kaffee gekocht – einen gelblichen Sud aus rohen, ungebrannten Kaffeebohnen, der ziemlich schlimm schmeckte. Ob er mir half oder nicht, wer weiß?

»Und jetzt möchtest du Orient und Okzident in einem Service zusammenbringen, oder?«, meinte die Professorin. Es war tatsächlich mein Wunsch, Tradition und Moderne, Orient und Okzident, in eine harmonische Einheit zu bringen. Ein Ziel, das vielleicht zu hoch gesteckt war, denn wenn man es nicht erreicht, verliert man beides. Doch sollte diese Vereinigung gelingen, würde etwas Frisches, etwas Neues entstehen.

Nina Stepanowna schien einverstanden. Sie wusste, dass ich aus Herat stammte, und so war sie auch nicht verwundert, als ich ihr die Architektur Herats als meine Wunschbasis für Form und Dekor meines geplanten Services vorstellte – eine Stadt voller Kuppeln und Minarette, eine Verbindung aus Erde und Himmel. Das ins unendliche Blau aufsteigende Minarett gehört zum spirituellen Raum der Moschee, so wie in Europa der hoch aufragende, gekrönte Turm zum sakralen Bau der Kirche gehört.

Wir trafen uns regelmäßig, damit sie meine gezeichneten Entwürfe begutachten und auch kritisieren konnte. Als ich einmal bei ihr zum Tee mit Weißkohl- und Quarkpiroggen eingeladen war, kam es zu einem politischen Gespräch. Aus tiefer Überzeugung verteidigte ich die Position Lenins; er habe so viel Gutes bewirkt für die Sowjetunion, für die Arbeiterbewegung, für Gerechtigkeit in dieser Welt. Meine Lehrerin bedachte mich mit einem ernsten, nachdenklichen und auch traurigen Blick:

»Lenin hat keine Blumen gepflanzt. Er war es, der unsägliches Leid verursacht hat. Er war es, der alle seine Gegner, die Menschewiken – sie waren die Minderheit – vernichtet hat.« Die Stille, die dann folgte, gab mir schwer zu denken. Es war das erste Mal, dass sich jemand mir gegenüber so kritisch über das sowjetische System geäußert hatte, so eindeutig negativ über die Ikone Lenin. Das rüttelte mich auf.

Im Dezember dann mussten alle Studenten ihre Diplomentwürfe vor einer Kommission präsentieren, um die Erlaubnis zu erhalten, in die Produktion zu gehen. Mein Projekt bestand aus vierzehn Objekten – Teekanne mit Tasse und Teller, Kaffeekanne mit Tasse und Teller, Zuckerdose, Sahnekännchen, Kuchenteller, zwei Marmeladenschälchen, Rosenwassergefäß mit großem Teller, kleine Blumenvase. Warum Rosenwasser? Die persische Tradition will es, dass die Hand des Gastes bei der Begrüßung mit ein paar Tropfen Rosenwasser besprengt wird und er sich mit dieser Hand dann über das Haar streicht.

Mit der Leningrader Porzellanfabrik Lomonossow und ihrem Museum hatte ich schon 1982 nach meinem ersten Studienjahr Bekanntschaft gemacht. Vor der Oktoberrevolution war die Produktion dieser Manufaktur ganz auf den Adel abgestellt gewesen, und entsprechend kostbar und kostspielig waren auch die damaligen Objekte. Der gewaltige gesellschaftliche Umbruch spiegelte sich dann auch in den Produkten. Einerseits zeigte sich darin, dass nun alle Schichten Zugang zu dem wertvollen Material Porzellan haben sollten, und andererseits nutzte man diese Objekte zu propagandistischen, aber auch avantgardistischen Zwecken. Doch als unsere Studentengruppe damals nach dem Museumsbesuch zum Praktikum antrat, erlebte ich eine unliebsame Überraschung. Man verwehrte mir den Zutritt – weil ich eine ausländische Studentin war.

Nun stand ich wieder vor dieser Porzellanmanufaktur. Nur hier würde ich meine Ideen umsetzen können. Würde man mich wieder als Ausländerin abweisen? Dieses Mal hatte ich mehr Glück, der Leiter der Künstlerabteilung kannte mich aus dem Studium. Aber man gab mir noch einen guten Rat mit auf diesen Weg: Wenn dich jemand nach deiner Herkunft fragt, dann sag, du kommst aus Tadschikistan.

Meine Begeisterung für diese Arbeit war so groß, dass ich nicht nur einen Entwurf umsetzte, sondern gleich drei Service produzierte, von denen ich dann zwei für die Verteidigung des Diploms auswählte. Sie wurden wie alle anderen Diplomarbeiten in einem Saal der Akademie ausgestellt. Ich hatte mich auf diesen Tag akribisch vorbereitet, und zwar nicht nur auf die Präsentation meiner Arbeit, sondern auch auf meine eigene Erscheinung. In Afghanistan hatte ich mir einen Seidenstoff besorgt, dessen Farben und Muster ganz auf das Dekor meiner Porzellane abgestellt waren, eine Modestudentin hatte für mich daraus eine luftige Bluse genäht, die mit meinem porzellanweißen Rock bestens harmonierte. So stand ich nun vor meinen Produkten, erläuterte den Schaffensprozess und beantwortete die Fragen, die einzelne Mitglieder der Prüfkommission an mich stellten.

Ein Kommentar ist mir in Erinnerung geblieben, die Reaktion des Professors, der mich schon einmal verwirrt und beeindruckt hatte, als er mir von seiner Begegnung mit dem Engel auf der Säule erzählt hatte. »Ich kann in Mahbubas Arbeit ihre Wurzeln erkennen, das, was sie aus Afghanistan mitgebracht hat. Und genauso gut sehe ich darin, was sie hier bei uns gelernt hat. Was zum Teufel machen eigentlich unsere russischen Studenten?«

PRIVILEG

امتیاز

Die Krone für unsere sieben Jahre Arbeit hatten wir nun in der Hand, das Diplom. Doch über der Pracht der weißen Nächte Leningrads lag ein Schatten für uns, ein dunkler Vorhang, ein Gefühl von Unsicherheit, sogar Angst. In Afghanistan herrschte Bürgerkrieg. Wie könnte unsere Rückkehr aussehen?

Dass man sich in unserer Heimat als freier Künstler auf keinen Fall den Lebensunterhalt verdienen konnte, war so klar wie der helle Tag. In den 1970er-Jahren war das noch möglich gewesen, weil ein Strom von westlichen Touristen nicht nur auf der Suche nach dem schwarzen Afghanen war, sondern sich auch angezogen fühlte von der magischen, fast biblisch anmutenden Landschaft. Die Dorfbewohner – Afghanistan ist ein Land, das vor allem aus Dörfern besteht – hießen sie mit großer Freundlichkeit willkommen und bewiesen ihre Gastfreundschaft. Doch diese Zeiten waren vorbei. Jetzt bedeutete jeder Schritt eine Gefahr. Das Land strotzte vor Waffen, die es zwar nicht selbst herstellte, aber doch gerne benutzte. Ob Regierung oder Opposition, jede Partei suchte den Weg zur Rettung über den Weg der Waffen. Das ganze Land, selbst seine einfachsten

Bewohner verstrickten sich von Tag zu Tag tiefer in dieses Netz von Unglück. Nicht nur die Augen sahen schwarz, auch die Herzen waren erblindet. Jedes Gefühl von Vertrauen war zerstört, bis tief hinein in die Familien. Dieser Krieg vernichtete das Leben von vielen, vor allem aber das Leben junger Männer. Wer nicht freiwillig in den Krieg zog, wurde von der Opposition gewaltsam dazu gezwungen, wer seinen Wehrdienst schon geleistet hatte, den verpflichtete die Regierung noch und noch einmal dazu.

Auch wenn in der Sowjetunion die Freiheit begrenzt war und wir uns vor allem mit Kunst beschäftigten, blieben unsere Augen nicht vor der Tatsache verschlossen, dass es hier nicht nur um einen grausamen Bürgerkrieg ging, sondern dass sich auf dem Rücken des Landes Afghanistan die Weltmächte bekämpften. Eine Rückkehr in die Heimat würde uns vielleicht eine Zukunft als Lehrer oder Museumsangestellte ermöglichen, sie würde aber mit absoluter Sicherheit auch bedeuten, dass Fazl nach den neu erlassenen Gesetzen trotz seines sechsjährigen Zivildienstes für drei Jahre zum Kriegsdienst verpflichtet würde. Wir fühlten uns fast verloren. Wir empfanden dem Land gegenüber Verantwortung, wir verdankten ihm das Stipendium für unser Studium. Wie könnte der Weg aussehen, der uns Hilfe bringen und niemanden schädigen würde?

Mit einem Brief wandten wir uns an die afghanische Botschaft in Moskau und boten an, zum Abschluss unserer Studien eine Ausstellung zu gestalten. Die Sowjetunion hatte damals viele afghanische Studenten zu Spezialisten ausgebildet – Ingenieure, Ärzte aller Fachrichtungen, Agrarwissenschaftler, Historiker, Literaturwissenschaftler, Journalisten und Filmemacher. Auf dem Gebiet der Kunst dagegen gab es nur eine geringe Anzahl von Stipendiaten. Was wir planten, sollte ein Zeichen der sowjetisch-afghanischen Freundschaft sein und auch mediale

Aufmerksamkeit erwecken. Unser Konzept überzeugte, und wir erhielten die Zusage für eine Ausstellung im Haus der Freundschaft in Moskau für den Dezember 1987.

Wir wählten rund sechzig Werke aus und brachten sie nach Moskau. Die Organisation und die Öffentlichkeitsarbeit übernahm die afghanische Botschaft. Bei der Eröffnung war das Publikumsinteresse groß, und sehr groß war auch die Medienbeteiligung. Das Gedränge war erstaunlich, viele Botschaftsangehörige wollten die Gunst der Stunde nutzen, auch einmal im Rampenlicht zu stehen. Im Rampenlicht stand auch Fazl, ich dagegen, der weibliche Teil des Künstlerpaares, wurde im Hintergrund fast an die Wand gedrückt. Erst das nachhaltige Drängen meines Mannes eröffnete mir eine kleine Gasse für den Weg nach vorne.

Die eindrucksvolle Villa, die der Botschafter bewohnte, war dem Land von Lenin zugewiesen worden zum Dank dafür, dass Afghanistan als erste Nation die sowjetische Regierung anerkannt hatte. An diesem Abend waren wir dort zu Gast. Die Gespräche drehten sich um Kunst, um unser Studium und auch um unsere Zukunftspläne. Wir hatten die Aufmerksamkeit des Botschafters und ergriffen diese Gelegenheit, um in aller Vorsicht eine Bitte vorzutragen: Da das Feld der Kunstgeschichte in Afghanistan kaum bestellt sei, hätten wir großes Interesse daran, auf diesem Gebiet vertieft zu arbeiten. Wäre es denkbar, dass wir beide die Möglichkeit erhielten, in Kunstgeschichte zu promovieren? »In der Regel nicht«, erklärte der Botschafter, »als Ausnahme ja.«

Bei der Rückkehr nach Leningrad hatte jeder von uns einen Brief an seine Akademie in der Tasche, die schriftliche Genehmigung der Botschaft zur Abfassung einer Dissertation. Das, woran wir kaum zu glauben gewagt hatten, war plötzlich Wirklichkeit geworden.

Ein neuer Lebensabschnitt hatte begonnen. Omid kam in die Schule. Fazl stellte der Kommission sein Thema vor: »Die Tradition der Miniaturmalerei in der zeitgenössischen afghanischen Malerei« – es wurde problemlos akzeptiert.

Und wie erging es mir? Mein Thema »Die Ornamenttradition in der zeitgenössischen afghanischen Keramik« traf bei der Kommission auf mehr Skepsis als Begeisterung. Man zweifelte nicht wirklich an mir als Wissenschaftlerin, sondern daran, ob die aktuelle Lage, das heißt der Bürgerkrieg, es mir erlauben würde, eine genügend große Materialbasis zusammenzustellen, und schlug mir deshalb einen Kompromiss vor. Ein Jahr lang würde man mir Zeit für die Vorarbeiten geben. Sollte das Ergebnis überzeugen, stünde einer Genehmigung nichts mehr im Wege.

HAT DAS EINE FRAU GESCHRIEBEN?

این را زن نوشته است؟

Und so stürzte ich mich in meine Recherche-Arbeiten. Für die theoretischen Grundlagen boten mir die Bibliotheken von Leningrad und Moskau beste Bedingungen. Für den praktischen Teil aber war es unerlässlich, dass ich mich mit den konkreten keramischen Objekten auseinandersetzte, mit historischen und zeitgenössischen, und das konnte ich nur in Afghanistan.

Im Mai 1988 machte ich mich auf die Reise nach Kabul, mein Aufenthalt war für vierzig Tage geplant. Die Heimatreisen waren für mich immer eine Quelle von Kraft und Energie, weil ich wieder eintauchen konnte in das Meer von Gefühlen und Erlebnissen, die mich geprägt hatten. Auch wenn mein Blickwinkel sich erweitert hatte, auch wenn das Elend, das im Land herrschte, nicht zu verdrängen war, erlebte meine innere Welt dennoch jedes Mal eine tiefe Erfrischung.

Es wurde eine sehr fruchtbare Zeit für mich. Stunden um Stunden verbrachte ich in den Räumen des Nationalmuseums. Ich hatte Zugang zu allen keramischen Objekten, ob in den Vitrinen oder im Archiv, ob aus der Antike, der graeco-baktrischen Periode, das heißt dem Zeitalter nach Alexander dem Großen, oder der samanidischen und der gaznawidischen Epoche aus dem zehnten und elften Jahrhundert.

In diese Zeit fiel auch die Vorbereitung für eine umfassende Ausstellung in Moskau, in der die Schätze des Nationalmuseums Kabul gezeigt werden sollten. Von all diesen wunderbaren Objekten – Münzen, Fresken, Statuen, antike Schalen und Krüge, Textilien – berührte mich eines in ganz besonderer Weise. Es war ein etwa 80 cm hoher sitzender Buddha aus ungebranntem Lehm, der noch Spuren von erdfarbener Malerei aufwies. In den Anblick dieser Buddha-Statue, die zu den weltweit berühmten Ausgrabungen von Hadda gehörte, konnte ich mich stundenlang verlieren. Die Harmonie der dargestellten Bewegung, die Ausstrahlung von göttlicher Ruhe und Gelassenheit, die Kraft innerer Sammlung stärkten auch mich und flößten mir eine noch tiefere Achtsamkeit für das Leben ein. Doch so eindrucksvoll diese Staue war, so zerbrechlich war sie auch und so gefährdet, und deshalb gaben sich die Museumsleute die größte Mühe, für dieses kostbare Objekt eine schützende Hülle für den geplanten Transport zu gestalten.

Und dann platzte mitten in diese Vorbereitungen eine Nachricht der BBC, die es als erwiesen darstellte, dass die geplante Moskauer Ausstellung nur ein Vorwand sei, dass die sowjetische Regierung die eindeutige Absicht habe, sich die Schätze des Nationalmuseums Kabul anzueignen und keines der Ausstellungsstücke je den Weg zurück nach Kabul finden würde – es sei denn als Kopie. Das afghanische Parlament reagierte umgehend, die Ausstellung wurde abgesagt.

Als Kabul seine dunkelsten Tage erlebte, in den Jahren 1993 und 1994, als die Mudschaheddin, die sogenannten Freiheitskämpfer, im Zuge ihrer Machtkämpfe Kabul in Schutt und Asche legten, als das Museum brannte und vollständig ausgeraubt wurde, stand immer wieder diese Buddha-Statue vor meinen Augen. Ich dachte an ihre Zartheit und Zerbrechlichkeit und wurde von der Vorstellung verfolgt, dass sie allein schon durch den brutalen Geräuschpegel der Explosionen in sich zusammenfallen könnte. Die Welt aber öffnete ihre Augen für diese unselige Zerstörungswut, für dieses grauenvolle schwarze Theater, erst dann, als sie ihren Höhepunkt erreichte – als die Taliban 2001 in einem barbarischen Akt der Vernichtung die beiden einzigartigen Buddha-Statuen von Bamiyan sprengten.

Mir wurde immer klarer, dass ich meine Dissertation nicht in Kabul, sondern nur in Leningrad fertigstellen könnte. Ich schrieb einen Brief an den Ministerrat, in dem ich meine bisherige Forschungsarbeit begründete und als Förderer den akademischen Rat der Muchina und die Asien-Abteilung der Eremitage anführte. Um meine Arbeit in Leningrad zu Ende bringen zu können, würde ich nun die Genehmigung erbitten.

Diese DIN-A4-Seite enthielt nur Wahrheit, aber nicht die ganze. Dass ich nicht in einem Land leben wollte, in dem vor allem die Kanonen zu Gehör kommen, aber kaum die Musen – das durfte ich so klar nicht aussprechen. Ich übergab meinen Brief dem Sekretär des Premierministers und erhielt den Bescheid, dass ich mir in einer Woche die Antwort abholen könne. Eine Woche, in der meine Hoffnung mit meiner Angst kämpfte.

Und so stand ich dann erneut vor dem Sekretär des Premiers. Dieses Mal überreichte er mir einen Brief. »Ich gratulieren Ihnen«, sagte er mit einem Lachen. Und erzählte mir dann, was der stellvertretende Premierminister ganz genau wissen wollte: »Hat diesen Brief tatsächlich eine Frau geschrieben?«

HABEN SIE VERGESSEN?

فراموش کرده اید؟

Bei allen meinen Recherchen im Nationalmuseum, in der Nationalgalerie und im Nationalarchiv begleitete mich ein Fotograf, den mir das Kultusministerium zugewiesen hatte; er dokumentierte alle Objekte, die für mich von Interesse waren. Da es für zeitgenössische Keramik keine Sammlung gab, blieb mir nur, meine Füße in den historischen Basar in der Altstadt von Kabul zu lenken und auch zur Straße der Tendur-Macher, der Backofen-Bauer.

Gut für mich, dass ich mich in das wilde, malerische Chaos des Basars zusammen mit einer offiziellen Person, noch besser einem Mann, stürzen konnte. Sieben Jahre lang hatte ich das nicht mehr erlebt, und ich hatte große Lust, mich auf diese wunderbare Vielfalt an Verführung einzulassen, aber mein Weg war vorgegeben: die Gasse der Keramiker. Allerdings betrachteten mich die Ladeninhaber eher mit Skepsis als mit Wohlwollen. Ich sah aus wie eine afghanische Frau, aber in ihren Augen benahm ich mich wie eine ausländische Touristin. Ich studierte ihre Verkaufsgegenstände, machte mir Notizen und ließ auch noch Fotos machen. Was sollten sie bloß davon halten?

Ein ungewöhnlicher Anblick, eine Reihe kleiner Tierfiguren, erregte meine Aufmerksamkeit. Ich fand sie bezaubernd und bat den Händler um die Erlaubnis, sie fotografieren zu dürfen. Notizen hatte ich schon, aber ich wollte noch mehr über diese kleinen Skulpturen erfahren. »Können Sie mir sagen, wer sie geschaffen hat?«, fragte ich den Mann. »Meine Frau«, war seine Antwort. »Sie macht meistens Dekorarbeit, aber manchmal auch so kleine Figuren.« – »Und wie heißt Ihre Frau?«, fragte ich weiter. Er erstarrte fast vor Überraschung, blieb stumm. Das überraschte jetzt mich, und ich wiederholte meine Frage. »Sie sind doch Afghanin«, sagte er. »Haben Sie vergessen, dass es für so eine Frage bei uns keinen Platz geben darf?«

Wie ein Blitz überkam mich die Erkenntnis, dass ich eine Sünde begangen hatte. Hatte ich es tatsächlich vergessen, dass in diesem Land eine Frau mit ihrer Heirat ihren Namen verliert, dass ihre Identität sich verändert? Sie wird zur Frau des Soundso, zur Schwiegertochter des Soundso, zur Mutter des Soundso. Und glühend heiß fiel es mir wieder ein, dass ich viele Jahre lang nicht einmal gewusst hatte, wie meine eigene Mutter hieß.

نام داشت

BIN ICH ZU EINER RUSSIN GEWORDEN?

من روس شده‌ام؟

In den drei Jahren, die für unsere Promotion angesetzt waren, konnten wir unsere Kenntnisse vertiefen. Doch der Wunsch, dass in Afghanistan Frieden herrschen möge und wir mit unserem Wissen zurückkehren könnten, blieb ein Wunsch. Regierung und Opposition schienen unauflöslich verstrickt in einen heillosen Machtkampf. In der Sowjetunion führte die Perestroika zu Veränderungen, die sich auf unser Studium allerdings nicht auswirkten.

Im Sommer 1989 packte ich wieder einmal meinen Koffer, um mein verletztes Land und meine Familie zu besuchen. Bei uns war es selbstverständlich, dass jedes Familienmitglied alle wesentlichen Entschlüsse, die sein Leben bestimmten, selbst traf und auch alleine dafür verantwortlich war. Natürlich tauschten wir uns aus, gaben einander Ratschläge, aber weder mein Vater noch meine Schwestern hätten sich je in die Angelegenheiten von Fazl und mir eingemischt, und das galt umgekehrt genauso. Umso mehr überraschte es mich, dass meine Schwester Halima dieses Mal jede Zurückhaltung vermissen ließ. »Was ist denn das für eine Kultur, die dich so beeinflusst hat? Ich habe das Gefühl, du bist schon zu einer Russin geworden.«

Ich war verblüfft. Was konnte sie meinen?

»Ich habe gehört, dass die europäischen und auch die russischen Frauen hundert Mal überlegen, ehe sie sich entscheiden, ein Kind in die Welt zu bringen. Und du bist jetzt genauso. Es ist zu verstehen, dass du erst dein Studium in der Fremde hinter dich bringen wolltest. Aber hast du nicht jetzt genügend Material gesammelt, bist du nicht weit und oft genug gereist? Was hindert dich jetzt daran, ein Kind zu bekommen?«

»Es ist der Krieg, und es ist die Unsicherheit. Soll ich es wirklich riskieren, ein neues Leben in diese harte Welt zu setzen und dann sagen: Gott hat es so gewollt? Ich habe Angst vor dieser Verantwortung.«

Meine Antwort überzeugte sie nicht. Sie sagte so: »Ich glaube fest daran, dass Härte und Not einen Menschen stärker machen, erfindungsreicher und besser für das Leben geeignet. Und noch etwas. Alles, was ihr geben könnt, ist auf ein einziges Kind, auf euren Sohn, gerichtet. Besteht nicht die große Gefahr, dass er zu einem egoistischen Wesen heranwächst, weil er es so sehr gewohnt ist, im Mittelpunkt zu stehen? So wenig ich dafür bin, dass eine Frau Kind auf Kind gebärt, so wenig bin ich dafür, dass man nur eines in die Welt bringt.«

Ich blieb stumm, sie sprach: »Wenn ihr ihn wirklich liebt, dann müsst ihr ihn vor der Einsamkeit retten, der Einsamkeit in schweren, aber auch in guten Momenten. Du müsstest es doch wissen, wie gut es ist, Erlebnisse und Empfindungen mit Geschwistern zu teilen.«

Und so kam es, dass ich von dieser Reise nach Kabul mit neuen Gedanken geschwängert nach Leningrad zurückkehrte, und am 12. Juni 1990 kam in einem wunderschönen Gebäude am Ufer der Newa unser Sohn Milad zur Welt. In der Frauenklinik Otto, ein Name, der mir damals sehr seltsam erschien, gab es keine Glaswand, die Fazl und mich trennte, so wie damals in Taschkent, aber auch hier war Besuchern der Zutritt streng verboten – der Abstand zwischen der Mutter mit dem Neugeborenen und dem Vater mit dem Erstgeborenen betrug sechs Stockwerke. Und noch etwas war anders, sehr anders zum Glück: Ich war nicht mehr sprachlos, einen Dolmetscher brauchte ich nicht.

Die zehn Jahre, die zwischen meinen beiden Söhnen lagen, hatten aus mir eine erfahrene Mutter gemacht. Seine beiden ersten Lebensjahre verbrachte Milad ausschließlich in der Obhut seiner Eltern, in den Armen von Vater und Mutter; er musste nicht, wie damals sein Bruder, vierundzwanzig Stunden am Tag unter den Augen fremder Betreuer sein. Und wenn jetzt bei mir Tränen flossen, dann war nicht Schmerz die Ursache, sondern Freude.

Einen Grund zur Unruhe aber gab es doch. Ich hatte lange Zeit nichts von meinem Vater gehört. Mein Vater, den ich immer als einen wahren Schutz empfand, hatte mir während meiner Schwangerschaft kein Wort des Zuspruchs geschickt, kein Wort eines Glückwunsches zur Geburt. Als ich meine Schwestern brieflich danach befragte, warum unser Vater mir nicht schreibt, erklärten sie, seine Augen seien zu schwach. Das klang nicht überzeugend. Nach einigen Mühen gelang es mir, meine Schwester Hafiza telefonisch an ihrem Arbeitsplatz zu erreichen. »Ich bin kein Kind. Sag mir die Wahrheit«, bat ich sie. Ihre Stimme zitterte, als sie nach einer langen Pause sagte: »Bitte, versteh uns, wir wollten dich schonen. Du kannst Papa nicht mehr sehen. Er ist im April von uns gegangen.«

Meine Befürchtung hatte ein Gesicht bekommen. Nicht nur ich war zutiefst betroffen von dieser Nachricht, auch Milad bekam ihre Wirkung zu spüren. Mit einem Schlag war meine Milch versiegt, ich konnte mein Kind nicht mehr stillen.

Ich erinnerte mich an den Abschied von meinem Vater im letzten Sommer. Er hatte eine Unruhe gezeigt, ein Brennen, das von innen zu kommen schien. Sein Gesicht, seine Augen, wirkten wie von Rauchschwaden überzogen. Aber erst jetzt konnte ich eine dunkle Parallele erkennen: Er hatte ausgesehen wie damals, in den höllischen Augenblicken nach Afifas Ermordung.

قتل

EINE SCHALE WASSER

پیاله آب

Am 31. Oktober 1991 verteidigte Fazl seine Dissertation, und damit war sein Studienaufenthalt in der Sowjetunion endgültig abgeschlossen. Ein paar Monate später erhielt er von seiner Akademie nicht nur die Promotionsurkunde, sondern auch ein kleines Paket. Darin befanden sich ein Flugschein Leningrad – Kabul, ausgestellt auf den 20. Mai 1992, und das entsprechende Visum.

Im April 1992 waren in Afghanistan die Mudschaheddin an die Macht gekommen, eine Rückkehr in die Heimat würde Kämpfe bedeuten, todbringende möglicherweise. Erneut standen wir vor der alten Frage, aber dieses Mal stellte sie sich mit noch größerer Härte: Was sollen wir tun?

In der Sowjetunion hatte die Perestroika Fortschritte gemacht, es gab mehr oder weniger zaghafte Privatisierungsbestrebungen, viele Vorschriften und Gesetze wurden nicht mehr mit der alten Rigidität angewandt. Alle unsere Überlegungen hatten zu einer einzigen Lösung geführt: Nur die Ausreise in ein Drittland könnte die Rettung bringen. Ein Visum durfte sich allerdings nur erhoffen, wer eine mindestens ein Jahr lang geltende

Aufenthaltsgenehmigung für die Sowjetunion vorweisen konnte, weil damit die Rückkehr gewährleistet schien.

Wir hatten das Glück, dass viele unserer Freunde an unseren Schwierigkeiten Anteil nahmen und zu helfen versuchten. Eine Freundin, die eine hohe Position in einer Textilfabrik innehatte, bot Fazl dort einen Arbeitsplatz an, was dazu führte, dass man ihm eine auf ein Jahr befristete Aufenthaltserlaubnis ausstellte.

Die nächste Frage stand an: Wohin sollte er sich wenden? Welches Land könnte eine sichere Station sein für ihn, und damit später für uns vier?

Während meiner Schwangerschaft hatte mich im März 1990 meine Freundin Parastu, die in Deutschland Asyl gefunden hatte, nach West-Berlin eingeladen. Wir hatten uns zehn Jahre nicht gesehen, und ich freute mich sehr auf sie. Ich hatte mich noch nie in einem westlichen, einem demokratischen Land aufgehalten und war über die Maßen neugierig auf so ein Paradies. Fünfzehn Dollar auf den Tisch legen, das war damals alles, was ich tun musste, und schon hatte ich ein gültiges Visum in der Hand.

Von Berlin war ich sehr angetan, aber auch Hamburg und die Autofahrt dorthin begeisterten mich. Der Reichtum, den ich sah, beeindruckte mich, die Sauberkeit, in die mir ganz Deutschland verpackt zu sein schien, faszinierte mich. Rolltreppen kannte ich aus Russland, sie liefen und liefen, ob mit oder ohne Menschen. In Deutschland bewegten sie sich erst, wenn Bedarf da war und ein Mensch sie betrat – und ich glaubte, an diesem Beispiel eine der Grundlagen für den Wohlstand Deutschlands zu erkennen: die Sparsamkeit.

Parastu machte mich auch mit ihren deutschen Nachbarn bekannt. Eine dieser Frauen war sehr an Kunst interessiert und begleitete mich bei vielen meiner Museumsbesuche. An sie dachte ich, als wir uns in der Not befanden, für Fazl eine Einladung in ein Drittland zu organisieren, weil er nur dadurch an ein Touristenvisum kommen konnte. Sie erfüllte unseren dringenden Wunsch. Das Visum, das vom deutschen Konsulat in Leningrad auf Fazl Maqsoodi ausgestellt wurde, galt vom 20. August bis 1. Dezember 1992.

Begibt sich in Afghanistan jemand auf eine Reise, so schüttet man ihm beim Abschied eine Schale Wasser hinterher – man wünscht ihm damit einen glücklichen Weg und vor allem eine gesunde, hell leuchtende Heimkehr. Alle Reisen, die sich im Laufe unseres Zusammenlebens ergeben hatten, waren von dieser innigen Abschiedsgeste begleitet gewesen, dem Wunsch, das helle, klare Wasser möge die Rückkehr sicher machen.

An dem Tag, als ich mit meinen beiden Söhnen neben dem Taxi stand, das unseren Liebsten von uns wegbringen würde, hielt ich keine Schale mit Wasser in meiner Hand.

ZWISCHEN ERDE UND HIMMEL

بین زمین و آسمان

Fazl war auf dem Weg zur Freiheit. Doch ließ er einen wesentlichen Teil seiner Leber zurück – gemeint sind seine Söhne, denn im Persischen gilt zwar auch das Herz als Sitz der Gefühle und Leidenschaften, aber das Symbol der Lebenskraft ist die Leber.

Seine erste Station in Deutschland war Berlin. Unsere Freundin war ihm eine gute Gastgeberin und half ihm auch, einen Brief an den Flüchtlingsbeauftragten der UNO zu verfassen, in dem er um Hilfestellung bat, in einem englischsprachigen Land Asyl zu beantragen. Nach einem kurzen Aufenthalt in Hamburg traf Fazl in München ein, seinem eigentlichen Ziel. Er wollte dort nicht nur Freunde besuchen, sondern vor allem die Akademie der bildenden Künste, weil ein bekannter afghanischer Maler in den 1920er-Jahren dort als Stipendiat gearbeitet hatte; Fazl hatte über ihn eine Arbeit verfasst. Mittlerweile war das Visum abgelaufen, und der Antrag auf Verlängerung wurde, wie zu erwarten, kommentarlos abgelehnt. In der Antwort, die Fazl vom UNO-Beauftragten erhielt, riet man ihm, in Deutschland Asyl zu beantragen, da er sich ja schon auf deutschem Boden befände.

Am 2. November 1992 betrat Fazl das Kreisverwaltungsreferat in München. Er legte seinen Pass vor, und man zog eine iranische Dolmetscherin hinzu. Die zeigte sich überrascht, sogar amüsiert – noch nie habe sie es erlebt, dass ein Afghane mit seinem Pass in der Hand Asyl beantrage. Sie kannte die Abläufe nur so: Jeder Flüchtling wird von seinem Schlepper darauf geeicht, seinen Pass, den echten, den falschen oder beide, unbedingt zu vernichten, ehe es zu einem Behördenkontakt komme. Doch zu seinem Leidwesen konnte auch Fazl seinen Pass nicht behalten. Er wurde eingezogen und durch ein Ausweispapier ersetzt, das ihn als Asylsuchenden kennzeichnete, ein juristisches Papier, das ihm zwar Legalität zubilligte, ihn aber – wie alle anderen Asylbewerber auch – in der Freiheit seiner Lebensgestaltung stark einschränkte.

Es war uns in aller Härte klar, dass von diesem Augenblick an sein Schicksal, wie auch meines und das unserer Kinder, vollkommen davon abhing, wie die deutschen Behörden über uns und unsere Lage urteilen und entscheiden würden.

Im November 1992 stand ich vor einer Kommission der Akademie Astrogonowski in Moskau, um meine Dissertation zu verteidigen, doch die Promotionsurkunde wurde mir erst im März 1993 überreicht. Damit hatten sich alle Begründungen für meinen Aufenthalt in der Sowjetunion verflüchtigt. Aber wohin sollte, wohin konnte ich gehen? Für Leningrad erhielt ich keine Genehmigung. Konnte ich nach Deutschland zu meinem Mann reisen? Nein, weil der Ordner, der seinen Asylantrag beherbergte, irgendwo in einem Regal schlummerte, hoch oben vermutlich, und niemand wusste, wann er herausgezogen würde, nicht der liebe Gott und wir schon gar nicht. Afghanistan als Ziel? Das Land, in dem die Regierung nicht im Mindesten für die Sicherheit seiner Bevölkerung sorgen konnte, Kabul, die

Stadt, die in den dunkelsten Tagen ihrer Geschichte versunken war, die jeder floh, der auch nur einen winzigen Hoffnungsschimmer andernorts erkennen konnte?

Meine Freunde an der Akademie wollten helfen und erklärten in einem Brief an die Ausländerbehörde, dass man mir eine Stelle als Assistentin in der keramischen Fakultät anbiete und deshalb die Verlängerung meiner Aufenthaltsgenehmigung erbitte. Doch wieder war die Antwort ein Nein, eindeutig und ohne Umschweife. Man sei nicht nur ausgelastet, sondern überfordert mit den eigenen Leuten, den vielen russischen Flüchtlingen, die aus den ehemaligen sowjetischen Republiken nach Russland zurückströmten. Alle Türen schienen zugefallen. Es war, als befände ich mich mit meinen beiden Söhnen in einem Vakuum, einem Ort zwischen Erde und Himmel.

In meiner Verzweiflung erinnerte ich mich daran, was ich 1998 während eines zweimonatigen Studienaufenthalts in Tadschikistan erlebt hatte. Ich hatte damals einen der bedeutendsten Literaten des Landes kennengelernt, Kamaladdin Ayni, der mich in ein interessantes Problem einweihte. In Tadschikistan, wie auch in den meisten anderen Sowjetrepubliken, hatte man im Gefolge der Oktoberrevolution zwar die Landessprache beibehalten, für die schriftliche Wiedergabe aber das kyrillische Alphabet zur Vorschrift gemacht. Was bedeutete, dass man in Tadschikistan persisch sprach, aber kyrillisch schrieb. »Mehr als siebzig Jahre hat man daran gearbeitet, diese Aufgabe umzusetzen, und jetzt werden wir wahrscheinlich genauso lange brauchen, um das wieder rückgängig zu machen«, erklärte mir Herr Ayni. »Aber wir haben nicht die Leute dafür, Menschen, die die persische Schriftsprache beherrschen – da brauchen wir einfach Hilfe von außen, Menschen aus Iran und Afghanistan. Du wärst bestens geeignet. Warum willst du zurück nach Afghanistan? Komm doch lieber zu uns, das hier ist auch dein Land.

Du könntest hier sinnvolle Arbeit leisten, du könntest beim Wiederaufbau einer fast verlorenen Sprache helfen.«

Könnte sich hier ein Ausweg auftun? Könnte es für uns von Nutzen sein, wenn ich mithelfen würde, eine verletzte Sprache wieder zu heilen? Ich schrieb also einen Brief an Kamaladdin Ayni, der, wie ich wusste, im Kultusministerium eine Rolle spielte. Es dauerte nicht lange, und ich bekam einen Brief aus dem Außenministerium, der nicht nur ein Stellenangebot enthielt, sondern auch die Aufenthaltsgenehmigung für meine Kinder und mich.

Den Nachrichten war zu entnehmen, dass im Zuge der Perestroika in diversen ehemaligen Republiken der Sowjetunion unruhige, teils auch chaotische Verhältnisse herrschten. Ich wollte mich aus erster Hand informieren und rief Kamaladdin Ayni an. Er sagte so: »Es ist traurig, was ich dir zu sagen habe. Aus Afghanistan kommen andere Kräfte. Keine Menschen, die uns beim Wiederfinden des verlorenen Schatzes unserer Kultur, unserer Sprache, helfen, sondern Mudschaheddin und Islamisten. Und du weißt besser, was sie uns schenken werden: Tod und Zerstörung. Als Freund kann ich es dir nicht empfehlen, dieses Angebot anzunehmen.«

Wie also sollte es weitergehen? So wie ich befanden sich viele afghanische Studenten zwischen Erde und Himmel, und aus diesem Kreis erfuhr ich von einem Russen, der überzeugt war, dass sein Land die Schuld am Krieg in Afghanistan trage, und der deshalb tue, was er könne, um uns Afghanen zu helfen. Und so stand ich bald darauf vor dem Dekan der Auslandsstudenten der Technischen Hochschule in Leningrad, dem Helfer in der Not. »Die Perestroika hat einiges verändert. Es ist uns jetzt erlaubt, gegen Bezahlung auch Privatstudenten aufzunehmen. Was ich für Sie tun kann? Sie können ab September in der Technischen Hochschule den einjährigen Anfängerkurs in

Russisch belegen. Ein Jahr kostet 30 000 Rubel. Wenn Sie einverstanden sind, bereite ich die Papiere vor, und Sie bezahlen morgen in der Buchhaltung.« In dieser Zeit, in der ein Brot 70 Rubel kostete und nicht mehr sieben Kopeken wie zuvor, war diese Summe so gut wie ein Geschenk.

Mit meinem neuen Dokument machte ich mich wieder auf den Weg zur Ausländerbehörde, und wieder stand ich vor derselben Beamtin. Sie nahm meinen Pass, nahm diesen Schein und knallte ihren Stempel darauf. Streng schaute sie mich an: »Sie haben an einer Akademie in Leningrad Ihr Studium abgeschlossen und eine Dissertation auf Russisch verfasst. Das müsste ein Riesenidiot sein, der glaubt, dass Sie jetzt einen Russisch-Anfängerkurs besuchen. Ich kann Ihnen nur empfehlen: Zeigen Sie dieses Dokument nie vor. Zeigen Sie es keinem.«

»Aber wer hat mich denn auf diesen Weg gezwungen?«, fragte ich sie. »Als ich mit einer Arbeitserlaubnis von der Akademie zu Ihnen kam, haben Sie mich abgewiesen. Hätte es für mich auch einen richtigen Weg gegeben?« Stumm überreichte sie mir meinen Pass.

Nicht ein einziges Mal aber sah ich in diesem ganzen Jahr die großmütige Technische Hochschule von innen.

In unser Leben war nun wenigstens wieder etwas Stabilität eingekehrt. Omid konnte weiter zur Schule gehen, Milad wurde in den Kindergarten aufgenommen, der mir einige Jahre zuvor als Rettungsort gedient hatte. Aber all das konnte nicht die Wärme des Vaters ersetzen. Milad schien von ihm nur eine Art bildliche Vorstellung zu haben. Einmal besuchte uns ein afghanischer Freund, und mein Sohn fragte mich auf Russisch, ob das Papa sei. Als ich verneinte, meinte er: »Aber er hat doch einen Schnurrbart.« Mir sprang fast das Herz aus der Brust: Wir haben dieses Kind so sehr beraubt. Es kennt die Nähe und die Liebe seines Vaters so wenig, dass es sie in einem fremden Schnurrbart sucht. Alle vier hatten wir unser Kreuz zu tragen – Omid und ich mit Schmerzen, aber auch mit Hoffnung, Milad in vollkommener Unwissenheit. Am schlimmsten litt Fazl darunter, er, der sich als Vater und Schutz der Familie verantwortlich fühlte, konnte diese Rollen nicht erfüllen. Der Herzinfarkt, der ihn im September 1993 in München in ein Krankenhaus brachte, fast ein Jahr nach seinem Antrag auf Asyl, war ein sprechendes Zeichen.

Seine Situation war so schwierig und so schwer zu leben wie die der meisten Asylbewerber. In unseren nächtlichen Telefongesprächen wurde deutlich, dass Nachrichten aus Russland ihn zwar erreichten, dass diese Informationen aber längst nicht immer zuverlässig und oft sogar einfach falsch waren. Das steigerte seine Unsicherheit, vermehrte aber auch meine, sodass ich mich manchmal fühlte, als trüge ich ein Kleid aus Angst. Fazls Reise, die ihn und dann auch uns in ein Reich von Sicherheit und Freiheit führen sollte, zeigte allmählich ihr anderes Gesicht. Wie lange würde mein Mann diese täglich mit allen Sinnen spürbare Unsicherheit noch ertragen können? Was würde es für uns bedeuten, wenn die Familie zwar irgendwann einmal wiedervereint sein könnte, aber Fazl ein zermürbter, gebrochener Mann wäre?

Für mich stand fest: Es muss etwas geschehen, das unsere peinigende Lage zum Guten verändern, unsere Trennung aufheben würde. Ich schrieb zwei Briefe – einer war an den russischen Präsidenten Jelzin adressiert, der andere an die Menschenrechtskommission in Moskau –, in denen ich die Situation meiner Familie schilderte und um Asyl in Russland bat. Die Antworten schickten mich auf einen langen Weg von Behörde zu Behörde, jeder Schritt aufgeladen mit Hoffnung – doch alles, was am Ende dabei herauskam, war ein erneutes Nein.

Eine gute Nachricht aber gab es in dieser Zeit. Das Münchener Kulturreferat ermöglichte Fazl eine Ausstellung seiner Bilder. Wir waren euphorisch und glaubten fest daran, dass ich ein Visum erhalten würde, um dabei sein zu können, und sei es nur für zwei, drei Tage. Mit der offiziellen Einladung und weiterem Material versehen, wandte ich mich an das deutsche Konsulat im ehemaligen Leningrad, das jetzt wieder seinen alten Namen trug: St. Petersburg. Doch ich stieß auf Granit – nicht einmal durch meine flehentliche Erklärung, dass ich meine beiden Kinder als Pfand zurücklassen und deshalb ganz bestimmt zurückkehren würde, ließ sich die Bürokratie erweichen.

Aber die Freude besiegte unsere Enttäuschung. Als ich mit Fazl in der Nacht der Eröffnung telefonierte, sprach ich mit einem Mann, der glücklich war, der seit mehr als einem Jahr zum ersten Mal wieder glücklich war. Die Anerkennung, die seine Arbeit erfuhr, bedeutete ihm viel, die Resonanz in den Medien und die Wirkung, die seine Bilder auf die Betrachter hatten, stärkten ihn.

Aber nichts von all dem wirkte sich auf das Asylverfahren aus. Die Stagnation war hartnäckig, Fazls Akte schlummerte vor sich hin wie eh und je.

Ich hatte das Gefühl, dass niemand seine Ohren öffnen wollte, um sich auf unsere Geschichte einzulassen, kein Mensch in Deutschland und kein Mensch in Russland. Meine Gedanken kreisten und kreisten. Ein offizieller Weg würde sich nie mehr für uns auftun. Was also blieb? Müsste auch ich mich, wie so viele andere, einem Schlepper anvertrauen? Diese Vorstellung war mir fast unerträglich, ein Bild, das vollkommen in Lügen gehüllt war – ein falscher Name, ein falscher Pass, ein falscher Ort, ein falscher Geburtstag. So viele Menschen sind schon verloren gegangen auf diesem lügenreichen Weg, weil niemand ihre Spuren verfolgen, ihre wahre Identität herausfinden konnte. Durfte ich so ein Schicksal für meine Kinder und mich riskieren?

Und wieder einmal kam mir der Engel der Kunst zu Hilfe. Eine holländische Malerin, die in St. Petersburg an einer Ausstellung teilnahm, erklärte sich bereit, für mich eine Präsentation in Holland zu organisieren.

Mit dieser Einladung machte ich mich auf den Weg zum holländischen Konsulat. Eine wunderschöne Pappelallee führte direkt auf das Gebäude zu, und ich hatte das Gefühl, diese silbrigen Pappelblätter zitterten so heftig wie ich, aber wohl nicht aus Angst und Aufregung. Man behandelte mich mit Freundlichkeit, ließ mich diverse Formulare ausfüllen und erklärte mir, in einer Woche könnte ich mir den Bescheid abholen.

Ein und dieselbe Flut von Gedanken stürzte immer wieder von Neuem durch meinen Kopf. Was, wenn ich ein Visum erhalte, es aber nur für mich gilt? Dürfte ich dann die Bitte wagen, dieses Visum auch auf meine Kinder auszudehnen, zumindest auf meinen vierjährigen Sohn Milad? Mit Omid, meinem fast vierzehnjährigen Sohn, hatte ich unsere Situation wieder und wieder besprochen und von allen Seiten beleuchtet. Diese zwei schwierigen Jahre hatten ihn geprägt und wohl auch in unerwartetem Maße reifen lassen. Er wollte seinen Beitrag leisten. »Wenn du kein Visum für uns alle drei bekommst, Mama, dann bleibe ich hier. Du musst nur versuchen, Milad mitzunehmen. Mach dir keine Sorgen, irgendwann finden wir auch für mich einen Weg.« So wunderbar und großzügig wir die Haltung unseres Sohnes auch fanden, dass wir sein Angebot annehmen würden, war undenkbar – obwohl eine russische Freundin erklärt hatte, sie würde im Notfall wie eine Mutter für ihn da sein.

Äußerlich ruhig und gefasst, fand ich mich wieder im holländischen Konsulat ein. Man überreichte mir meinen Pass. »Dieses

Visum gilt für alle in diesem Pass aufgeführten Personen, für Mahbuba, Omid und Milad Maqsoodi.«

Ich wollte schreien vor Erleichterung, erlaubte mir das aber nicht. Ich bedankte mich und verließ das Gebäude. Und so war es ein Pappelbaum, der meine übergroße Freude mit mir teilen musste, nicht unbedingt zu seinem Segen. Ich riss einen Streifen Rinde von seinem Stamm, weil ich zwar einen Stift, aber kein Papier bei mir hatte. Darauf schrieb ich: »Es ist gelöst.«

Und so traf ich Anfang Juli 1994 zusammen mit meinen beiden Söhnen und einer Vielzahl von Bildern und Keramikobjekten am Flughafen Schiphol in Amsterdam ein.

Deutschland

TRÄNENFLUT

سیل اشک

Zwei Jahre lang hatten wir alle vier, jeder auf seine Weise, davon geträumt und es herbeigesehnt, wieder zusammen zu sein, das Leben wieder miteinander zu teilen. Zwei Jahre lang war jeder von uns mit dem Schmerz der Trennung auf seine Weise umgegangen, hatte ihn gefühlt, gerochen, in sich hineingesogen. Jetzt, an einem hellen, sonnigen Julitag am Bahnhofsplatz der Stadt Aachen, war der Augenblick gekommen, in dem sich unsere inneren Welten Bahn brachen, sich wie in einem Spiegel nach außen kehrten.

Omid umarmte seinen Vater, und es war, als hätte sich die Unzahl der Tränen, die aus seinen großen schwarzen Augen strömten, endlich befreien können aus dem Gefängnis guter und vernünftiger Haltung, in dem sie zwei Jahre lang eingeschlossen waren. Auch Fazl, der endlich den Sohn wieder in seinen Armen halten durfte, konnte den salzigen Fluss seiner Tränen nicht zügeln.

Milad war bestürzt. Warum war der Bruder so traurig, warum weinte er so abgrundtief? Noch nie hatte er seinen großen Bruder so erlebt. Er streichelte Omids Hand, versuchte ihn zu trösten.

Den Mann an seiner Seite betrachtete er mit vorsichtiger Skepsis. Das sollte Papa sein? Obwohl er keinen Schnurrbart hatte?

Ich selbst bemühte mich, ruhig und gefasst zu erscheinen, auch wenn mein ganzes Inneres in Aufruhr war. Ich wollte um alles in der Welt kein Aufsehen erregen, die Dinge so gut wie möglich unter Kontrolle zu halten, das war mein Ziel – selbst um den Preis anscheinender Kälte.

Mir war sehr klar, dass diese Zeit der Trennung ihre Spuren hinterlassen hatte, in jedem von uns. Fazl schien mir sensibler, auch emotional empfindlicher geworden zu sein, Milad musste einen Vater akzeptieren, den er als einen Fremden empfand, und wie sehr Omid den Vater vermisst haben musste, das erkannte ich erst jetzt in aller Härte und Deutlichkeit.

Mir war ebenso klar, dass wir uns nicht nur in einem neuen Land befanden, in einer fremden und anspruchsvollen Umgebung, sondern dass es auch darum gehen würde, unsere Beziehungen zueinander und untereinander, unser ganzes Familiengeflecht, neu zu justieren.

Meine Kinder und ich hatten Rückfahrkarten nach Russland und auch das entsprechende Visum, aber natürlich hatten wir nicht die geringste Absicht, diesen vom Konsulat vorgesehenen Weg zu gehen. Fazl lebte jetzt in München, also war diese Stadt auch unser Ziel.

Die Bahnfahrt von Aachen nach München verlief gut, obwohl Fazl sehr aufgewühlt war, weil er sich unerlaubt von seinem Aufenthaltsort entfernt hatte. Und so erreichte ich mit meinen Kindern am 19. Juli 1994 die Erstaufnahmeeinrichtung in der Münchener Untersbergstraße und stellte dort einen Asylantrag für uns drei. Ich bat darum, dass man uns, wenn möglich, eine Unterkunft in München gewähren möge, weil auch mein Mann als Asylbewerber hier untergebracht sei. Diese Bitte wurde uns erfüllt.

Die Asylantenunterkunft war ein mehrgeschossiges Gebäude, in dem man uns ein Dreibettzimmer zuwies. Auf jeder Etage befanden sich Gemeinschaftsküchen und Waschräume, die von einem Reinigungsdienst in bester Ordnung gehalten wurden – eine Ordnung, die allerdings meistens innerhalb kurzer Zeit von den Bewohnern wieder schlimm zerstört wurde. Einmal die Woche wurden Essenspakete mit Vorräten verteilt, und jeden Morgen gab es frische Brötchen. Zur Unterhaltung dienten ein Fernsehraum und ein Billardzimmer, doch ich hielt mich mit den Kindern die meiste Zeit des Tages im gegenüberliegenden Park auf. Ich war erstaunt, dass niemand die reichen Obstbestände in diesem Park erntete. Warum das so war, hätte ich gerne gewusst, aber meine Deutschkenntnisse reichten nicht aus, um das zu erfragen. Also konnte ich nur den Schluss ziehen, dass dieses Deutschland wohl ein sehr reiches Land sein musste. Ja, ich hatte schon davon gehört, dass in Deutschland das Geld auf den Bäumen wächst – und nun sah ich das mit eigenen Augen.

Als Nächstes mussten wir uns einer gründlichen Gesundheitsinspektion stellen. Ich wusste, dass Fazl auf die offizielle Befragung zur Asylbegründung etwa ein Jahr lang hatte warten müssen. Uns kam es nun zugute, dass die Regierung eine neue Regelung erlassen hatte, nach der jeder Asylsuchende innerhalb von drei Monaten einen rechtsgültigen Bescheid über seinen Antrag erhalten sollte.

Der Termin meiner Befragung war für acht Uhr morgens angesetzt. Diese Stunde würde meinem Leben eine neue Richtung weisen – Stabilität, Hoffnung, Freiheit, Offenheit oder Heimatlosigkeit, Unsicherheit, Unwissenheit. Diese zitterlichen Gedanken beherrschten meinen ganzen Körper. Kann ich so klar sprechen, dass uns dieser Schutz geschenkt wird?

Als ich den Raum betrat, in dem sich die Sachbearbeiterin zusammen mit einem Dolmetscher befand, hielt ich einen ganzen

Stapel von Dokumenten und anderen Papieren in den Händen. Die Frau warf einen kritischen Blick darauf und erklärte dann, man solle den als nächsten geplanten Termin verschieben – der jetzt anstehende würde mit Sicherheit sehr viel Zeit in Anspruch nehmen. Als dieser Satz für mich übersetzt wurde, wuchs meine Beklemmung. Er war ein Zeichen dafür, wie schwer das Gewicht meiner Verantwortung war. Meine Schultern senkten sich.

Vier Stunden lang wurde ich befragt, wurden meine Unterlagen genauestens überprüft. Es erwies sich als sehr sinnvoll, dass Fazl viele unserer Dokumente schon im Vorfeld hatte übersetzen lassen, und es war auch kein Schaden, dass ich neben den notwendigen klassischen Ausweispapieren und Dokumenten eine Vielzahl von Abbildungen und anderen Nachweisen meiner künstlerischen Tätigkeit mit mir führte. Das Kernproblem aber, um das sich in diesen vier Stunden alles drehte, war die Frage, warum unsere Familie nicht nach Russland zurückkehren wollte. Besonders beeindruckte mich dabei die Tatsache, dass alle Fragen und alle meine Antworten protokolliert und mir dann noch einmal im gesamten Wortlaut vorgetragen wurden, um Irrtümer oder Unklarheiten auszuschließen. Ich empfand das als sehr respektvoll Asylbewerbern gegenüber und erkannte darin auch ein überwältigendes Zeichen deutscher Gründlichkeit.

Am Ende der Befragung bat mich die Frau, die mir so lange zugehört hatte, um die Erlaubnis, das Album mit den Fotos unserer Arbeiten auch einer Kollegin zeigen zu dürfen. Als sie nach etwa zwanzig Minuten ins Zimmer zurückkam und wir uns verabschiedeten, sagte sie zu mir: »Willkommen in Deutschland. Sie werden hier Fuß fassen.«

جای پای

EINE SPUCKENDE WAND

دیوار تف کننده

Nun wollten wir das Land, auf dem all unsere Hoffnungen auf eine zweite Heimat ruhten, Schritt für Schritt näher kennenlernen. Die Kinder und ich versuchten, das Fremde zu erkunden, zu sehen, zu hören, zu riechen, zu erschmecken, jeder so gut er konnte. Fazl hatte uns dabei zwei Jahre Erfahrung voraus und tat sein Bestes, uns diesen Weg zu erleichtern.

Schon unser erster Spaziergang zu viert bot dafür ein Zeichen. »Ihr dürft da nicht gehen«, rief er plötzlich, als wir die Straße zum Park einschlugen. »Das ist ein Radweg!« Ein Radweg, was war das denn? Fazl erklärte uns, dass ein Radweg dazu da sei, die Fußgänger vor Radfahrern zu schützen und umgekehrt. Wir verstanden das und fanden es gut. Aber diese Einsicht auch umzusetzen fiel uns erstaunlich schwer. Immer wieder ertappten wir einen von uns oder sogar zwei oder drei, die nicht auf dem Gehweg, sondern auf dem Radweg unterwegs waren. Und mir wurde klar, dass noch ein Berg von Gewohnheiten vor uns lag, die es zu verändern galt.

Was auf den ersten Blick wie eine leichte Übung wirkte, war das Einkaufen. Ob das Lebensmittel waren oder Kleidung, alles war mit fixen Preisen ausgezeichnet, man brauchte nicht zu handeln, legte alles in den Einkaufswagen, fuhr zur Kasse, legte Stück für Stück aufs Laufband, die Kassiererin streichelte jeden Gegenstand mit einem Gerät, die Summe erschien auf einem kleinen Bildschirm, und man bezahlte. Wörter oder gar ganze Sätze waren dabei nicht nötig.

Wie anders war das doch in Afghanistan. Ohne Sprache wäre man dort verloren. Meine erste Lektion im Handeln erfuhr ich bei einem Verwandtenbesuch in Kabul. »Mahbuba, jeder Händler auf dem Basar wird auf den ersten Blick erkennen, dass du aus der Provinz kommst«, sagte mein Cousin zu mir. »Wenn dir jemand einen Preis für eine Ware nennt, musst du immer nur die Hälfte bieten, auf keinen Fall mehr.« Ich war verwundert, denn mir erschien das wie Betrug, fast wie Diebstahl mit System. Das war es wohl auch, und ich konnte meine eigene Erfahrung machen. Als ein Händler mir eine Summe nannte, war ich zwar innerlich von Scham erfüllt, erklärte aber tapfer, ich wäre bereit, die Hälfte zu zahlen. Er widersprach heftig: »Das geht auf keinen Fall. Dabei kann ich nur verlieren!« Also drehte ich mich um und verließ seinen Laden. Ich war kaum ein paar Schritte gegangen, da rief er mir nach: »Gut. Nicht Ihren Preis und nicht meinen Preis. Machen wir drei Viertel.« Ich blieb hart und setzte meinen Weg fort. »Kommen Sie, kommen Sie doch zurück«, seine Stimme war weicher geworden. »Ich schwöre, ich schwöre, ich mache keinen Gewinn dabei, ich verliere. Aber was soll ich tun, Sie sind die Erste heute, Schwesterchen. Wie könnte ich Ihnen das nicht geben.« Ich hatte mein Ziel erreicht, weil ich den Rat nutzte.

Ich hätte noch weitere Ratschläge brauchen können. In Deutschland stand ich nämlich vor einer anderen Art von Basar – einem Angebot in Hülle und Fülle, einer riesigen Anzahl von Artikeln jeglicher Art in unterschiedlicher Qualität und zu unterschiedlichen Preisen. Wie sollte ich mich da zurechtfinden, was sollte ich wählen? Mir fehlten alle Kriterien der Beurteilung. Und wenn ich etwas wählte, dann musste ich oft erkennen, dass es mein Budget überstieg.

Die nächste Überraschung stand mir bevor. Fazl ging mit mir zu einer Bank. Er steckte eine kleine Karte in einen Schlitz in einer Wand, drückte ein paar Ziffern, es ratterte ein bisschen, und schon spuckte diese Wand Geldscheine aus. Das schien mir simpel und höchst angenehm. Dass in Deutschland das Geld auf den Bäumen wächst, war mir nichts Neues, und nun machte ich die Erfahrung, dass sogar Wände diese schönen, schweren Früchte tragen. Fazl griff mein Bild auf und vervollständigte es auf drastische Weise: »Damit diese Wand Geld spucken kann, musst du erst einmal deinen Arbeitgeber zufriedenstellen, und dafür musst du dir gehörig den Arsch aufreißen. Und selbst wenn du ein großer Könner auf deinem Gebiet bist, wird man dir jeden Tropfen Saft aus deinem Körper saugen. Um Fuß zu fassen, musst du doppelt arbeiten, dich doppelt beweisen.« Ich hörte mir das an und mir wurde klar: Es würde nur ein Rezept für uns geben. Wir müssten lernen und wieder lernen und neu anfangen, und zwar so, dass der Saft in unseren Körpern frisch bleiben und nicht vertrocknen würde.

Fazl hatte durch seine Ausstellung einen Kreis von Künstlern und Sammlern kennengelernt. Einer dieser Freunde hatte ihm vorübergehend sogar ein Atelier zur Verfügung gestellt, und ich war glücklich, nun endlich auch diese Menschen erleben zu dürfen, die meinem Mann, einem unbekannten Asylanten, ihr großzügiges Herz gezeigt hatten. Ein weiteres Ehepaar, mit dem Fazl sich angefreundet hatte, stand vor einer Skandinavienreise, aber als sie hörten, dass er nun endlich wieder mit seiner Familie vereint war, luden sie uns noch am Abend vor ihrer

Abreise zu sich ein. Der Mann war ein kunstinteressierter deutscher Ingenieur, seine französische Frau Josette war Malerin, wir unterhielten uns auf Englisch und verbrachten ein paar schöne Stunden zusammen. Die Regale in diesem Wohnzimmer bogen sich unter der Bücherlast, von den Wänden strahlten mir Josettes Bilder entgegen, und in einer Ecke entdeckte ich sogar eine keramische Arbeit von mir, die sie in Fazls Ausstellung erworben hatten. Dieser Abend blieb mir aus vielen Gründen im Gedächtnis. Einer davon ist, dass ich dort das erste Glas Rotwein meines Lebens trank und dabei erfuhr, dass auch Oliven und Käse unvermeidlich zur deutsch-französischen Gastfreundschaft gehören. Die größte Überraschung aber, eine Geste unerwarteter und eigentlich unvorstellbarer Herzlichkeit, ereignete sich, als wir uns verabschiedeten. Die Gastgeber drückten uns die Schlüssel zu ihrer Wohnung in die Hand. »Die drei Wochen lang, die wir jetzt unterwegs sein werden, soll Ihnen unsere Wohnung mit allem Drum und Dran zur Verfügung stehen. Wir möchten, dass Sie sich bei uns wohlfühlen, und hoffen, dass wir es Ihnen damit ein bisschen leichter machen.« An die ausufernde afghanische Gastfreundschaft waren wir gewöhnt – aber dieses Geschenk von Vertrauen versetzte uns in tiefe Freude.

Offiziell wohnten wir im Asylantenheim, aber unsere Tage und Nächte verbrachten wir in den schönen Räumen von Norbert und Josette. Nur Omid musste jeden Morgen in die U-Bahn steigen und zur Untersbergstraße fahren, wo er die Frühstücksbrötchen in Empfang nahm und einmal in der Woche auch das Essenspaket, um dadurch unsere Anwesenheit zu bestätigen. Meine neue Umgebung – die Isar, das Deutsche Museum, die Stuck-Villa, die Muffathalle, das Kulturzentrum am Gasteig – begeisterte mich so sehr, dass ganz im Geheimen in mir die Wunschvorstellung auftauchte, vielleicht einmal sogar hier wohnen zu dürfen. Auch Omid tauchte tief in etwas ihm völlig Neues ein: das Lego-Land. Stunden um Stunden verbrachte er im Kinderzimmer auf diesem für ihn so reizvollen Kontinent, baute auf und baute um, zerstörte und errichtete von Neuem.

Es war so vieles, fast alles neu in meiner Welt, und natürlich kostete es Kraft, all das aufzunehmen und zu verarbeiten. So gab es auch sehr belastende Momente, aber zum Glück war ich verliebt in alles Neue, alles Frische. Ich fühlte mich wie ein Schwamm, der sog und sog und in sich aufnahm, was er fassen konnte – weil ich frisch und lebendig bleiben wollte. Denn austrocknen wollte ich nicht, auf keinen Fall.

به‌هیچ
صورت

AMTSDEUTSCH

زبان اداری آلمانی

Wir waren angespannt, voller Erwartung, voller Angst, voller Hoffnung. Ob wir in eine Semmel bissen, eine Konservendose öffneten, ein Tiefkühlhühnchen in das Backrohr schoben, die ungenutzten Äpfel im Park betrachteten oder gelegentlich auch pflückten – überall und jederzeit beherrschte uns der Gedanke: Werden wir als Asylsuchende anerkannt? Werden wir diesen Schutz bekommen? Jeden Morgen konnte man es an der Postverteilstelle erleben: glückstrahlende Gesichter, aber auch tieftraurige. Zu welcher Gruppe würden wir gehören?

Am 16. September 1994 erhielt ich einen Brief, der einen Stempel der Regierung trug. Ich riss ihn auf. Ich hatte in Russland schon etwas Deutsch gelernt, nicht allzu viel, aber ich konnte einiges lesen und verstehen. Ein Wort in diesem Brief sprang mir entgegen, es war fetter gedruckt, und es hieß »anerkannt«. Alle anderen Wörter aber blieben mir ein Rätsel. Ich lief in unser Zimmer, stürzte mich aufs Wörterbuch, schlug jedes einzelne Wort nach und versuchte zu übersetzen. Doch alle Zusammenhänge waren mir schleierhaft, einzig dieses kostbare Wort »anerkannt« schien mir Bedeutung zu vermitteln, ließ mich hoffen. Mir war bewusst, dass meine Deutschkenntnisse noch längst nicht genügten, dass ich diese Sprache lernen musste und lernen wollte. Doch selbst heute noch, nach mehr als zwanzig Jahren in Deutschland und vielen Büchern, die ich auf Deutsch gelesen habe, befinde ich mich in der Situation von damals, wenn ich ein amtliches Schreiben in der Hand halte: Es bleibt mir weitgehend rätselhaft.

Auf den Brief, der die Asylgewährung für meine Kinder und mich bestätigte, folgte bald ein weiterer amtlicher Brief, der besagte, dass unser Aufenthalt in der Erstaufnahmeeinrichtung nun nicht weiter begründbar sei. Unsere neue Bleibe sei die Gemeinschaftsunterkunft am Leonrodplatz, das Asylantenheim, in dem auch Fazl wohnte.

In unserem Zimmer befanden sich zwei Etagenbetten und zwei schmale Spinde, von denen einer schon völlig angefüllt war mit gerollten Grafiken und Gemälden. Fazls bisherige Mitbewohner wurden ausquartiert, und unsere Söhne und ich konnten einziehen. Als ich in der ersten Nacht in einem der oberen Betten unter dieser Zimmerdecke lag, stellte ich mir die Tränen vor, die unter ebendieser Decke während der Zeit unserer Trennung aus Fazls Augen geflossen sein mochten. Es waren wohl schmerzliche Tränen gewesen, aber sie bargen auch die Hoffnung, dass es für ihn und seine Familie irgendwann Sicherheit und Geborgenheit geben würde. Das Licht dieser Hoffnung war nun zum Leuchten gebracht worden.

Am nächsten Morgen traf ich im Flur eine Frau, die auf mich nicht den Eindruck einer Asylantin machte. Höflich begrüßte ich sie mit einem »Guten Tag«. Sie schaute mich an und sagte: »Grüß Gott.« Das klang für mich sehr fremdartig, weil mir meine Lehrerin in Russland beigebracht hatte, dass es in Deutschland heißt: Guten Morgen, Guten Tag, Guten Abend, Gute Nacht.

War sie Ausländerin, die in einer mir unbekannten Sprache redete? Mein Mann klärte mich auf. »Doch, doch, Mahbuba, das ist auch Deutsch.«

Fünf Tage später setzte der Stempel seines Rechtsanwalts einen Schlusspunkt unter die siebenhundertdreißig Tage und Nächte, die Fazl hatte warten müssen. Sein Asylverfahren war abgeschlossen. Deutschland hatte entschieden, ihm und seiner Familie Schutz zu gewähren.

Omid besuchte ab September die Realschule; er kam in eine Klasse, in der ausschließlich ausländische Kinder unterrichtet wurden. Das Hauptziel des Unterrichts war das Erlernen der deutschen Sprache. Auch für Fazl und mich waren Deutschkurse vorgesehen, aber wir mussten noch auf gewisse Dokumente warten. Milad sprach weiterhin nur sein kindliches Persisch und Russisch, ein Platz in einem Kindergarten stand nicht in Aussicht.

Anfang Oktober lud uns die Leiterin der Gemeinschaftsunterkunft, die türkische Mitbürgerin, die ich an meinem ersten Morgen auf dem Flur begrüßt hatte, zu einem Gespräch. Wieder erschallte ihr herzliches »Grüß Gott!« Dann eröffnete sie uns, dass wir nun als anerkannte Asylanten keine Berechtigung mehr hätten, in diesem Haus, das Asylbewerbern vorbehalten sei, wohnen zu bleiben. Sie erklärte uns, welches Sozialamt wir aufsuchen müssten, um eine neue Wohnmöglichkeit zu bekommen, und gab uns dafür sieben Tage Zeit.

Auf dem Sozialamt erhielten wir die Adresse einer Pension, die sich an der westlichen Grenze Münchens befand. Wir sollten uns in diesem Haus das für uns vorgesehene Zimmer anschauen und entscheiden, ob wir es passend fänden. Gleichzeitig erklärte man uns, dass das Wohnungsangebot äußerst begrenzt sei, man dort aber für Milad möglicherweise einen Kindergartenplatz organisieren könne. Die Zusage des Kindergartens, Milad aufzunehmen, war dann auch ausschlaggebend für uns, in diese Pension zu ziehen.

Im Dezember begannen unsere Deutschkurse. Fazl belegte die Vormittagsstunden, ich wählte den Nachmittagsunterricht, weil wir so am besten für die Kinder sorgen konnten. Die ganze Familie war also schwer damit beschäftigt, sich genau mit dem auszurüsten, was am allernötigsten war, der Sprache.

Erst an den Abenden waren wir dann wieder vereint in unserem Fünfundzwanzig-Quadratmeter-Reich dieser Pension. In drei Ecken standen die Betten, in der vierten befand sich ein Tisch mit einer elektrischen Zwei-Flammen-Kochplatte. Alles, was wir vier an Tageserlebnissen mit nach Hause brachten, an Verständnisschwierigkeiten, Schulproblemen, Kindergartenaufregungen und ähnlichen Kalamitäten, musste bewältigt werden und führte nicht selten auch zu Reibungen. Unsere Geduld, einander zuzuhören und aufeinander einzugehen, wurde immer dünner, und schon Kleinigkeiten konnten sich zu Störungen auswachsen. Die Atmosphäre erschien uns zunehmend belastend, weil es für keinen von uns eine Rückzugsmöglichkeit gab, keinen noch so kleinen Fleck, an dem einer auch einmal für sich sein konnte. Meine Gedanken kreisten immer häufiger um die Frage: Wie könnte eine Lösung aussehen? Wie könnten wir uns befreien von der Last all der Geräusche und Gerüche, die so unvermeidlich waren auf so engem Raum?

Ich fühlte mich jetzt als ein freier, gesicherter, stabiler Mensch, und als solcher erlaubte ich mir herauszufinden, wie hoch die Summe war, die der Staat monatlich für unsere Unterkunft aufwandte. Ich erkundigte mich beim Sozialamt, und die Antwort machte mich fassungslos: Die Miete für dieses Pensionszimmer belief sich auf mehr als DM 1000,– pro Monat. Die Sachbearbeiterin klärte mich darüber auf, dass einer vierköpfigen Familie als Wohngeld ein Betrag von bis zu DM 1200,– zustehe. Eine

Sozialwohnung könne man uns nicht zur Verfügung stellen, die Warteliste sei so lang, dass man ihr Ende nur erahnen könne. Aber es gebe natürlich auch den freien Markt. »Wenn Sie eine Wohnung mit einer Miete unter DM 1200,– finden, können Sie auf der Stelle umziehen.«

Ich war Feuer und Flamme, dieser neue Gedanke begeisterte und beherrschte mich. Mein Mann war, wie immer, vorsichtiger und wollte zunächst einmal unsere afghanischen Freunde um ihren Rat bitten, ehe wir uns auf Wohnungssuche machen wollten. Deren Ratschläge waren eindeutig. Auf gar keinen Fall sollten wir das tun, Geduld sollten wir haben, Geduld, Geduld. Das war das Einzige, wozu sie uns rieten. Andernfalls würden wir uns jede, aber auch jede Chance verbauen, jemals zu einer günstigen Sozialwohnung zu kommen. Und ohnehin sei es in höchstem Maße fraglich, ob es uns als Flüchtlingen überhaupt gelingen würde, eine Wohnung auf dem Markt zu finden.

Diesen Rat schlugen wir in den Wind, auch deshalb, weil wir unsere Rolle als Sozialhilfeempfänger bedrückend fanden und sie so schnell wie möglich hinter uns lassen wollten. Und so kam es, dass man mich und meine Zeitungsseiten voller angekreuzter Inserate während der nächsten Wochen sehr häufig in einer Telefonzelle antreffen konnte.

Am 24. März 1995 bezogen wir eine Drei-Zimmer-Wohnung in der Forstenrieder Allee, durften in unsere erste eigene Badewanne steigen, und zum Schlafen konnten Kinder und Eltern sich in ihre eigenen Räume zurückziehen.

GRÜSS GOTT

سلام

In den letzten Maitagen des Jahres 1995 näherte sich unser Sprachkurs seinem Ende. Ich hätte so gerne weiter und tiefer Deutsch gelernt, aber die Kurse, für deren Kosten das Arbeitsamt aufkam, waren auf sechs Monate beschränkt, und für Privatunterricht fehlte uns das Geld.

Die Dozentin des Goethe-Instituts wollte uns nun vor allem auf die Arbeitswelt vorbereiten. Sie brachte uns bei, wie wir eine Bewerbung formulieren, einen Lebenslauf erstellen, wie wir uns am Telefon oder bei einem Vorstellungsgespräch verhalten sollten. Das ging so weit, dass sie uns sogar Vorschläge machte, wie wir uns kleiden sollten. »Sie selbst haben den Schlüssel zu Ihrer Zukunft in der Hand. Machen Sie sich nicht zu sehr vom Arbeitsamt abhängig. Obwohl das ein Amt für Arbeit ist, kommt von denen in der Regel wenig.« Sie legte es uns geradezu ans Herz, auf keinen Fall zu schnell aufzugeben. Sollten wir eine Stelle finden, die uns geeignet schien und die wir uns zutrauten, sollten wir auch bei einem Nein unbedingt weiter am Ball bleiben, erneut nachhaken und nachfragen und so unser Interesse und unsere Ernsthaftigkeit unterstreichen. Das verblüffte mich – es war ein Verhalten, das für jeden Afghanen unvorstellbar war; sein Stolz wäre zutiefst verletzt, er würde sich als Bettler empfinden.

Wir hatten nun also endlich nicht nur unsere Pässe in der Hand, sondern auch ein Zertifikat, das uns Deutschkenntnisse bestätigte. Und damit hieß es jetzt: Arbeit suchen. Doch bald holte uns eine trübe Erkenntnis ein. Beide waren wir arme, harmlose Künstler, die mit dem, was sie an Talent und Erfahrung mitbrachten, nicht einmal in der Lage waren, ein Existenzminimum zu erwirtschaften. Ich studierte die regionalen und die überregionalen Blätter, saß Stunden am Computer im Arbeitsamt und sondierte die angebotenen Stellen, ich fragte bei Freunden und Bekannten nach, und musste schließlich erkennen und auch einsehen, dass ich als Künstlerin keine Arbeit finden würde, dass ich nicht die kleinste Chance hatte. Ich hatte zwar ein hochrangiges Keramik-Diplom, aber das klassische Töpfern hatte ich nie gelernt, also war mir auch dieser Weg versperrt. Ich musste von einem Amt zum anderen rennen und wieder zurück – Arbeitsamt, Wohnungsamt, Sozialamt –, und ich fragte mich, wo sollte jemand, der normal beschäftigt ist, denn diese ganze Zeit hernehmen? Dieses ständige Hin und Her, diese ganze Lauferei, machte mein Herz so dünn wie ein Haar.

Wir wohnten zwar mittlerweile in Forstenried, aber Milad besuchte weiterhin den Kindergarten in Neuaubing, weil wir ihn nicht aus seiner vertrauten Umgebung reißen wollten; lieber nahmen wir zweimal täglich den einstündigen Weg auf uns. Auf einer dieser Fahrten lernte ich eine rumänische Künstlerin kennen, die meine Situation aus eigener Erfahrung kannte. »Die Malerei kann Ihnen niemand wegnehmen«, sagte sie zu mir. »Aber Geld verdienen können Sie damit ganz sicher nicht. Von meinen Bildern könnte ich nicht leben, aber von meiner

Arbeit als Zahntechnikerin lebe ich sehr gut. Glauben Sie mir, alle Welt will schöne Zähne haben, aber ein schönes Bild, das können sich nur Reiche leisten. Es ist wie ein Leckerbissen für die, die sowieso schon satt sind. Überlegen Sie sich das: Werden Sie doch Zahntechnikerin, so wie ich das gemacht habe.«

Mir fiel eine Episode ein, die ich am Flughafen in Kabul erlebt hatte. »Was studieren Sie im Ausland?«, hatte mich ein Zollbeamter gefragt. »Keramik? Ist Ihnen wirklich nichts Besseres eingefallen?« Damals fühlte ich mich gekränkt, aber jetzt beschlichen mich tatsächlich Zweifel an meiner Berufswahl. Hatte ich nicht doch eine falsche, zumindest eine ungünstige Wahl getroffen? War ich vielleicht doch ein bisschen verrückt? Innerlich versuchte ich, mich zu verteidigen: Nein, es waren die politischen Entwicklungen, es war der Krieg, der mich in diese Lage gebracht hatte. Wenn ich in meinem Heimatland die Luft des Friedens atmen könnte, würde ich zur Zahl derer gehören, die man dort braucht, könnte ich meinem Land, das mir ein großzügiges Stipendium gewährt hatte, jetzt auch etwas zurückgeben. Hier allerdings brauchte mich niemand, konnte keiner etwas anfangen mit meinen Kenntnissen. Was also blieb mir übrig, als mich neu zu orientieren? Könnte eine Umschulung der nächste sinnvolle Schritt sein auf dem Weg zu Unabhängigkeit und Selbstbestimmung?

Um mich in dieser Sache beraten zu lassen, suchte ich das Arbeitsamt auf und klopfte an die Tür des zuständigen Sachbearbeiters. Als ich ein Ja vernahm, trat ich ein und sagte so: »Grüß Gott! Ich möchte eine Umschulung beantragen.«

Auf seine Frage, ob ich dabei irgendwelche konkreten Vorstellungen im Kopf hätte, ließ ich ihn wissen, dass ich Zahntechnikerin werden wolle. Er schaute sich meine Dokumente an und erklärte, dass zufälligerweise zurzeit tatsächlich ein Ausbildungsplatz für Zahntechnik zur Verfügung stehe und die Ausbildung für mich aufgrund meiner Vorkenntnisse nicht drei, sondern nur zwei Jahre dauern würde. »Wenn Sie wollen, können Sie im September mit dem Kurs anfangen. Aber ein Zahn ist ein Zahn. Diese Arbeit muss extrem exakt ausgeführt werden, kein Millimeter Abweichung ist erlaubt. Passt das zu einer freien Künstler-Fantasie? Ich werde diese Stelle eine Woche lang für Sie frei halten. Gehen Sie nach Hause, denken Sie darüber nach. Und dann möchte ich von Ihnen eine klare Antwort bekommen.«

Ich kämpfte mit mir und befand mich dabei in ungewissen, schweren Wassern. Und aus diesen Wassern kam mir ein Nein entgegen.

Ich musste also weitersuchen, wusste aber nun umso deutlicher, dass mein Gebiet die Malerei war und es auch bleiben sollte. Ein Zeitungsinserat führte mich in eine kleine Werkstatt, in der Porzellan und Glas weiterbearbeitet und dekoriert wurden. Ich bekam eine sofortige Zusage und war stolz, dass ich es endlich geschafft hatte, Arbeit zu finden. Wie sah diese Arbeit aus? Sechs Stunden lang saß ich an einem Tisch und versah Tassen und Teller mit einem präzisen goldenen Rand. Die einzige Abwechslung ergab sich, wenn für den Rand nicht Gold, sondern Kobaltblau erwünscht war.

Ich konnte nun wenigstens den größten Teil unseres Lebensunterhalts verdienen, aber es war nicht leicht für mich, ausschließlich mit einer Aufgabe beschäftigt zu sein, die ich auch schon als Schülerin in Herat bestens hätte ausführen können. Sie nahm mir Kraft, aber sie gab mir keine zurück. Ich fühlte mich wie ein stehendes Wasser, und ich hatte Angst, bald trüb und faulig zu werden. Und so entschied ich mich nach einem guten halben Jahr, einen Schlusspunkt zu setzen, und kündigte.

SO VIELE KINDER

این همه طفل

Im Januar 1996 hatte Fazl vom Arbeitsamt das Angebot erhalten, einen einjährigen Computerkurs in Media-Design zu belegen. Als freier Grafikgestalter erhielt er nun einige Aufträge. Dennoch waren wir immer noch auf Sozialhilfe angewiesen, und das empfanden wir als Bürde. Unser Leben lang waren wir gewohnt, dass man selbst dafür verantwortlich war, ob man ein Stück Brot zu essen hatte oder nur ein halbes oder gar keines. In Afghanistan gab es keine staatliche Unterstützung. Nur in allergrößter Not wandte man sich an die Familie oder die erweiterte Verwandtschaft, aber natürlich tat man alles, um eine so demütigende Situation zu vermeiden.

Afghanistan wird allgemein als patriarchale Gesellschaft wahrgenommen, und dieser Eindruck entspricht weitgehend auch der Realität. Man geht davon aus, dass der Mann der Ernährer der Familie ist und sich darauf auch sein Herrschaftsanspruch gründet. In Wahrheit aber sind es die Frauen, die einen Großteil der familiären Einnahmen erwirtschaften. Viele von ihnen leisten doppelte Arbeit. Bei den Nomaden beispielsweise sind die Frauen nicht nur für alle häuslichen Tätigkeiten und die Kindererziehung verantwortlich; sie weben die Stoffe für die Zelte und die Kleidung, sie gestalten die ständigen Umzüge, bauen Zelte ab und wieder auf, verarbeiten die Milch zu Produkten wie Käse und Butter, die die Männer dann verkaufen können. Auch die Bauersfrauen sind in ihrer Arbeit nicht auf das Haus beschränkt. Sie sind an allen Feldarbeiten beteiligt, am Pflanzen, Säen und Ernten, an der Unkrautvernichtung und den Maßnahmen zur Bewässerung, und genauso natürlich an der Viehwirtschaft. Auch von den modernen städtischen Frauen, die eine Ausbildung gemacht haben und als Lehrerinnen, Krankenschwestern, Sekretärinnen oder Beamtinnen arbeiten, wird es mit absoluter Selbstverständlichkeit erwartet, dass sie die ganze Last der im Haus und im Haushalt anfallenden Arbeiten tragen. Frauen, die kein festes Arbeitseinkommen haben, versuchen durch Tätigkeiten wie Sticken, Nähen, Teppichknüpfen, Brotbacken und Reinigungsarbeiten zum Familieneinkommen beizutragen. Die wenigen Ausnahmen unter den Männern, die bereit sind, ihren Müttern oder Frauen zu helfen, werden als *zancha*, als weibisch beschimpft und verächtlich gemacht. Auch mein Mann hatte mich in Russland gewarnt: »Mahbuba, wenn wir nach Afghanistan zurückkehren, erwarte nicht von mir, dass ich dir so viel helfe wie jetzt.«

Die einzige soziale Handlung der Regierung in den 1970er-Jahren bestand darin, dass sie Häuser für Bettler einrichtete. Doch das war ein Schlag ins Wasser. Der afghanische Stolz ließ es nicht zu, dass ein Mensch offen zeigte, auf Hilfe angewiesen zu sein. Ein paar Tage, höchstens Wochen – kein Mensch blieb länger in einem solchen Haus.

Unser privilegierter Status als wohlhabende Stipendiaten war Vergangenheit. Nun hatten auch wir das Gefühl, in einer Art Bettlerhaus gelandet zu sein, dem Sozialamt. Die Rolle des

Bittstellers fiel Fazl noch um einiges schwerer als mir, und so wurde der monatliche Gang zu dieser Behörde meine Aufgabe.

Ein trauriger Schleier umhüllte mich, wenn ich an diese Türe klopfen musste. Und immer schwirrten mir dieselben Gedanken durch den Kopf: Warum bin ich in diese Lage geraten? Auch die Antwort war immer dieselbe: Es war der Krieg, und es war die Flucht.

Ich stellte Mappen mit unseren Arbeiten zusammen und ging damit von Galerie zu Galerie. Aber ich stieß gegen Wände: Nein, Sie passen nicht in unser Konzept. In Russland hatten wir keine Schwierigkeiten gehabt, Arbeiten in Galerien zu verkaufen oder Ausstellungen zu bestücken. Meine innere Sicherheit geriet ins Wanken: Bin ich wirklich so weit entfernt von allem, was hier als Kunst gilt? Bin ich eine Malerin? Oder ist Kunst hier einfach ein Markt, dessen Gesetze mir nicht bekannt sind?

Aber vielleicht könnte ich eine Stelle in einem Museum finden. Ich wandte mich zunächst an das Völkerkundemuseum, das heutige Museum Fünf Kontinente. Die Begegnung war herzlich und mündete in einem guten Kontakt, der bis heute anhält, aber eine Stelle konnte man mir nicht anbieten. Dasselbe erlebte ich in der Archäologischen Staatssammlung. Beim Bayerischen Nationalmuseum schien der Weg nicht so vollständig verschlossen. Man führte mich in die Restauration für angewandte Kunst, zeigte mir Hinterglasmalereien, Porzellan-, Keramik- und Glasobjekte, die auf Restaurierung warteten. Könnte ich als Künstlerin mir diese Tätigkeit vorstellen?, wurde ich gefragt. Meine ganze innere Welt schrie Nein, aber die Not der Realität befahl mir: Beiß dein Herz und sag Ja. Meine Bewerbungsunterlagen wurden akzeptiert, und man erklärte mir, ich solle auf Antwort warten.

Mit einer kleinen Hoffnung im Herzen machte ich mich auf den Weg ins Sozialamt. Omid brauchte für die Schule eine Tafel für technisches Zeichnen, für die unser Budget nicht ausreichte. Ich trug mein Anliegen vor und erhielt eine Antwort, die mir in den Ohren dröhnte und meine Augen in die Schwärze blicken ließ. »Warum haben Sie so viele Kinder?«

»Ich werde alles dafür tun, um Sie und mich so bald wie möglich von dieser Last zu befreien. Und ich sage Ihnen: Ich werde Arbeit finden. Und wenn das geschieht, dann werde ich nicht zu Fuß zu Ihnen kommen. Ich werde fliegen.«

پرواز خواهم کرد

EINE EMPFEHLUNG

توصیه‌ای

Ich bewarb mich auch bei großen deutschen Firmen wie etwa Rosenthal und der Nymphenburger Porzellanmanufaktur. Doch aus den Herzen der Umschläge, die ich als Antwort bekam, sprang nur ein höfliches Nein. In dieser Zeit lernte ich durch unsere Freundin Josette eine Keramikerin kennen, die mit ihren Unikaten und auch mit Mosaikentwürfen im In- und Ausland erfolgreich war. Christine bot mir an, in ihrem Atelier zu arbeiten, und sie hatte auch einen Rat für mich. »Vor ein paar Jahren habe ich für eine Münchner Werkstatt, die auf dem Gebiet Kunst am Bau international sehr renommiert ist, ein Projekt realisiert. Ich könnte mir vorstellen, dass du gut zu diesen Leuten passen würdest. Ich glaube zwar nicht, dass man dir dort einen Termin geben würde, weil du ja kein Projekt anzubieten hast, deshalb würde ich dir empfehlen: Geh einfach einmal hin. Hier ist die Adresse.«

Wir suchten alle Dokumente über unseren Werdegang heraus, stellten eine Mappe mit Unterlagen und Fotos unserer Arbeiten zusammen und machten uns mit diesen Schätzen und unserem fünfjährigen Sohn Milad auf den Weg. Mit einem Kopf voller Gedanken, Zuversicht gemischt mit ängstlicher Beklemmung, stiegen wir drei eine schöne alte Treppe hinauf, die zum Eingang dieser Werkstatt führte. Es war, als würden diese hölzernen Stufen unter unseren Füßen durch ihren Klang, der von Tradition und Respekt zeugte, unsere Ankunft ankündigen. Über einen Korridor gelangten wir in einen großen Raum, der sich in der Höhe über drei Stockwerke erstreckte und von einem fast zwanzig Meter hohen Fenster erhellt wurde. Auf dem Boden war ein Muster von Mosaiksteinen ausgebreitet, ein Mann, das lange Haar zum Pferdeschwanz gebunden, kniete davor, in seine Arbeit versunken. Nicht nur die Mosaiksteine glänzten in diesem Raum. Ein langer Nagel am kleinen Finger der linken Hand dieses Mannes strahlte in einem tiefen Rot und zog vor allem Milad in seinen Bann. Der Mann wandte keinen Blick von seiner Arbeit, als wir ihn grüßten und fragten, wo wir den Firmenchef antreffen könnten; mit einer Geste wies er uns den Weg. Eine weitere Treppe führte uns nach oben, wo wir auf einen großen schlanken Mann stießen, auch ihn schmückte ein Pferdeschwanz. Wir stellten uns vor und erklärten, dass wir zwar keine Verabredung hätten, aber gerne den Geschäftsführer sprechen würden. Er lächelte, gab uns die Hand und geleitete uns in sein Arbeitszimmer. Es stellte sich heraus, dass er der Juniorchef war.

In den Regalen seines Zimmers stapelten sich Kunstbücher in allen Formaten, viele verschiedene Muster von Mosaiken und Bildern aus Glas. Die Fenster waren mit traditionellen Glasbildern geschmückt, eine wunderbar ausgeführte arabische Kalligrafie fiel mir dabei besonders ins Auge. Bei Milad löste vor allem ein schmaler, kastanienfarbener Hund Begeisterung aus. Er wurde uns als Alin vorgestellt, ließ sich streicheln und nahm dann in Ruhe Platz neben seinem Herrn.

Dieser nahm sich viel Zeit und ging ausführlich auf unsere Unterlagen ein. Die Firma arbeite international, erklärte er, darunter auch in Ländern wie Jordanien, Kuweit und Saudi-Arabien. Eine Zusammenarbeit mit uns auf diesem Gebiet könne er sich durchaus vorstellen. Er zeigte uns Beispiele bereits ausgeführter Arbeiten und zog dann aus seiner Schreibtischschublade einen Ordner, ein Dossier mit den Plänen für das Haus eines Scheichs, in dem Mosaikböden und eine große gläserne Decke für die Eingangshalle vorgesehen waren. Und dann fragte er, ob wir bereit seien, dafür Entwürfe anzufertigen.

Fazl setzte zu einer Antwort an, und schon aus seinen ersten Tönen konnte ich seine Unsicherheit heraushören. Als er erklären wollte, dass wir bisher noch nicht auf dem Kunstgebiet innerhalb der Architektur gearbeitet hätten, trat ich ihm heimlich unter dem Tisch auf den Fuß und flüsterte ihm auf Persisch zu: *Ne-nagoi* – bloß kein Nein. In aller Vorsicht übernahm ich dann den feinen Faden dieses Gespräches. »Wir sehen hier kein Problem. Wir werden Ihnen mindestens zwei Vorschläge machen, sodass Sie sich ein Urteil bilden können.« Unsere Unterhaltung war so intensiv und ausführlich, dass nicht nur Milad auf dem Sofa sanft entschlummert war, sondern auch Alin, der schöne Windhund.

Eine Woche später lieferten wir unsere Entwürfe ab. Der Auftraggeber wirkte sehr zufrieden und erkundigte sich nach unseren Honorarwünschen. Aber unser Wunsch war auf eine gute Zusammenarbeit in der Zukunft gerichtet, und so interpretierten wir diesen Augenblick als ein günstiges Vorzeichen und verzichteten lieber auf ein Honorar. Sollte der Entwurf realisiert werden, könnte man sich über eine angemessene Bezahlung unterhalten.

صحبت
خواهیم کرد

KÖNNEN SIE SO ETWAS?

Mein Herz sagte mir: Ich will mich öffnen, geh voran! Und gleichzeitig sagte es mir: Ich will vorsichtig sein, halte dich zurück! In diesem Gefühlskonflikt erinnerte ich mich an den Rat der Dozentin des Goethe-Instituts – wir sollten am Ball bleiben, uns nicht durch Absagen schrecken lassen. Und das verlieh mir den Mut, das Telefon des Juniorchefs mehrmals zum Klingeln zu bringen. Doch der Scheich hatte sich noch immer nicht entschieden, und so übernahm er selbst die Initiative. Er sei an Mosaik-Tischen interessiert, wir könnten doch vielleicht für seine Firma ein paar Entwürfe machen. Voller Begeisterung sagten wir zu und hatten dabei auch das Gefühl, dass er uns entgegenkommen, uns unterstützen wollte.

In dieser Zeit gelang es uns trotz all der Absagen von arrivierten Galerien, an einigen Ausstellungen teilzunehmen. Das löste allerdings nicht unser Hauptproblem: Wie könnten wir uns den Lebensunterhalt verdienen, auf welche Weise könnten wir für materielle Sicherheit und Unabhängigkeit sorgen? Ich wartete noch immer voller Hoffnung auf eine Antwort aus dem Bayerischen Nationalmuseum. Sie kam Ende November 1995, und diese Hoffnung zerfiel: Man habe sich für eine ausgebildete Restauratorin mit besten Referenzen entschieden. Obwohl das ein Schlag in mein Gesicht war und mich traurig stimmte, staunte ich gleichzeitig über ein ganz verstecktes, wenn auch deutliches Gefühl von Erleichterung und Befreiung. Im Grunde wollte ich nicht in einem dunklen Raum sitzen, umgeben von zwar schönen, aber sehr alten Dingen. Ich wollte Neues schaffen.

Meinen Kontakt zur Münchner Werkstatt hielt ich aufrecht. Und eines Tages nahm ich meinen Mut zusammen und stellte die direkte, die entscheidende Frage: Wäre es denkbar, dass man mir hier eine Festanstellung im Bereich Mosaik oder Glas bieten könnte? Der Juniorchef zeigte sich überrascht. Würde ich in der Firma arbeiten, könnte ich aber nicht meine eigenen Entwürfe ausarbeiten und umsetzen, erklärte er mir, sondern müsste die Entwürfe anderer Künstler ausführen. Und das sei nicht einfach. Das war auch mir sehr bewusst. »Ja, das ist nicht einfach, aber es wäre für mich besser als jede Umschulung. Ich könnte mich in einer kreativen Atmosphäre bewegen, könnte lernen und mir wertvolles Neues aneignen.« Nach einer gedankenvollen Pause wandte er sich zum Fenster und zeigte auf ein bleigefasstes gläsernes Porträt im Stil des neunzehnten Jahrhunderts, das als Schmuck in diesem Fensterrahmen hing. Ob ich so etwas auf Glas malen könne, wollte er von mir wissen. »Auf Papier oder Leinwand wäre das für mich kein Problem«, erwiderte ich. »Auf Glas habe ich in meinem Leben noch nie gemalt. Ich kann Ihnen erst mit Ja oder mit Nein antworten, wenn ich mich daran erproben darf.« Alles was ich bisher über Glas als Ausdruck von Kunst erfahren hatte, bezog sich auf Kunstgeschichte und damit eben auf Theorie. Ich wusste, dass gerade diese Werkstatt seit hundertfünfzig Jahren auf dem Gebiet höchst erfolgreich tätig war; bei meinen diversen Besuchen hatte ich viele großartige Beispiele dieser Arbeiten gesehen, und mein Respekt und meine Bewunderung waren tief empfunden.

Es war ein Glück für mich, dass in der Firma gerade eine Glasmalerstelle offenstand, und es war ein Glück für mich, dass man dort so großzügig und so mutig war, es mit mir versuchen zu wollen.

Und so trat ich am 1. Juni 1996 zur Probezeit an. Meine erste Aufgabe bestand darin, den Entwurf für ein privates Badezimmer umzusetzen, das hieß, Keramikfliesen zu bemalen. Das war nicht schwierig, weil ich das Material kannte und auf der Akademie genügend Erfahrungen gesammelt hatte. Doch der Meister der Glaswerkstatt, der seit über vierzig Jahren in der Firma tätig war, schien nicht begeistert. Ich war Mutter von zwei Kindern, ich beherrschte die deutsche Sprache nicht so, wie es hätte sein sollen, und vor allem, ich war Künstlerin, die keinerlei Erfahrung mit Glasmalerei hatte, genau genommen nicht einmal die geringste Ahnung. All das sprach tatsächlich gegen mich, und ich konnte seine Skepsis gut verstehen, denn was er für seine Abteilung gebraucht hätte, war eine solide Fachkraft.

Meine Badezimmerfliesen fanden Gefallen, aber jetzt stand ich vor der wahren neuen Aufgabe. Ich musste Glas bewältigen, dieses schöne, kalte, glänzende Material, das so gefährlich sein kann wie ein Messer und so ehrlich und wahrhaftig wie ein Spiegel. Und das keinen Fehler verzeiht, weil das durchscheinende Licht auch noch den kleinsten Makel an den Tag bringt.

Man stellte mir Pinsel aller Arten zur Verfügung, weiche, harte, kleine, große, breite und schmale. Ich stand vor einem Lichttisch und einem Schrank, der viele Paletten voller Schmelzfarben enthielt, die mich an die mir wohlvertrauten Glasurfarben erinnerten. Dann brachte man mir einen Stapel von Glasplatten in unterschiedlichen Formen, rund, eckig oder oval geschnitten. Sie waren nicht farblos, sondern zeigten Nuancen von Gelb, Grau oder auch Grün. Ich war erstaunt, dass sie nicht einfach glatte Oberflächen hatten, sondern Schlieren und Blasen aufwiesen, die sie sehr lebendig erscheinen ließen. Es war mundgeblasenes Antikglas. Dann drückte man mir eine Palette mit einer schwarzbraunen Farbe in die Hand, die mir vollkommen fremd war und deren Risse mich an getrockneten afghanischen Wüstenlehm erinnerten. Es war das berühmte Schwarzlot, ein Gemisch aus zermahlenem Glas und Kupfer oder Eisenoxid, das der Glasmalerei seit dem achten Jahrhundert ihr Gesicht verleiht. Man erklärte mir, dass alle Glasfarben vor dem Auftragen mit Wasser und Gummi arabicum gründlich vermischt werden müssen.

Als Nächstes bekam ich zwei ovale Glasscheiben auf den Tisch gelegt, beide zeigten eine Rose, eine war farbig ausgeführt, von der anderen waren nur die Konturen gezeichnet. Diese Rose mit ihren zarten Knospen und Blättern begeisterte mich durch ihren leuchtenden Glanz so sehr, dass ich fast schon meinte, auch ihren Duft zu erspüren. Und ich sollte nun eine Kopie herstellen, auch ich sollte eine Rose so fabelhaft zum Leuchten bringen.

Ich wusste schon, dass ich auf der Vorderseite des Glases beginnen musste, und zwar mit dem Auftragen von Schwarzlot. Ich nahm den Pinsel zur Hand, um meinen ersten Strich auf Glas zu tun, und erlebte eine vollkommene Überraschung. Es war, als würde meine Hand sich ganz von selbst zurückziehen, als zucke sie zurück, weil sie nicht wusste, wo sich der Grund befand, auf dem sie den Pinsel aufsetzen könnte. Es waren das Licht und die Transparenz, die mir diesen ersten Schrecken verursachten, ein Gefühl, das ich beim Malen noch nie zuvor empfunden hatte. Aber es blieb mir gar nichts anderes übrig, als diese Angst zu überwinden und mit der Arbeit anzufangen. Das bedeutete ein vorsichtiges, möglichst gleichmäßiges Auftragen von Schwarzlot, das ich dann nach dem Trocknen mit Radierpinseln weiter bearbeitete, um die Formen der Blätter und Knospen lebendig werden zu lassen. Aber durch jeden meiner Pinselstriche schien ich mich von meiner wunderschönen Musterrose immer nur weiter zu entfernen. Ich kämpfte und kämpfte. Der Meister hatte meine Bemühungen beobachtet, kam dann auf mich zu und sagte mit einem freundlichen Augenzwinkern: »Sie haben ja tatsächlich keine Ahnung von der Glasmalerei. Befreien Sie dieses Glas von der ganzen Farbe, mit der Sie es beschmiert haben. Ich zeige Ihnen jetzt, wie man auf Glas malen muss.«

Ich erhielt meine erste echte Lektion. »Ihr wichtigstes Werkzeug ist nicht der Pinsel, sondern Ihre Hand. Erst dann dürfen Radierpinsel und Nadeln zum Einsatz kommen.« Ich konnte nur staunen, wie geschickt und sorgfältig er die Schwarzlotgrundierung mit seinen Handballen und Fingerkuppen bearbeitete, hier Schatten wegnahm, dort eine Lichtkante hinzufügte oder Übergänge schuf, und wie auf diese Weise die Blätter und Knospen unter seinen Händen entstanden. Dann stand er auf, wünschte mir viel Erfolg und überließ mich meinem Lernwillen und meinem Ehrgeiz. Ich bemühte mich nach Kräften nachzumachen, was er mir gezeigt hatte, und nach gut einer Stunde durfte ich über ein Ergebnis staunen, das nicht einmal so schlecht war.

Nun kam der nächste Schritt. Um meiner Rose ein farbiges Leben zu geben, musste ich von der Rückseite des Glases die Schmelzfarben auftragen. Das schien mir sehr einfach, schließlich hatte ich ja schon fast mein Leben lang gemalt. Als ich damit fertig war, meinte der Meister: »Gut, dann wollen wir jetzt sehen, was das Feuer damit macht.« Und so landete meine Rosenscheibe im Brennofen neben vielen anderen Arbeiten. Ich sah das Rot meiner Wunderblume schon vor meinen Augen leuchten, ich sah das Licht, das die Farbe zum Glänzen und zum Schimmern bringen würde, fast würde sie duften, meine Rose.

In dieser Nacht erwies sich das Feuer tatsächlich als Prüfstein für den Wert meiner ersten Arbeit auf Glas. Meine Rose duftete nicht, sie roch nach Enttäuschung. Es war auch kein Rot zu sehen, nur eine Ansammlung dunkler Flecken. Ich war fassungslos. Was war da geschehen? Ich hatte doch alles richtig gemacht.

انجام
رارم

GEDULD

تحمل

In einem Nebenraum der Werkstatt stand ein Regal, das vom Boden bis zur Decke reichte. Darin befand sich eine Unzahl von Glasscheiben mit einer Vielfalt von Motiven – Blumen, Tiere, Landschaften, sakrale Darstellungen, Wappen, Porträts. Das waren die sogenannten Kabinettscheiben, und sie sollten mein zukünftiges Arbeitsfeld werden. Glasbilder – in der Regel hat man dabei Kirchenfenster vor Augen, leuchtende große Schmuckflächen für sakrale Bauten. Die Kabinettscheiben sind ein Fensterschmuck, der bürgerlichen Interessen dient, handwerklich edel ausgeführt, aber klein und erschwinglich. Ihr Zweck spiegelt sich sowohl in den Motiven wie auch in der Malweise, denn sie schweben nicht wie Kirchenfester in lichten Höhen, sondern der Betrachter sieht sie aus nächster Nähe, in Augenhöhe.

Ich stand nun vor der Wahl, mir aus der Vielzahl dieser Motive ein Muster herauszusuchen, das ich dann kopieren sollte. Ich war nicht überwältigt von den Blumen, den Tieren, den heraldischen Symbolen und allerlei anderen Dingen. Doch dann fesselte etwas meine Aufmerksamkeit: ein leuchtend blauer Mantel, eingefasst von einer goldenen Damastbordüre, ein rosenrotes Kleid, darüber das Gesicht einer Frau, die voller Liebe auf das Kind blickt, das sie in ihren Armen hält – Maria, die Muttergottes, mit Jesus, ihrem Sohn. An diesem Bild wollte ich zeigen, was ich gelernt hatte.

Ich trug das Schwarzlot auf, und es fiel mir nicht schwer, den Ausdruck durch die Übergänge von Schatten und Licht gut herauszuarbeiten, meine erste Lektion schien Früchte zu tragen. Dann drehte ich die Scheibe, um all die Farben aufzutragen, die mich an diesem Bild so fasziniert hatten. Und damit begann ein Kampf, der einen ganzen Tag lang dauern sollte. So sehr ich mich auch bemühte, die Farben voneinander abzugrenzen, sie liefen ineinander und übereinander, wie sie nur wollten. Und wieder kam der Meister auf mich zu. »Wäre es nicht besser gewesen für einen Anfänger, etwas Einfacheres auszuwählen?« Es stimmte, ich hatte die Schwierigkeiten nicht bedacht, weil mir das Motiv von allen am besten gefallen hatte. Und nun wollte und musste ich es auch zu Ende bringen.

Es kam wieder eine Nacht, in der das Feuer sich als Prüfstein für meine Arbeit erweisen musste. Doch dieses Mal ging es gut für mich aus. Und vier Wochen später wurde ich als Malerin fest angestellt.

Nun war ich also Kabinettscheiben-Malerin. Drei Jahre lang bekam ich jeden Arbeitsmorgen einen Stapel Scheiben auf den Tisch, die ich dann bemalte. Und deshalb kenne ich Alpenblumen aller Arten, Trachten in ihrer ganzen Vielfalt, Heilige und Schutzpatrone, von deren Existenz ich nie etwas geahnt hatte, und Stadtansichten, über ganz Deutschland verstreut. Es war für mich reines Handwerk, ich arbeitete fast wie ein Roboter vor mich hin, meine Gedanken schweiften in anderen Welten. Aber je mehr ich machte, desto schneller wurde ich und desto mehr Sicherheit konnte ich unserer Familie bieten.

Jeden Morgen wurde der Brennofen entleert, und die Scheiben wurden zur Prüfung auf den Lichttisch gelegt. Sechs Blumensträuße, die ich gemalt hatte, lagen auf diesem Tisch, um vom Meister mithilfe seiner Lupe begutachtet zu werden. Zu seiner und auch zu meiner Überraschung stellte sich heraus, dass die Blätter dieser Sträuße nicht grün waren wie auf der Vorlage, sondern ins Bläuliche, fast ins Türkise spielten. »Haben Sie die Farbe nicht gut genug gemischt, Frau Maqsoodi?« Doch, erklärte ich ihm, und zwar aus tiefer Überzeugung. »Dann muss das hier ein Simsalabim sein, ein Hokuspokus, wenn Sie gemischt haben und die Farbe doch getrennt ist.« Ich hatte keine Erklärung dafür, aber ein starkes Gefühl: Was soll daran so schlimm sein, wenn ein Grün einmal ein bisschen bläulich ist? Bringt das gleich die Welt aus den Fugen? Ich wusste aber auch, dass ich nichts dergleichen äußern durfte, weil ich die Antwort kannte: Der Kunde erwartet das, und er soll es bekommen. Der Meister fragte den zweiten Glasmaler und auch noch den Lehrling nach ihrer Meinung. Beider Urteil war eindeutig: Die Farbe war nicht gut gemischt.

In diesem Augenblick hatte ich nur noch einen einzigen Wunsch: Ich wollte diese Scheiben nehmen, weit über meinen Kopf heben und mit aller Kraft auf den Boden schmettern, dass sie in tausend Stücke zersprängen. Jahrelang hatte ich an der Akademie studiert und nur beste Ergebnisse erzielt, und jetzt musste ich mir von einem Lehrling Fehler vorhalten lassen. Mein Stolz war verletzt. Was man hier als Fehler bezeichnete, konnte ich nicht als solchen erkennen. Ich empfand das als eine Interpretation, die Farbe gefiel mir sogar besser als das Grün des Musters. Doch zur gleichen Zeit kamen mir auch all die geschlossenen Türen in den Sinn, vor denen ich gestanden hatte: Nein, Sie passen nicht in unser Programm – Ihre Arbeiten stimmen nicht mit unserem Konzept überein – Unsere Planung für die nächsten Jahre ist abgeschlossen – Jetzt nicht, vielleicht irgendwann einmal – Wir bedauern, Ihnen absagen zu müssen, und wünschen Ihnen viel Erfolg … Sogar das Sozialamt tauchte auf vor meinem inneren Auge. Und so sammelte ich alle Kraft, die mir zur Verfügung stand, um mich zur Geduld zu zwingen und nicht ins Dunkle, sondern ins Helle zu blicken. Vielleicht würde einmal der Tag kommen, an dem ich ein Grün oder jede beliebige Farbe so interpretieren könnte, wie ich es wollte, und niemand hätte das Recht, dies als einen Fehler zu bezeichnen.

WEISSE BERGSPITZEN

قله های
سفیدکوه

Gegen Ende der 1970er-Jahre hatten Fazl und ich etwa ein Jahr lang in Kabul gelebt, einer Stadt, die im Gebirge liegt. Es gab einen Berg in der nahen Ferne, dessen Gipfel immer ein strahlendes Weiß zeigte; ob es Winter war oder heißester Sommer, immer leuchtete mir von dort die Reinheit von Schnee entgegen. Das zog mich an, und ich wünschte mir, bei diesem Berg sein zu können. Die Luft, die dort weht, muss so frisch und klar sein, dachte ich, dass sie wie ein Segen, wie eine heilende Salbe auf meine Wunden wirken und mich von den Schmerzen befreien könnte, die mir durch Afifas Ermordung, durch den Tod meiner Mutter und den Verlust meines Heimatortes zugefügt wurden.

Aber ich kannte den Namen dieses Berges, und ich wusste, dass man im Tal des Pagman kaum Ruhe und Frieden finden konnte, weil in diesem Gebirge damals die Vorgänger der Taliban, die Mudschaheddin, herrschten. Die Liste der Grausamkeiten einiger ihrer Kämpfer war unvorstellbar – sie schnitten Menschen die Zunge heraus, zogen ihnen bei lebendigem Leib die Haut ab, begruben sie bis zur Hälfte des Körpers in der Erde, um sie dann in ihrer Mitte durchzusägen, schmissen lebende Körper in Kessel mit kochendem Wasser – von dem, was sie Frauen antaten, ganz zu schweigen. Keiner, den sie verdächtigten, ein Kommunist zu sein oder dieser Lehre anzuhängen, entging ihrem Furor. Das Opfer rief Allah an, seinen Gott, um Schutz und Rettung zu erflehen, der Täter berief sich auf Allah, seinen Gott, um diese Unmenschlichkeiten zu rechtfertigen. Beide handelten als Gläubige. Es war die Saat für Schmerzen, Hass und schließlich Vernichtung. Es war, als sei das Land von schwarzer Farbe überzogen. Und doch wurden die Mudschaheddin in vielen Gegenden der freien Welt als Freiheitskämpfer gefeiert.

Und jetzt lebte ich mit meiner Familie in München, einer Stadt, die zwar nicht im Gebirge liegt, aber von der aus man an gewissen Tagen die Berge mit ihren schneebedeckten Gipfeln mit bloßem Auge leuchten sehen kann. Der Gedanke kam unvermeidlich: Könnte ich jetzt dieses Geschenk der Natur als Salbe für die Schmerzen, die sich in meinen Poren angesammelt hatten, zur Heilung benutzen?

Es waren schöne Erlebnisse, wenn wir mit den Kindern gelegentlich kleine Ausflüge in die Berge machten. Wir fuhren entweder mit der Bahn oder zusammen mit deutschen Freunden im Auto. Meine Entdeckerfreude, meine Lust am Spontanen und an der Unabhängigkeit ließ sich per Auto natürlich wesentlich besser stillen. Und so reifte allmählich der Gedanke in uns, dass es sehr schön wäre, ein Auto zur Verfügung zu haben. Dazu kam, dass wir als vierköpfige Familie einen gewissen Bedarf an Lebensmitteln hatten und die Einkaufsmöglichkeiten in unserer Wohngegend alles andere als günstig waren. Auch alle Materialien, die wir für Bilder und Keramikarbeiten benötigten, waren außerhalb Münchens billiger zu erwerben. Es sprach also vieles dafür, dass ein Auto uns das Leben erleichtern würde.

In Deutschland, dem Autoland, ein erschwingliches Auto zu finden, sollte keine allzu große Schwierigkeit darstellen. Ein Auto fahren zu können, fahren zu dürfen, das war eine größere Hürde.

Als Fazl schon in München und ich noch in St. Petersburg lebte, hatte er mir geraten, dort den Führerschein zu machen, weil diese Angelegenheit in Deutschland nicht so einfach und noch dazu sehr kostspielig sei. Ich meldete mich bei einer Fahrschule an und legte nach drei Monaten die theoretische Prüfung ab. Die praktische Prüfung wurde dann wirklich zu einer harten Prüfung für mich. Ich fiel beim ersten Mal durch, ich fiel beim zweiten Mal durch, und als ich es auch beim dritten Mal nicht schaffte, zweifelten die Prüfer der Verkehrspolizei an meinem Verstand und ordneten an, dass ich nun auch die Prüfung in Verkehrstheorie wiederholen müsste. Wie immer war die Theorie kein Problem für mich, und in der Hoffnung, meinem Missgeschick zu entkommen, wechselte ich den Fahrlehrer – zum Glück.

Als ich meinen hart erworbenen russischen Führerschein den deutschen Behörden vorlegte, erfuhr ich, dass der hier nicht gültig war, ich mich aber ohne weitere Umstände zur deutschen Fahrprüfung anmelden könnte. Seit meiner Prüfung in St. Petersburg war ich keine Minute hinter einem Lenkrad gesessen, und mir war klar, dass ich als Autofahrerin für mich und andere eine Katastrophe sein würde. Wir überlegten hin und her, aber es blieb nur eine Möglichkeit: Ich musste Fahrstunden nehmen, und das würde teuer sein.

Und was geschah – wieder die gleiche Nudelsuppe in der gleichen Schale, die gleiche Mahbuba. In der theoretischen Prüfung machte ich nur einen Fehler. Die Frage lautete: »Nimmt die Konzentration nach dem Genuss von Alkohol oder Drogen zu oder ab?« Meine Gedanken schwankten hin und her, zu – ab, zu – ab. Und dann entschied ich mich für das Zu. Als der Prüfer später nachhakte, erkannte er, dass mein schwaches Deutsch wohl der Auslöser für meine Antwort war. Aber seither kenne ich den Unterschied zwischen zunehmen und abnehmen wirklich gut.

Meine Verkrampfung, meine Heidenangst vor der praktischen Prüfung aber war nicht kleiner geworden. Und so war es nur die logische Folge, dass ich wieder durchfiel. Und das nicht nur einmal. Wieder kam ich mit trauriger Miene nach Hause, wieder konnte Fazl es nicht fassen, und die Kinder wunderten sich: Mama ist wieder durchgefallen. Der Gedanke an das finanzielle Desaster machte die Sache nur noch schwerer.

Dann kam der dritte Versuch. Ich hatte Ratschläge und vergebliche Predigten von allen Seiten bekommen, doch Nervosität hatte mich in ihrer Gewalt. In einer halben Stunde sollte meine Prüfung beginnen, da sagte mein Fahrlehrer zu mir: »Ich habe eine Bitte, Frau Maqsoodi. Ich brauche einen Blumenstrauß für meine Frau, aber ich habe jetzt keine Zeit dafür. Bitte gehen Sie doch für mich in dieses Blumengeschäft über der Straße und schauen Sie dort alle Blumen genau an, wählen Sie aus, was Sie am schönsten finden, und lassen Sie es an der Kasse für mich zurücklegen.« Ich führte seinen Auftrag gewissenhaft aus, doch auf die Idee, dass er mich von meiner Angst ablenken und mir dadurch helfen wollte, wäre ich damals nie gekommen. Aber die Schönheit der Blumen tat ihre Wirkung. Ich überstand die Prüfung.

Damit hatte ich nun endgültig die Verantwortung als beweglicher Flügel der Familie übernommen. Afghanische Freunde begleiteten uns zu einem riesigen Automarkt, auf dem wir ohne ihre Hilfe verloren gewesen wären. Die Wahl fiel schließlich auf einen günstigen weißen Volkswagen, der weit weniger kostete als mein Aufwand für die Fahrstunden. Auf dem Heimweg saß ich zum ersten Mal ohne einen Fachmann am Steuer, neben mir nur mein ahnungsloser Mann.

Das Auto brachte tatsächlich eine gewisse Erleichterung in unseren Alltag, aber dann störte ein Brief vom Sozialamt diese Harmonie. Man habe »in Erfahrung gebracht«, dass ich »im Besitze eines Kfzs« sei, bei dem »es sich um Vermögen im Sinne des § 88 Abs. 1 BSHG« handle. Ich wurde zur »persönlichen Vorsprache« mit allen entsprechenden Unterlagen aufgefordert.

Ich saß vor der Sachbearbeiterin mit dem Gefühl, als hätte ich ein Verbrechen begangen. Dass ich tatsächlich gegen das Gesetz verstoßen hatte, war mir nicht bewusst. »Sie wissen, dass ein Auto ein Luxusgegenstand ist, der Ihnen nicht zusteht«, sagte sie. Ich versuchte, ihr meine Gründe für diesen Luxusgegenstand nahezubringen, aber meine Worte zeigten keine Wirkung. Nach Überprüfung aller meiner Auto- und Bankdokumente erklärte sie mir: »Die Stadt unterstützt Sie monatlich mit einem Wohngeld von DM 60,–. Sie müssen entweder auf diese Summe verzichten oder auf das Auto.«

Ich bedankte mich für alle bisherige Unterstützung und entschied mich für die Unabhängigkeit, wenn auch nicht leichten Herzens.

FLUCHTSCHATTEN

سایه‌های مهاجرت

Fazl und ich hatten viele Erfahrungen hinter uns, harte, schmerzliche, aber auch freudvolle – wir hatten das warme und das kalte Wasser des Lebens geschmeckt. Wir konnten einander verstehen, uns gegenseitig stützen und so die kleinen oder auch großen Steine, die auf dem Weg vor unseren Füßen lagen oder uns in Zukunft vielleicht noch entgegenrollen würden, aufheben, beiseiteschieben, in Bewegung versetzen.

Unser finanzieller Rahmen war sehr eng, wir lebten praktisch unter dem Sozialhilfeniveau. Befreiung war dringend geboten, und so machte ich mich auf die Suche nach einer Nebenarbeit und fand auch eine Stelle als Reinigungskraft in einem großen Bürogebäude. An dem Tag, als ich abends nach der regulären Arbeit meine neue Tätigkeit aufnehmen wollte, stand plötzlich mein Mann unerwartet vor mir. Er nahm mir den Staubsauger aus der Hand: »Das kann ich nicht dulden, Mahbuba, das erlaube ich nicht. Ich werde diese Aufgabe übernehmen.« Und das tat er auch.

Ich erhielt die Möglichkeit, in der Volkshochschule Keramikkurse für Kinder und Erwachsene zu geben. Die Arbeit mit den

Kindern bereitete mir Freude, ihre Fantasie, ihr lebendiger Umgang mit den Materialien inspirierten mich. Die Erwachsenen langweilten mich fast zu Tode, aber die Kinderkurse waren so erfolgreich, dass der Wunsch aufkam, das Angebot zu vergrößern, und da ich selbst nicht mehr Stunden übernehmen konnte, bot man Fazl an, Kurse abzuhalten. Sein altes pädagogisches Talent kam neu zur Blüte.

Aber was bedeutete das alles für unsere beiden Söhne und ihre Welt? Wie würden sie mit all dem Neuen, das ihr Leben von Grund auf verändert hatte und nun bestimmend war, zurechtkommen? Sie erzählten ein bisschen von der Schule, vom Kindergarten, aber konnte uns das eine wahrhaftige Vorstellung davon vermitteln, was sie dort Tag für Tag erlebten? Wie ging es in der Klasse zu, wie auf dem Schulhof? Wie konnte man Freunde finden? Gab es Konkurrenzverhalten? Wie sahen die angesagten Klamotten aus? Wir hatten im Grunde keine Ahnung.

Aus unserer Sicht und nach unseren Möglichkeiten hatten wir für sie das Beste getan. Wir konnten sie vor Kriegsgefahr schützen, sie in ein friedliches Land geleiten und ihnen so einen sicheren Boden unter ihren Füßen verschaffen. Und so wünschten und erwarteten wir voller Selbstverständlichkeit, dass auch sie das Beste aus dieser geschenkten Situation herausholen würden. Dieses »Beste« entsprach natürlich unseren eigenen Vorstellungen, unseren Normen und Wünschen.

Unsere Gedanken kreisten vor allem um Omid. Er war nun vierzehn Jahre alt, bewegte sich also auf die Phase zu, die vom Stolz und der Trunkenheit der Jugend gekennzeichnet ist. Seine ganze Leningrader Kindheit war durch den Umgang mit Kunst geprägt gewesen, allein schon durch die Arbeit seiner Eltern. Aber auch die vielfältigen Anregungen durch die Museen und Theater der Stadt und die Interessen unserer Freunde hatten großen Anteil daran. Seine musische Begabung zeigte sich früh, schon mit fünf Jahren erhielt er Klavierunterricht, und als er dann ein Jahr später in die Pionierschule aufgenommen wurde – eine sowjetische Einrichtung, in der die Talente von Kindern und Jugendlichen gefördert wurden –, kam ein intensiver Mal- und Keramikunterricht dazu. Omid wollte gestalten, wollte hören oder sehen, was er gemacht hatte. Seine Zukunft schien vorgezeichnet, den Zugang zur Kunstschule hatte er sich mit einer Mappe seiner Arbeiten ohne weitere Aufnahmeprüfung schon gesichert. Doch das Leben hatte anderes mit ihm vor. Seine Eltern mussten fliehen und er mit ihnen.

Statt in der Kunstschule in St. Petersburg saß er nun zusammen mit anderen Flüchtlingskindern in der achten Übergangsklasse einer Münchener Hauptschule, um Deutsch zu lernen. Nach einem Jahr erhielt er die Genehmigung, den regulären Unterricht dieser Schule zu besuchen. Der Stolz von Omids bildungsorientierten Eltern war verletzt. Wenn unser Kind schon nicht auf ein Gymnasium gehen konnte, so sollte es doch wenigstens eine Realschule sein. Von dort würde er später dann problemlos auf ein Gymnasium wechseln können. Und so meldeten wir ihn auf einer Realschule an.

Doch nach einem Jahr entschied der Direktor, Omid auf die Hauptschule zurückzuverweisen. In mir löste das die Angst aus, dass sein Lernwille dadurch geschwächt würde. Ich erinnerte mich an meine eigene Kindheitserfahrung. Vier, fünf Jahre hatte es gedauert, als ich damals von meiner Dorfschule in eine städtische Schule wechseln musste, ehe ich mich wirklich wieder auf festem Boden empfand. Und das, obwohl sich weder die Sprache noch die Kultur verändert hatte, in der ich zurechtkommen musste.

Omid schien, wie alle anderen Flüchtlingskinder auch, in einem starren (Schul-)System gefangen. Wir hatten den Eindruck, dass keiner der Verantwortlichen – nicht die Lehrer, nicht die Schulleitung – sich wirklich mit unserer Situation auseinandersetzen wollte. Es gab kein offenes Ohr für uns, und genau das hätten wir uns so sehr gewünscht. Kann sein, dass man das nicht wollte, kann sein, dass man sich das nicht erlauben durfte. Ich weiß es nicht. Ich weiß nur, dass ein weniger schematischer, ein persönlicherer Umgang mit unserem Sohn und uns ganz sicher geholfen hätte. Für den Augenblick und auch für die Zukunft.

Wir mussten unseren Weg alleine finden. Omid machte eine Berufsausbildung. Das Beispiel seiner Eltern als sich mühende, aber erfolglose Künstler ließ ihn einen sicheren Weg wählen. Wir waren einverstanden. Und wir sagten uns: Auch das gehört wohl zu den Schatten der Flucht.

گریز

DIE ODER DAS BESTE?

این و یا آن بهترین ؟

Es war ein Arbeitstag im Sommer 1999. Ich saß wie immer an meinem Lichttisch, vor mir eine Kabinettscheibe, die ich routinemäßig bearbeitete. Der Meister kam in den Raum, ging auf den großen Wandkalender zu, suchte sich einen bestimmten Tag heraus und zog von dort aus eine dicke schwarze Linie, die sich bis ans Jahresende erstreckte. »Ich gehe in Urlaub«, sagte er. »Und zwar für immer.« Ich hielt das für einen netten Witz, aber er klärte mich auf. Kein Witz, sondern bitterer Ernst. »In Zukunft werden Sie hier Glas malen.«

Der erfahrenste Glasmaler des Hauses hatte seinen Platz verlassen. In der Abteilung traditionelle Malerei blieben zwei Frauen zurück: eine junge ausgebildete Glasmalerin und ich, die das Glasmalen nie gelernt hatte, aber auf dieser Position gelandet war – ob durch glückliche Umstände, durch meine Willenskraft oder durch Fügung, wer weiß das schon?

Bald kam auch der erste größere Auftrag auf uns zu. Eine Schweizer Kirche im Rheinischen wollte die vierzehn Stationen des Kreuzwegs Jesu als Glasfenster gestalten lassen. Mit dem Entwurf für dieses Projekt wurden drei Künstler beauftragt, ein russischer Maler, der in England lebte, und Fazl und Mahbuba Maqsoodi aus Afghanistan, die in Deutschland Asyl gefunden hatten. Zu unserer Enttäuschung gewann zwar der erfahrene Glaskünstler diesen Bewerb, aber immerhin konnten wir uns bei dieser Gelegenheit zum ersten Mal auf einem für uns neuen Feld erproben.

Nun stand die Realisierung an. Der Seniorchef sprach mit uns Glasmalerinnen über dieses Projekt und erklärte dabei: »Wer von Ihnen beiden die Fleischteile übernehmen soll, müssen wir erst herausfinden. Ich schlage vor, dass jede von Ihnen sich etwas aus dem Entwurf heraussucht und das als Probestück umsetzt. Dann können wir diese Entscheidung treffen.« Fleischteile? Dieses merkwürdige Wort hatte ich bis dahin noch nie gehört. Meine Kollegin klärte mich auf: In der Sprache der Glasmalerei werden Porträts und Gliedmaßen, alles also, was Haut zeigt, damit bezeichnet. Die »Fleischmaler« standen vor allem früher in hohem Ansehen, vor Urzeiten sollen sie sogar mit der Kutsche an ihren Arbeitsplatz gebracht worden sein.

Ich wählte die achte Station des Kreuzwegs »Jesus begegnet den weinenden Frauen« – drei Frauengestalten, deren schmerzvoller Ausdruck mich berührte. Meine Kollegin hatte sich für die zehnte Station entschieden, in der Jesus seiner Kleider beraubt wird. Ihre Jesus-Figur war bis zu den Hüften entblößt, eine sehr anspruchsvolle Aufgabe. Nach drei Tagen wurde unsere Fleischmalerei von der Geschäftsleitung begutachtet. Die Entscheidung fiel schnell und locker: Alle Porträts und Gliedmaßen, die zu diesem Kreuzwegsprojekt gehörten, sollte ich ausführen.

Ich sah darin kein Problem und machte mich an die Arbeit. Meine Kollegin aber schien sich mit dieser Entscheidung schwerer zu tun. Die Freundlichkeit, mit der sie mir immer entgegengekommen war, zeigte sie nicht mehr, die Harmonie war gestört, ein Schatten nahm ihren Platz ein. Um unsere Situation zu verbessern, suchte ich das Gespräch mit ihr. »Wenn unsere Arbeit die Ursache für deine Tränen ist, dann bitte ich dich: Sprich mit dem Chef und sag ihm, dass du die Fleischteile malen möchtest. Ich würde genauso gerne alle anderen Aufgaben übernehmen.«

Aus diesem Projekt habe ich viel gelernt. Zum einen, dass auch in der kleinen Welt der Glasmalerei das hierarchische System noch nicht verschwunden ist, zum anderen, dass so vieles, eigentlich viel zu viel, um diese eine Frage zu kreisen scheint: Wer ist der Beste? Und um das, was daraus folgt: Wenn ich der Beste bin, dann will ich auch das Sagen haben. Ich fragte mich, wie viele unnötige Schmerzen, wie viel Zerstörung dieser unbedingte Anspruch wohl schon ausgelöst haben mochte. Und ich erinnerte mich an meine eigenen Erfahrungen.

Im Sommer 1986 saß ich wieder einmal im Roten Pfeil auf dem Weg nach Moskau zu einem Praktikum. Wir waren zu viert im Coupé, ein Student aus Ägypten, einer aus Sri Lanka, eine Russin und ich. Ehe wir uns zum Schlafen bereit machten, um uns dem Rhythmus des Tak-Tak-Tak zu überlassen, das der eine vielleicht als Ruhestörung, der andere als Meditationshilfe empfinden mochte, oder, wie etwa ich, einfach ignorieren konnte, ergab sich ein Gespräch. Meine flammende Liebe zur ägyptischen Kultur und die Tatsache, dass ich zum ersten Mal einem ägyptischen Menschen gegenübersaß, führte mich dazu, dass ich sagte: »Du musst unglaublich stolz sein. Du kommst aus einem Land, das in der Weltkultur eine so einzigartige Stellung einnimmt, und du hattest das Glück, unter dem Licht dieser Kultur geboren worden zu sein.«

»Nein, diesen Stolz habe ich nicht. Ich denke, dass jede Kultur, ob groß oder klein, ihren Platz hat und ihre Rolle innerhalb der Weltgeschichte spielt.« Diese kluge und bescheidene Antwort beschämte mich. Wäre an der Stelle des Ägypters ein Afghane gesessen, hätte die Antwort ganz anders gelautet: Ja, wir sind die stolzen Afghanen, die mutigen Afghanen. Wir sind das freiheitsliebendste Volk der Erde. Wir haben Alexander den Großen verjagt. Wir können auf eine tausendjährige Geschichte zurückblicken … und und und. Sätze wie diese hatte ich oft gehört, nicht nur aus den Mündern einfacher Leute, selbst Wissenschaftler und Poeten vertraten diese Haltung.

Meine Erinnerung führte mich sogar bis in meine Schulzeit in Herat zurück. Immer und immer wieder hatte mich mein Ehrgeiz dazu angestachelt, ausschließlich gute, wenn möglich die besten Noten zu erreichen. Mit dieser Haltung kam ich in die Sowjetunion, und auch hier gelang es mir, mein Studium an der Akademie mit dem Roten Diplom, das heißt mit allerbesten Noten, abzuschließen. Selbst als ich nach Deutschland kam, war ich noch nicht wirklich frei von dieser Denkart. Meine Mitschüler im Deutschkurs des Goethe-Instituts kamen aus diversen Nationen, und auch vom Alter her waren sie höchst unterschiedlich. Für mich war es eine Katastrophe, dass ich dort nicht, so wie ich es gewohnt war, zu den Besten gehörte. An einem dieser Tage, die mir wieder einmal eine trübe Beurteilung beschert hatten, machte ich mich innerlich schwer beladen auf den Weg zum Atelier der Keramiker-Freundin, um dort Gefäße zu vergolden. Ihre Helferin saß an der Drehscheibe und erkannte, dass ich voller Trübsal war. Als sie mich nach der Ursache fragte, brach ich mit meinen siebenunddreißig Jahren in Tränen aus: Meine Noten im Goethe-Institut seien nicht so gut, wie ich das gerne hätte. Ihr schallendes Gelächter erfüllte das ganze Atelier. »Dass du so dumm bist, hätte ich nicht gedacht. Mach doch deine Augen auf. Das Beste, was soll das denn sein? Warum bist du so darauf fixiert? Denk darüber nach, versuch, dich aus diesem Gefängnis zu befreien.«

Diese Frau hat mir die Augen geöffnet für etwas, das mir dann die Arbeit in der Glasabteilung, den Umgang mit meiner Kollegin und ganz allgemein das Konkurrenzverhalten um vieles leichter machte.

Die vierzehn Kreuzweg-Fenster wurden eingebaut, und wir Malerinnen erhielten beide einen Satz Fotos als Dokumente unserer Arbeit. Ich schaute mir die Aufnahmen an und sagte: »Eine gute Erinnerung.« Mit einem kleinen spöttischen Lächeln auf den Lippen erwiderte meine Kollegin: »Eine Lehre.«

Lässt sich das wirklich so klar voneinander trennen?, fragte ich mich im Stillen.

MARIÄ HIMMELFAHRT

عروج ماری

Obwohl mir meine Arbeit mittlerweile weitgehend zu einer angenehmen Routine geworden war, hatte ich noch immer das Gefühl, dass es fast jeden Tag dabei Neues zu entdecken gab. Ganz besonders lehrreich erwiesen sich die Restaurierungs- und Ergänzungsarbeiten. Ich empfand es wie ein Geschenk, dass ich Stücke aus Glas in meine Hände nehmen konnte, die mehr als hundert Jahre alt waren. Es erfüllte mich mit Ehrfurcht, wie diese alten Meister gearbeitet hatten, wie sie die Nuancen der Farben wählten, wie sie die Bleilinien legten, wie sie die Schnitte ansetzten, wie sie durch die Komposition die unterschiedlichsten Farbreflexe erzeugten. Wie ein Kind versuchte ich, all das zu ergründen und mich dieser Welt anzunähern.

Die Erwartungen waren hoch – nicht nur die meiner Chefs, auch meine eigenen. Also blieb mir nur, die Ärmel hochzukrempeln, zu lernen und zu lernen. Fehler, die dabei gemacht wurden, waren klar zu erkennen, und Kritik war leicht zu üben, aber es gab niemanden, der mir erklären konnte, worin diese Fehler bestanden und wie man sie hätte vermeiden können.

Das Studium in St. Petersburg hatte mir eine breite Basis verschafft, aber jetzt musste ich erkennen, dass all meine Theorien und bisherigen Erfahrungen mir hier nicht weiterhalfen. Ich wollte dieses Feld erobern, und ich begann meinen eigenen Kampf. Dieser Kampf war langwierig, er brachte mir auch Niederlagen, und er führte mich, die als Muslima erzogen worden war, in alle katholischen Kirchen, die mir erreichbar waren, nah und fern. Ich wollte und ich musste lernen.

Und dann, ganz unerwartet, kam doch jemand, der mich an die Hand nahm und mir zeigte, was für kleine oder auch große Steine als Hindernisse vor mir lagen.

Die Werkstatt, in der ich arbeitete, war ein Paradies für Künstler aus aller Welt. An riesigen Arbeitstischen unter gewaltigen Deckenspiegeln entstehen vielfältigste Arbeiten, Hunderte Quadratmeter von Kunst, die dann ihren Weg in die ganze Welt finden. Und einer dieser Künstler fand einen direkten Weg zu meinem Herzen. Er war, nach einem Wort des persischen Dichters Saadi, ein Baum voller Früchte, der sich zu Boden neigt. In zahllosen sakralen Bauten über die ganze Welt verstreut können Gläubige sich unter dem Licht der zeitlosen Glasbilder von Hans Gottfried von Stockhausen in andere Dimensionen versenken. Und ich hatte nun das Glück, ihm assistieren zu dürfen, wenn er in der Firma seine Glasfenster umsetzte. Sein Schatz an Erfahrung war wie eine Wunderquelle für mich, denn ich konnte ihn dabei beobachten, wie er das Glas zum Leuchten und zum Leben brachte. Gelegentlich bat er mich sogar um meine Meinung, was mich, die Afghanin, fast in Schreckensstarre versetzte. In unserer Kultur wäre es niemals erlaubt gewesen, einem so geachteten älteren Menschen einen Rat zu erteilen. Aber er wollte meine Zurückhaltung nicht akzeptieren, und wenn ich mich dann doch äußerte, in aller Bescheidenheit, hörte er mir respektvoll zu.

Zu der Zeit war ich mit der Gestaltung eines Glasfensters beschäftigt, das von zwei Männerkörpern beherrscht war, einer in Blau, einer in Grün gehalten. Ich hatte schon zwei oder drei Versuche gemacht, diese beiden Figuren zu formen und zu malen, doch es war mir nicht gelungen, ein Ergebnis zu erreichen, das mich zufriedenstellte. Herr von Stockhausen bemerkte meine leichte Verzweiflung, betrachtete meine Arbeit eingehend und sagte dann: »Mahbuba, deine Farben sind falsch positioniert. Was du gemacht hast, kann auf Papier oder Leinwand gut wirken, aber mit Glas ist das etwas anderes. Die blaue Farbe schreit, dass sie nach hinten will. Kannst du das denn nicht hören? Und deine grüne Farbe will nach vorne. Diese beiden Farben reflektieren aufeinander, und wenn du Harmonie erreichen möchtest, musst du die Positionen tauschen.« Nun endlich wurde es mir möglich zu sehen und auch den Klang meiner Farben zu hören. Und ich setzte alles daran, diesen zerstörerischen Schrei in angenehmen Gesang zu verwandeln.

Es war nicht die einzige Lektion, die ich von diesem wunderbaren Meister erhielt. Er brachte mir vieles bei über Glas, Licht und Farbe: »Wenn die Morgensonne durch das Glas scheint, schlafen einige der Gläser noch, einige sind wach, andere haben die Augen erst halb geöffnet, manche fangen an, sich zu bewegen. Und langsam, mit dem zunehmenden Licht, werden sie dann alle wach. Alle fangen an zu klingen. So wie in einem Orchester die Instrumente haben auch alle Farben ihren eigenen Klang. Und jetzt liegt es an dir, an deinem Können, ob du mit deinen Farben, mit deiner Komposition und deiner Gestaltung eine Harmonie erreichst, die die Seele streicheln und in den Himmel heben kann – oder aber das Gegenteil. Das ist eine Verantwortung, eine wunderschöne, und sie braucht Wissen, Können und viel Arbeit.«

Zur Arbeit war ich sehr bereit, und ich war dabei auch nicht allein. Fazl stand neben mir. Uns war klar, dass der Weg nicht leicht war, dass wir straucheln und auch fallen würden, aber wir wussten ebenso, dass wir Hand in Hand wieder aufstehen würden, so lange, bis wir den Boden unter unseren Füßen als etwas Festes spüren könnten.

Im Jahr 2000 erteilte uns die Geschäftsleitung dann unseren ersten großen Auftrag. Das Thema: Mariä Himmelfahrt. Wir hatten einen zweiundvierzig Quadratmeter großen Entwurf gemacht, den es nun umzusetzen galt. Mir war bewusst, dass es sich hier um ein wesentliches Dogma des katholischen Glaubens handelte, und ich wollte mich kundig machen, mich aus meiner Unwissenheit befreien. Um mich wenigstens innerhalb der Tradition zu versichern, begab ich mich in das reichhaltige Firmenarchiv. Ich war ganz in alte Bilder vertieft, als plötzlich einer der Geschäftsführer bei mir auftauchte, ein Mann, der neben seiner langjährigen Erfahrung auch ein hochprofessionelles Urteil hatte. »Was hat dich hierher gebracht?«, fragte er mich. »Ich muss Maria im Himmel zeigen«, antwortete ich. »Und ich möchte wissen, wie andere Künstler das gemacht haben.« Darauf er: »Mach dir das doch nicht so schwer, Mahbuba. Stell dir einfach vor, wie es wäre, wenn du in den Himmel kommst.«

Ich bedankte mich für diese Empfehlung. Und machte mich daran, meine erste heilige Muttergottes im Himmel darzustellen – die Aura, die ich ihr verlieh, war eine Mischung aus Neugier und Bescheidenheit.

فروتنی

DIE NEU ERWACHTE FLAMME

شعله بیدار شده نو

Es war Dezember 1996, und wir bereiteten uns auf unser zweites Weihnachts- und Neujahrsfest vor. Alles war geschmückt, von vielen Wänden, Türen und Fenstern schien Licht zu regnen. Bäume waren mit Lichterketten wie mit Früchten dekoriert, die ganze Stadt erstrahlte in leuchtender Pracht. Für uns war das neu. Wir kannten das Weihnachtsfest aus Russland, aber nicht in derart glänzender Üppigkeit. Da wir unseren Kindern das afghanische *Nouruz*-Fest ja nicht in der klassischen Form vermitteln konnten, waren auch wir dazu übergegangen, Weihnachten und das neue Jahr mit einem Tannenbaum zu feiern.

Im Zuge der Weihnachtsvorbereitungen machten Fazl und ich einen großen Einkauf. Als wir mit Taschen und Tüten beladen das Geschäft verließen, trafen wir einen afghanischen Bekannten. Er war mit dem Auto unterwegs und bot an, uns schwer Schleppende nach Hause zu bringen. Mit Dank nahmen wir an, aber unser Einkauf sei noch nicht ganz abgeschlossen, erklärte ich ihm, wir müssten noch einen Tannenbaum besorgen. Voller Überraschung, fast mit Entsetzen, starrte er uns an: »Seid ihr Christen geworden?« Nun war die Überraschung auf meiner Seite, und sie machte mich stumm. Fazl übernahm es zu antworten: »Mein Herr, wollen Sie einen so großen Glauben wie das Christentum auf einen Tannenbaum verkürzen?« Unsere Konversation war damit beendet.

Diese Begegnung irritierte mich, machte mich auch ratlos. Mein Mann kam mir zu Hilfe: »Du musst etwas beachten, Mahbuba. Wenn du bisher Afghanen außerhalb ihrer Heimat angetroffen hast, dann waren das in der Regel Studenten, Leute, die bereit für Neues waren, aufgeschlossen für Fremdes. Die Afghanen, die hier leben, sind fast alle Flüchtlinge. Sie haben ihr Land verlassen, um ihr Leben zu retten. Es ist nicht ihr Hauptziel, neue Lernerfahrungen zu machen. Und so ist es auch eher konsequent und jedenfalls verständlich, dass sie von ihrem alten Leben so viel wie möglich beibehalten möchten. Öffne deine Augen und versuche, die Realitäten klarer wahrzunehmen. Man hat uns schon Kommunisten geschimpft, und jetzt werden wir eben auch noch als Christen abgestempelt.«

Mein Einstieg in die afghanische Gemeinde in München verlief also nicht gerade glücklich. Doch im Laufe der Zeit ergaben sich die unterschiedlichsten Begegnungen, die mir das Leben der hiesigen Afghanen näherbrachten und mir auch tiefere Einblicke verschafften in Problemfelder, auf denen viele dieser Familien ihre Kämpfe austragen mussten – Arbeitslosigkeit, die Sprachbarriere, Unkenntnis der Gesetze, Kindererziehung und der Umgang mit Jugendlichen, vor allem aber die Stellung der Frau innerhalb der Familie. Ich versuchte zu helfen und fand dabei Unterstützung durch mehrere deutsche Frauen, die sich selbstlos in der Flüchtlingshilfe engagierten. Mein Beitrag bestand im Wesentlichen darin, mich als ehrenamtliche Dolmetscherin in Krisensituationen nützlich zu machen – eine Aufgabe, die mir bis heute als selbstverständliche Pflicht gilt.

Mit Staunen musste ich feststellen, dass gerade in Familien, die sich an der Moderne orientiert hatten, als sie noch in Afghanistan lebten, nun die alten Traditionen nicht nur wieder zu Ehren kamen, sondern sogar die Herrschaft übernahmen. Am meisten litten die Frauen darunter. Selbst wenn sie in Afghanistan einen Beruf ausgeübt hatten, als Lehrerin, als Sekretärin, blieb ihr Wirkungsfeld nun auf ihre vier Wände, genauer gesagt, auf ihre Küche beschränkt. Ihre Aufgabe war es zu dienen – dem Mann und den Kindern. Wenn eine Familie Sozialhilfe bekam, stand die ganze Summe ausschließlich dem Mann zur Verfügung, in seinem Ermessen lag es, wie und von wem dieses Geld verwendet wurde. Auch Gewalt wurde angewandt, in Form hemmungsloser Schmähungen und Beleidigungen und immer wieder auch als körperliche Züchtigung.

Als besonders schmerzhaft empfand und empfinde ich das Schicksal jener jungen Frauen, die »als Paket« aus Afghanistan nach Deutschland versandt werden. Es handelt sich dabei um arrangierte Heiraten, die aufgrund einiger Telefonate, Briefe oder Fotos zustande kommen. Das Lockmittel ist immer dasselbe: das Versprechen, diese Mädchen würden dadurch geradewegs im europäischen Paradies landen. Doch für viele von ihnen stellt sich dieses Paradies als ein Netz von Hilflosigkeit heraus, in dem sie gefangen sind. Aus eigener Kraft können sie sich nicht befreien, sehen den Weg dazu nicht, wollen es vielleicht auch nicht. Viele dieser jungen Frauen sind von Angst beherrscht, der Angst, als Schande für die Familie in eine ungewisse Zukunft nach Afghanistan zurückgeschickt zu werden, aber auch der Angst, vor den Landsleuten das Gesicht zu verlieren. Man muss Haltung bewahren, den Schein aufrechterhalten. Und auch wenn das Gesicht ein Lachen ziert, kann man ahnen, dass hinter diesem Schleier des Glücks die Tränen laufen.

Ein Beispiel, das ich aus nächster Nähe erlebte: Ein junges Mädchen in Kabul wird von einer namhaften afghanischen Familie in München als Braut für den Sohn umworben. Man schildert ihr die Lebensumstände, erklärt, dass der Sohn für eine bedeutende Zeitung arbeite, und verspricht eine angenehme Zukunft. Das Brautpaket erreicht sein Ziel, und nach einem prächtigen Hochzeitsfest beginnt für das junge Paar das neue Leben. Der Mann hat Abenddienst, und die junge Frau bürstet täglich seinen Anzug und legt ein frisches weißes Hemd für ihn heraus. Ein paar Wochen später macht er Andeutungen, dass ihm das Äußere nicht so wichtig sei und sie sich diese viele Mühe sparen könne. Die Ehefrau wundert sich über diese Veränderung und möchte den Grund dafür erfahren. »Meine liebe Frau, was hast du dir denn gedacht? Ich und schreiben, ich und Journalismus, ich und in einer Redaktion arbeiten? Das ist ein Abstand wie zwischen Erde und Himmel. Ja, ich arbeite für die Zeitung, aber ich verkaufe sie nur, an einer Straßenkreuzung. Und freue mich, wenn ich ein paar Cent als Trinkgeld bekomme.« Diese Wahrheit musste die junge Frau verkraften.

Als jungem Mädchen in Herat war mir das afghanische Frauenbild vertraut – ich kannte die Schmerzen, die Freuden, die Liebe, die Klugheit, die teuflischen Intrigen, die Biegsamkeit, den Gehorsam dieser Frauen und ihre Bereitschaft zu dienen als *sijah-sar* und *zaiefa*, als Schwarzkopf und schwach. Aber ich fühlte mich nicht davon betroffen, nicht zugehörig, wohl weil meine Familie mich vor diesen Empfindungen bewahrte. Dennoch war es mir ein Anliegen mitzuhelfen, dass sich die Fesseln, die sich seit Jahrhunderten um afghanische Frauen im Kerker von Unfreiheit und Unwissenheit schlingen, lockern würden. Es waren Gefühle und Gedanken, die mir nicht wirklich bewusst waren, aber sie wurden gewässert von der Quelle der Schöpfung göttlicher Gleichheit.

In meinen Jahren in Russland hat mich die Gleichstellung von Mann und Frau nicht weiter beschäftigt, weil ich sie in der sozialistischen Gesellschaft als verwirklicht erlebt habe. Ich sah, dass Frauen überall präsent waren, dass sie feinste Arbeit verrichteten, aber genauso gröbste Schwerarbeit, die auch ihre Körper, ihre Haltung, ihre Sprache grob machte. Für mich bedeutete das Fortschritt, Gleichberechtigung. Erst in der Rückschau wurde mir deutlich, dass mir in den höchsten Positionen – sei es in der Politik, der Wirtschaft, der Wissenschaft – kaum eine Frau begegnet ist. Wie immer und überall.

Durch das Attentat auf die Zwillingstürme von New York am 11. September 2001 rückte Afghanistan plötzlich in den Blickpunkt der Welt. Als verantwortlich für diese welterschütternde Tat wurde die Terror-Organisation al-Qaida ausgemacht; die Taliban mit ihrer Hochburg Afghanistan galten als fanatische Unterstützer. Ab dem 7. Oktober bombardierten die USA deren afghanische Stellungen. Auch wer bisher noch kaum etwas über die Taliban erfahren hatte, wurde nun mit Nachrichten überschwemmt, Berichte über die maßlose Unterdrückung der Frauen dominierten. Im Dezember entschied die NATO, zum Wiederaufbau des Landes und der Förderung humanitärer Maßnahmen die Internationale Sicherheitskonferenz (ISAF) in Afghanistan einzuberufen.

Auch in Deutschland wuchs die Anteilnahme an der tragischen Situation in Afghanistan, und vor allem Frauen interessierten sich für die Lage der Frauen in diesem Land. Man wollte sich informieren und suchte deshalb vermehrt den Zugang zu Informationen aus erster Hand. Ich hatte durch Ausstellungen und auch durch meine ehrenamtliche Tätigkeit viele deutsche Bekanntschaften gemacht und wurde nun öfter angefragt, Vorträge zu halten und Seminare zu veranstalten. Meine politische

Haltung war eindeutig wie eh und je: Ich war links orientiert, aber nicht dogmatisch, sondern offen und auch kritisch – eine Einstellung, die ich den Erfahrungen meines vierzehn Jahre dauernden Aufenthalts in der Sowjetunion verdankte. Ich ließ in meinen Äußerungen keinen Zweifel daran, dass ich der afghanischen Marionettenregierung jede Fähigkeit zu demokratischem Verhalten absprach, dass für mich jedes einzelne Barthaar dieser Männer ein Seil darstellte, an dem man Demokratie und Frauenrechte aufknüpfte.

Im März 2002 kam ich in Kontakt mit drei Frauen, die dem Stadtbund Münchener Frauenverbände angehörten, einer Vereinigung, die schon seit hundert Jahren für Frauen und ihre Rechte kämpft. Ihre Ansicht, dass es auch in Deutschland um die Rechte der Frauen nicht einfach nur gut stehe und man sich dafür einsetzen sollte, überraschte mich, weil ich hier die Gleichberechtigung weitgehend verwirklicht sah. Wenn ich allerdings die Lage der Frauen in meinem Heimatland bedachte, die um so vieles schlimmer und schwerer als in Deutschland war, hätte ich es als Sünde empfunden, untätig zu bleiben. Die Begegnung mit diesen Frauen führte dazu, dass die kleine Flamme in meinem Inneren, die fast schon unter Asche erstickt war, wieder aufloderte. Dass mein Bedürfnis, Frauen zu ihren Rechten zu verhelfen, ihr Selbstbewusstsein und ihre Selbstachtung zu stärken, neu und lebhaft erwachte.

Aber es dauerte noch ein gutes Jahr, bis es schließlich zu einem handfesten Ergebnis kam – der Gründung des Afghanischen Frauenvereins München. Im Zusammenhang mit all diesen Aktivitäten wurde mir erst so richtig deutlich, wie viele Menschen ehrenamtlich tätig sind, jeder einzelne von ihnen eine Feder in den Flügeln der Gemeinschaft, von denen die Gesellschaft getragen wird.

Als ich damals mit meinen vierzehn Jahren in Herat völlig unerfahren und unbewusst im Bus die Kette löste, die den Platz der Frauen beschränkte, konnte ich nicht ahnen, dass ich mich eines fernen Tages in einem fernen Land für die Rechte der Hälfte der Menschheit einsetzen würde – ein Einsatz, der mich selbst in hohem Maß bereichert.

DER TRAUM EINER MUTTER

Die Situation in Afghanistan hatte sich verändert. Die Taliban waren scheinbar besiegt, die von den Westmächten ernannte Regierung unter Führung von Präsident Karsai sollte nun demokratisch bestätigt werden, das Land und seine Menschen waren euphorisiert, ein friedlicher Wiederaufbau schien in sichtbarer Nähe. Viele Afghanen, die nach Europa oder Amerika geflüchtet waren, machten sich auf den Weg zurück, um mit ihren Talenten, ihrem Können, dem verletzten Körper ihres Heimatlandes wie eine Salbe zu dienen. Das galt auch für Fazl. Im Herbst 2004 flog er für vierzig Tage nach Kabul und Herat. Vierzehn Jahre lang hatte er sein Land nicht gesehen, er wurde herzlich aufgenommen und erhielt mehrere interessante Arbeitsangebote. Allerdings war daran jeweils ein Mindestaufenthalt geknüpft – ein halbes Jahr bis zu einem Jahr.

Als Fazl zu uns zurückkam, war er körperlich erschöpft, aber seine Seele war gesund, voller Freude und Kraft. Wir diskutierten viele Stunden, auch zusammen mit den Kindern, und fassten schließlich den Entschluss, dass es für sein Wohlergehen wichtig und auch richtig sei, einen sechsmonatigen Probeauftrag zu übernehmen. Für die Kinder kam ein Leben in Afghanistan nicht infrage, sie waren dort nicht geboren und nicht aufgewachsen, es war ein fremdes Land für sie. Aber auch mir war meine Heimat fremd geworden, eine Rückkehr wäre mir wie ein Rückschritt erschienen. Bestätigt wurde ich in dieser Haltung durch ein kleines, aber eindeutiges Erlebnis. Eines Abends hatte Fazl mich aus Herat angerufen mitten aus einem heiteren Fest, das er für seine Freunde gab – Musiker, Dichter, Maler, Ärzte, Pädagogen und andere aus kulturellen und intellektuellen Kreisen. Die Stimmung schien großartig, Fazl war so von Glück erfüllt, dass selbst ich, die Tausende von Kilometern entfernt war, mich von dieser Freude angesteckt empfand und das Gefühl hatte, ich säße mitten unter ihnen. Und ich fragte ihn: »Wenn ich jetzt in Herat wäre, könnte ich dann neben dir sitzen und an dem Gedankenaustausch teilnehmen?« Die Antwort kam schnell und klar: »Nein. Nein, das ist nicht möglich.«

Dieses Nein rührte viele Gedanken in mir auf. Das Land hatte auf seinem Weg zur Aufklärung so viele Opfer gebracht – und das sollte nun das Ergebnis sein? Eine Frau darf an einem Gespräch in einer Runde von intelligenten, aufgeklärten Menschen, Männern, immer noch nicht teilnehmen. Für mich war das untragbar. Waren diese Leute wirklich aufgeklärt, oder erschöpfte sich ihre kritische Haltung in oberflächlichen Phrasen, die nichts kosteten und für die sie nicht einstehen mussten? Lag hier nicht der eigentliche Kern des Problems, die Schwierigkeit oder gar Unmöglichkeit der Umsetzung?

Aber es gab noch andere Gründe, die in mir Zweifel an Fazls Entschluss weckten, mich sogar in einen echten Zwiespalt geraten ließen. Ich hatte ihn immer als einen sehr direkten Menschen erlebt, der es nicht dulden wollte, wenn er etwas als nicht korrekt empfand oder es ihn nicht überzeugte. In diesen vierzig Tagen seiner Reise war er wie ein Gast empfangen und behandelt worden. Er hatte frei seine Meinung und auch seine Kritik geäußert in privaten wie in öffentlichen Zirkeln. Wie aber würde das sein, wenn er dort das übliche Leben führen würde? Würde man ihm so viel Freiheit, wie er sie sich grundsätzlich nahm, auch weiterhin erlauben? In einem Land, das von Gesetzlosigkeit und Korruption beherrscht war? Es schien mir unvorstellbar. Vor meinen Augen stiegen die Gefahren auf, in die er sich begeben würde, und mich ergriff der Schrecken, dass sie ihn die Freiheit, wenn nicht sogar das Leben kosten könnten. Und selbst wenn er sich in seinen Urteilen zurücknehmen und durch Vorsicht und Umsicht eine Lebensgefahr vermeiden könnte, würde er in so einer Lage dann noch er selbst sein, frei und glücklich sein können? Meine Angst zeigte mir ein Bild meines Mannes, der müde und gebrochen aus seiner ehemaligen Heimat zurückkehren würde.

In dieser Situation meiner Verwirrung bat der Firmenchef wieder einmal zu einem Gespräch. Er hatte einige Mitarbeiter um sich versammelt und erklärte uns, es ginge um einen großen Auftrag. Der Orden der Dominikanerinnen in Nashville, Tennessee, hatte angefragt, ob die Firma einen Auftrag von vierundvierzig Glasfenstern ausführen könnte. Die Thematik war vorgegeben: Das Leben der heiligen Cäcilia und das Leben des heiligen Dominikus sollte in ausgewählten Szenen dargestellt und illustriert werden, und zwar im Stil des neunzehnten Jahrhunderts. Ich wagte eine Frage: »Könnten wir diesen Auftrag nicht einfach mithilfe unseres Archivs ausführen? Ich denke, es könnte ein wirklich hochwertiges Ergebnis dabei herauskommen.« Nein, er würde auf jeden Fall den russischen Künstler, der schon öfter für ihn gearbeitet hatte, mit einem Entwurf beauftragen. Und dann schob er eine mich sehr überraschende Überlegung nach: »Aber Frau Maqsoodi, Sie könnten sich auch zusammen mit Ihrem Mann Gedanken zu diesen Bildern machen und entsprechende Entwürfe vorschlagen.«

Mit einem ganzen Ordner voller Daten und Informationen unter dem Arm und mit einem Herzen voller Freude und Hoffnung flog ich nach Hause in unser Nest. Der Weg schien mir endlos, ich konnte es kaum erwarten, meinem Mann zu berichten. Doch meine ganze Freude, meine Begeisterung, der Glanz meiner Augen und der Überschwang meiner Worte – nichts davon schien auf ihn überzugehen. Seine Skepsis war mit Händen zu greifen. »Glaubst du, dass das die Wahrheit ist?« – »Wahrheit hin oder her«, sagte ich zu ihm. »Ich glaube, dass das für uns eine Chance ist. Wir müssen einfach unser Bestes geben.«

Und so lasen wir erst einmal alles, was wir über Cäcilia und Dominikus in die Hände bekommen konnten. »Warum wird der heilige Dominikus immer mit einem Stern auf seiner Stirn dargestellt?«, fragte ich unseren Freund Peter Hawel, der Theologie studiert und in Kunstgeschichte promoviert hatte. Und so hörte ich von Peter eine erstaunliche Geschichte: »Die Legende sagt, dass die Mutter von Dominikus, als sie ihn unter dem Herzen trug, einen Traum hatte. Ihr träumte, dass in ihrem Leib ein Hund heranwächst, der eine brennende Fackel im Maul hält, mit der er die Welt in Brand setzen wird. Voller Angst machte sich die Mutter auf den Weg zu einem Priester und erzählte ihm dieses schreckliche Traumerlebnis. Der Priester beruhigte sie und erklärte ihr, dass das Kind in ihrem Leib sich zu einem großen Kirchenlehrer entwickeln würde, der mit der strahlenden Fackel seines Wissens die Kirche und den Glauben beleuchten und erhellen werde. Als dann die Taufe des Dominikus stattfand, erblickte die Großmutter auf seiner Stirn einen Stern. Deshalb wird Dominikus auf allen Bildern mit diesem Stern gezeigt und mit einem Hund, der eine Fackel im Maul trägt.«

Was für eine Geschichte, dachte ich, was für ein Traum, was für eine Illustration.

Aus dem Zyklus über das Leben der Cäcilia hatten wir uns für die Episode »Cäcilia verteilt ihr Vermögen an die Armen« entschieden, und die Entwürfe wurden nach Amerika versandt.

Am Tag darauf wurde ich erneut ins Büro gerufen. Ich war etwas irritiert, weil mich die Sekretärin und die Projektmanagerin mit Blicken bedachten, die ich seltsam fand, geheimnisvoll. Und dann erfuhr ich den Grund: »Wir haben den Auftrag. Wir machen dieses Projekt!« Meine Freude war so groß wie meine Erleichterung. Doch noch immer schien die Luft voller Spannung. »Ja willst du denn nicht wissen, welcher Entwurf gewonnen hat?«, wurde ich gefragt. »Es ist eurer – der von dir und deinem Mann.« Mein Herz wollte einen Luftsprung machen und gab mir zur gleichen Zeit das Gefühl, in schwere Tiefen zu sinken. Die Freude war das eine, das andere war die Verantwortung, eine Last.

Der Traum der Mutter des Dominikus hatte uns eine neue Tür geöffnet. Der Firmenchef unterbrach seinen Urlaub. Und Fazl Maqsoodi ging nicht nach Afghanistan.

WARUM MACHEN SIE DAS?

چرا این کار را می‌کنید؟

Unsere Zusammenarbeit mit den amerikanischen Dominikanerinnen war intensiv und bereichernd für beide Seiten. Die Arbeit war alles andere als einfach, aber wir empfanden sie wie ein Geschenk, weil sie uns sicherer machte im Umgang mit den Materialien, den technischen Anforderungen und auch im künstlerischen Ausdruck. Dass wir dabei unsere Augen und Ohren auch für Kritik offen halten mussten, war selbstverständlich. Kritische Einwände oder Anregungen dann aber auch umzusetzen, das war schwer – dafür brauchte man eine Welt von Geduld. Ich war und bin sehr streng in der Beurteilung meiner eigenen Arbeit, und es kommt nicht allzu oft vor, dass ich mit dem Ergebnis wirklich vollkommen zufrieden bin. Da ich mich in der Konzeption und der Gestaltung meiner Glasmalerei ja mindestens hundert Jahre zurückversetzen muss, ist es mein Ehrgeiz, eigentlich mein Herzenswunsch, technisch und künstlerisch das Niveau der Arbeiten aus den früheren Epochen wenigstens zu erreichen – alles andere würde ich als verlorene Zeit betrachten.

Als unsere vierundvierzig Glasfenster dann schließlich an ihrem Bestimmungsort gelandet waren und die Kirche in ein neues Licht tauchten, kam eine Woge von Anerkennung auf die Firma zu und in deren Folge bald auch ein neuer Auftrag von einer katholischen Kirche in Texas. Alle Fenster in diesem Kirchenschiff waren im neunzehnten Jahrhundert von der Münchner Werkstatt angefertigt worden. Nun sollten nach mehr als hundert Jahren zweiunddreißig neue Fenster geschaffen werden, so, als sprächen sie dieselbe alte Sprache.

Fazl und ich entwarfen ein Gesamtkonzept für die Gestaltung dieses sakralen Raumes. Nachdem die ersten drei der neuen Fenster fertiggestellt waren und in der Kirche ihren Platz gefunden hatten, kam eine kleine Delegation, ein Priester und zwei Frauen aus der Kirchengemeinde, aus dem Cowboyland zu uns nach München, um das weitere Vorgehen zu besprechen. Kurz vor ihrer Abreise erschienen die Besucher noch einmal bei mir in der Werkstatt, zeigten sich wieder begeistert über all das, was man hier zu sehen bekam, und dann stellte mir der Priester eine Frage, die mich sehr unerwartet traf: »Warum machen Sie das?«

Es war schon öfter vorgekommen, dass Besucher über mich verwundert waren, eine Frau, die aus einer islamischen Gesellschaft stammt und katholische Heilige und biblische Szenen auf Kirchenfenster malt. Doch diese Frage zielte tiefer, und sie kam vom Auftraggeber. Ich konnte in diesem Augenblick seine Motive nicht ergründen und hätte auch nicht sagen können, was er hören wollte. Also sagte ich einfach, was ich empfand: »Unsere Welt ist doch eine fast komplett materialistische Welt. Wer Not leidet, ist Tag für Tag damit beschäftigt, vor allem die materielle Not zu verringern. Diejenigen, die in der Fülle leben, die alles haben, was sie brauchen, sind genauso damit beschäftigt, weil sie von allem immer mehr haben wollen. Die meiste Zeit wird darauf verwendet, Äußerlichkeiten zu erwerben, Materielles zu gewinnen. Für mich ist ein sakraler Raum ein Ort, der die innere Welt bereichern kann. Und wenn jemand in einer Kirche vor einem Altar steht oder kniet und ich durch meine Arbeit dazu beitragen kann, dass dieser Mensch sich reicher fühlt, dann bin ich glücklich. Wenn ich einen Engel zeichne, der zwei Flügel hat, dann dürfen Sie nicht von mir erwarten, dass ich daran genauso glaube, wie man früher daran geglaubt hat. Für mich ist jeder Mensch, der einem anderen hilft, in Wahrheit ein Engel, weil er mit seiner Hilfe einen anderen beflügelt. Er schenkt ihm Flügel, die ihm das Gehen leichter machen, die ihn befreien von der Last der Welt, die oft sehr schwer sein kann.«

Es schien, dass meine Antwort diesen Priester, einen Mann des einundzwanzigsten Jahrhunderts, überzeugte. Nicht nur, dass sein Gesicht vor Freude strahlte, er knallte seine ganze Handfläche gegen meine Hand – mein allererstes *high five*.

Unsere Arbeitssituation hatte sich auf gute Weise gefestigt. Dennoch hatte ich das Gefühl, dass Fazl in seinem tiefsten Inneren nicht zufrieden war. Und eines Abends, als wir zusammen in unserem Atelier arbeiteten, es war im März 2008, brach es aus ihm heraus: »Ich gehe nach Afghanistan.«

Dieser Satz versetzte mich in eine tiefe neue Gedankenwelt. Bisher hatte ich angenommen, seine Unruhe und seine Unzufriedenheit hingen mit seiner Arbeit zusammen. Nun wurde mir klar, dass diese Erklärung nicht ausreichte. Ihn quälte etwas anderes: Er fühlte sich von seinen Wurzeln abgeschnitten. Eine Heilung konnte nur von einer Wiederanbindung kommen. Mir fielen zwei Zeilen aus dem »Lied der Rohrflöte« ein, einem Gedicht des persischen Mystikers Maulana Rumi:

Seit man mich aus dem Röhricht, meiner Heimat, schnitt,
Weint Mann und Frau bei meinen Schmerzensklagen mit.

Auch dieser Satz meines Mannes war eine Schmerzensklage, die mich in eine Stille versenkte. Die unterschiedlichsten Gedanken schwirrten durch meinen Kopf, und alle waren sie von Angst beherrscht.

DAS UNGEHEUER

Nach den unterschiedlichen und vielfältigen Erfahrungen in seinem jungen Leben hatte Omid seine Ausbildung als Hotelfachmann beendet. Zugegeben, wir hatten andere Erwartungen für ihn gehabt, hätten ein Studium sinnvoll gefunden, aber wenn wir jetzt die fröhlichen Blitze in seinen Augen sahen, wenn er von seiner Arbeit erzählte, erkannten wir, dass er damit glücklich und zufrieden war, und glücklich konnten dann auch wir sein.

Fazl und ich hatten uns Gedanken über unsere Zukunft gemacht. Wir wussten, dass uns am Ende unseres Arbeitslebens nur eine sehr bescheidene Rente erwarten würde, hatten deshalb gespart, wo wir nur konnten, um eventuell mithilfe eines Bankenkredits eine kleine Immobilie erwerben zu können. Als nun eines Tages Omid zu uns kam und erklärte, er wolle sich selbstständig machen, sagte Fazl so: »Mein Sohn, du weißt, dass deine Mutter und ich eine gewisse Summe gespart haben, und du weißt auch wofür. Aber ich sage dir: Wir geben dir gerne dieses Geld, geh hin und fange ein Studium damit an.« Omid wollte davon nichts hören. Darauf Fazl: »Dann nimm das Geld und mache damit ein kleines Hotel auf.« Omid bedankte sich und sagte: »Papa, mit dem Geld, das ihr gespart habt, kann ich keine großen Schritte machen. Und selbst wenn das der Fall wäre, würde ich es nicht nehmen. Es ist das Ergebnis eurer Arbeit, und ich würde mir nie erlauben, das aufs Spiel zu setzen.«

Milad war dabei, sich für das Fachabitur vorzubereiten. Fazl und ich hatten ein gutes Gleichgewicht gefunden – Arbeit und Kunst gingen Hand in Hand. Diese Harmonie wollten wir noch verbessern, und das gelang uns dadurch, dass wir im März 2009 bei einem Notar den Kauf eines Hauses mit Atelier beurkunden lassen konnten.

Alle Vorbereitungen und Verhandlungen für den Hauskauf und unseren Umzug – die Suche, die Kreditverhandlungen, die Verkaufsgespräche – hatte ich übernommen und war damit auch mehr als ausgelastet. Fazl war in dieser Phase mit dem Entwurf eines großen Glasfensters für das World Food Prize Center in Des Moines, Iowa, beschäftigt. Diese Arbeit war sehr anstrengend, die Figuren, die er zeichnen musste, waren überlebensgroß, die Auftraggeber ausgesprochen anspruchsvoll. Oft, besonders frühmorgens, sah ich etwas Neues in seinem Gesicht, Zeichen einer Müdigkeit, wie ich sie bisher an ihm nicht kannte. Weil mich das beunruhigte, bat ich ihn, zum Arzt zu gehen. Doch er lachte nur und erklärte, dafür hätte er keine Zeit, er habe zu tun. Erst ein komplett nassgeschwitztes Unterhemd belehrte ihn. Das Blutbild fiel bedenklich aus, und der Arzt bestand auf einer gründlichen Untersuchung in einer Klinik. Zwei Wochen lang wurde Fazl von Kopf bis Fuß begutachtet, wurde nach der Ursache für die stark erhöhten Entzündungswerte gesucht. Dann fand man sie. Als ich am Abend des 14. Mai, einem Donnerstag, von der Arbeit nach Hause kam und ihn fragte, wie sein Tag und das Gespräch mit dem Arzt verlaufen seien, erklärte er ohne jegliches Zeichen von Angst oder gar Verzweiflung: »Ich habe Krebs. Man weiß nur noch nicht, wo.«

Ich hörte diese Sätze, aber ich glaubte kein Wort davon, nicht einen Bruchteil. So wie Fazl auf mich wirkte, konnte das nicht die Wahrheit sein. Er sagte so: »Ich habe den Arzt gefragt: Bleibe ich bis Montag am Leben? Ich möchte nämlich nach Hause gehen und meine Arbeit zu Ende bringen.«

Dass so ein großer Schmerz auf uns fallen sollte, das wollte ich nicht glauben. Mein Unbewusstes suchte einen Ausweg. »Ich bin sicher, du hast den Arzt und seine Erklärung einfach von der Sprache her nicht richtig verstanden. Ich gehe morgen in die Klinik und spreche selbst mit ihm.« Nein, das kann nicht die Wahrheit sein, sagte ich mir im Stillen immer wieder. Und dieses Nein lag nicht nur auf meiner Zunge, sondern machte sich in jeder Zelle meines Körpers breit.

Am Morgen meinte Fazl, ich könne den Arzt ruhig aufsuchen, die Sprechstunde beginne um 14 Uhr. Unterwegs zur Arbeit kamen mir Zweifel, ob ich es mit meinen Fragen tatsächlich bis zum Nachmittag aushalten könnte, und so schlug ich den Weg zur Klinik ein. Ich traf den Arzt an, der mir erklärte, was ich schon wusste, dass die Sprechstunde erst am Nachmittag beginne. »Denken Sie, dass ich mit dem, was mein Mann mir erzählt hat, bis zwei Uhr warten und arbeiten kann? Ich wünsche mir und glaube, dass er Sie falsch verstanden hat.« Der Arzt sagte: »Ihr Mann hat alles richtig verstanden. Alle Details. Wir konnten tatsächlich die Wurzel nicht finden, aber die Krankheit ist gefährlich und weit fortgeschritten. Wir haben Metastasen gefunden, das Lymphsystem ist befallen.«

Ich blieb stumm. Ich empfand mich wie eine Statue, die hören kann und aus deren Augen Tränen laufen. Als er mir einen Kaffee anbot, konnte ich nur den Kopf schütteln, das Tuch, das er mir reichte, nahm ich. Die Erde schien sich unter meinen

Füßen zu verschieben. Was sollte ich tun? Wohin sollte ich gehen? Mit wem sprechen? Falle ich? Laufe ich? Schreie ich? Bleibe ich still und unbeweglich? Ich wusste es nicht.

Alles was ich wusste, war, dass ich in diesem Zustand nicht zurück nach Hause zu meinem Mann gehen konnte. Ich wollte stark neben ihm sein. In diesen Momenten war die Welt, die für mich fast immer klar gewesen war, unklar und zerrüttet.

Ich wählte nicht die U-Bahn, nicht die Trambahn, sondern die Straße, um zu Fuß zu Omid zu gelangen. Ein weiter Weg, und ich hoffte, in der Zeit, die ich dafür brauchte, die Kontrolle über meine Gefühle und Gedanken wiederzugewinnen. Dieses lange Gehen unter Tränen half mir dabei, diese Verkündigung zu akzeptieren.

Schon als ich bei Omid in der Tür stand, wusste mein Sohn, warum ich gekommen war. »Ein Ungeheuer hat an die Tür unserer Hütte geklopft. Und es hat sich im Körper deines Vaters versteckt. Wo es sitzt, weiß man nicht, es zeigt nur seine Flügel und Federn. Was sollen wir tun?«

Omid sah seine Mutter so schwach wie nie, eine Frau ohne Hände, ohne Füße. Er nahm mich in die Arme: »Meine Angst hat ein wahres Gesicht bekommen. Mama, bleib aufrecht stehen. Uns erwartet keine einfache Zeit. Ich spreche nicht von Heilung. Allein schon die Chemotherapie wirkt zerstörerisch. Mach dir nicht viele Hoffnungen. Die Zeit, die Papa noch bleibt, sollen wir hoch schätzen und genießen.«

Seine Sätze haben mir die Wahrheit nahegebracht.

نزدیک کرد

GIFT ALS HOFFNUNG

زهری برای امیدواری

Mein Sohn, so jung er auch war, hatte mit unserer tragischen Situation gerechnet und sich innerlich schon darauf vorbereitet. Als ich fand, dass wir das Wissen über Fazls Krankheit für uns behalten sollten, gab er mir einen Rat: »Wer aber darüber wirklich unbedingt Bescheid wissen muss, das sind deine Arbeitgeber. Auf dich wird vieles zukommen – körperlich, seelisch und auch zeitlich. Wenn du das vor ihnen verstecken willst, kann es sein, dass du dich in noch größere Schwierigkeiten bringst. Du musst ihnen die Möglichkeit geben, dass sie die Grenzen deiner Belastung erkennen und, wenn es nötig sein sollte, sich auch darauf einstellen können. Ihre Zusammenarbeit mit Papa wird sich ohnehin verändern, wird eingeschränkt oder vielleicht sogar beendet werden müssen.«

Mit so vielen Gedanken, die sich wie ein Wolkenbruch aus dem Himmel über mich ergossen hatten, schleppten mich meine Füße über den Weg zur Arbeit.

Die Nachricht, die ich an diesem Tag erhalten hatte, war eine Todesbotschaft. Aber niemand wusste, wann der Tod diesen kraftvollen, leuchtenden Mann zur Stille bringen würde.

Eine Pistolenkugel zwang meine Schwester innerhalb von fünf Minuten in die Stille. Für meine Mutter nahm sich der Tod zwei, drei Stunden Zeit. Als mein Vater nach einer Woche der Krankheit die Welt verließ, erreichte mich diese Botschaft erst ein halbes Jahr später. Wie viel Zeit würde der Tod uns jetzt gewähren?

Ich wollte diese Todesgedanken, die mein Inneres überschwemmten, verdrängen, verscheuchen. Fazl wird nicht sterben, er wird geheilt werden. Wir sind hier nicht in Afghanistan. In unserer neuen Heimat wird man uns helfen, sein Körper wird sich von diesem Ungeheuer befreien können. Das alles sagte mir mein Verstand, aber mein Herz sprach anders. Es war so voller Kummer, als wäre es in einen Rahmen aus Stacheldraht gepresst.

In der Firma wollte ich niemandem begegnen, mit keinem sprechen müssen. Mit gesenktem Kopf und einem Rückgrat, das mir wie gebrochen schien, stieg ich die vielen Stufen zu meiner Werkstatt hoch und zog die Tür hinter mir zu. Dieser Raum, seine hohen Wände, jede seiner Ecken, seine riesigen Deckenspiegel, waren Zeugen vieler meiner Stimmungen, hatten meine Niederlagen erlebt und auch meine Siege. Doch bei allen Kämpfen, die ich hier ausgefochten hatte, war es um die Verbesserung meiner Arbeit gegangen. Nun würden die Spiegel Zeugen meiner Tränen sein, die nicht aufhören wollten zu fließen. Ich nahm den Pinsel in die Hand und fing an zu arbeiten. Die Tür ging auf, und eine Kollegin trat ein. »Mahbuba, ich habe dich auf der Treppe gesehen. Was ist los?« Unter meinem Tränenstrom strömten auch Wörter aus mir heraus: »Meine Welt ist durcheinander. In Fazls Körper hat der Krebs eine Heimat gefunden. Er hat Wurzeln geschlagen, aber man weiß nicht, wo er sich versteckt.«

Sie versuchte mich zu trösten und schilderte mir Beispiele, in denen Menschen aus ihrem Bekanntenkreis den Krebs besiegt hatten. »Du bist nicht allein, Mahbuba, wir sind alle neben dir. Wir werden tun, was wir können, um euch die Situation zu erleichtern.« An dieses Versprechen glaubte ich – zu Recht, wie sich in der folgenden Zeit erweisen sollte.

Einige Tage später sprach Milad mit mir über unsere Lage und sagte: »Komisch.« Dieses Wort empörte mich. Er erklärte es mir: »Vor zwei Wochen war ein Schulfreund am Boden zerstört. Man hatte bei seiner Mutter Brustkrebs festgestellt. Ich habe versucht, ihn aufzubauen, ihm Hoffnung zu geben. Und jetzt bin ich in genau derselben Lage. Das Leben ist komisch.«

Früher, wenn Fazl krank war, hatte er das, wie viele Männer, mit einer gewissen Dramatik versehen. Nun, in diesem wahrhaft ernsten Fall, zeigte er eine Haltung, die mir neu war. Er war stark, voller Energie, beklagte sich in keiner Weise, zeigte auch keine Angst, sondern schien die Krankheit zu akzeptieren. Das bedeutete nicht, dass er sich einfach damit abfinden wollte. Nein, er war bereit, sie zu bekämpfen.

Die behandelnden Ärzte hatten von Anfang an keinen Zweifel daran gelassen, dass eine Heilung ausgeschlossen war, dass man seinen Krebs nicht mehr kurativ, sondern lediglich palliativ behandeln könne. Es sei nur möglich, die Lebenserwartung zu verlängern und die Lebensqualität zu verbessern, und das einzige therapeutische Mittel dafür sei Chemotherapie.

Die Aussage der Ärzte, dass dieser Krebs nicht zu lokalisieren sei, war für mich nicht hinnehmbar. Ich suchte und sammelte Informationen, nutzte jede Minute, die mir dafür blieb. Ich wollte nicht blind und ahnungslos bleiben, sondern eine gute, möglichst hilfreiche Begleiterin werden für den Weg, den mein Mann gehen musste. Durch eine Freundin erfuhr ich, dass es ein hochtechnisches Verfahren zur Entdeckung von Krebsherden gab – die Positronen-Emissions-Tomografie, bekannt als PET.

Mir schien das wie ein Hoffnungsstrahl, und voller Erwartung suchten wir die Onkologin auf. Es war ein Schlag ins Wasser. Dieses Verfahren sei als Belastung zu groß, erklärte sie, die Wartezeit dauere Monate, das einzig Sinnvolle in Fazls Fall sei eine erneute Chemotherapie. Auf meine Frage, ob eine einmalige Untersuchung den Körper womöglich weniger belaste als sechs Folgen intensivster Chemotherapie, reagierte sie höchst ärgerlich. »Dann holen Sie sich die Überweisung von der Stelle, die Ihnen das empfohlen hat.«

Unser Hausarzt zeigte Verständnis, und fünf Tage später wurde die PET-Untersuchung durchgeführt. Ein Radiologe teilte uns das Ergebnis mit: Der Primärtumor sei mit größter Wahrscheinlichkeit in der linken Niere zu finden.

Mit diesem Befund wandte ich mich wieder an die Onkologin und bat sie, das Ergebnis zu berücksichtigen. Ihre Reaktion: Sie ordnete eine Ultraschallaufnahme von Fazls linker Niere an. Es war keine Überraschung für mich, dass das Ultraschallgerät in dieser Niere nichts Verdächtiges entdecken konnte, nichts sah als ein harmloses Organ. Im Bewusstsein ihres Sieges legte die Ärztin die neue Chemotherapie-Abfolge fest. Das war der Augenblick, in dem ich aufgab, leider.

An seinen Chemo-Tagen war Fazl extrem angespannt, schon Kleinigkeiten, die ihn irritierten, ließen ihn wie eine Bombe explodieren. Saß er dann aber auf diesem verdammten Stuhl im Behandlungszimmer im Kreise der Mitpatienten, war er wie verwandelt. Er war die Ruhe selbst, machte Späße und versuchte, die anderen Kranken zu erheitern und zu unterstützen. »Womit unsere Körper hier gefüttert werden, das ist Gift, Gift als Hoffnung.«

Am Ende der zweiten Chemotherapie-Serie wurde ihm im Januar ein Aufenthalt in einer Rehabilitationsklinik in der Nähe von Passau verordnet. »Sechsmal hat man meinen Körper jetzt ganz schön verprügelt«, meinte er. »Jetzt darf ich mich erholen.«

Nach zwei Wochen durfte ich ihn besuchen. Er hatte mir am Telefon von der Klinik vorgeschwärmt, er sei in einem Paradies gelandet. Als ich ankam, fragte er mich: »Und? Wie sehe ich aus? Hat dieses Paradies mit seinen Früchten nicht seine Spuren auf meinem Gesicht hinterlassen?« Ich sagte: »Ja, du siehst gut aus.« Doch mein Inneres wollte schreien: Was für eine Lüge. Unter dem Vorwand, ich müsste einen Parkplatz suchen, verließ ich ihn. Auf dem Weg zum Auto stürzten die Tränen aus meinen Augen. Ich war es gewohnt, zu Hause unter der Dusche zu weinen, um meine Klagen vom Brausen des Wassers verschlucken zu lassen. Jetzt konnte ich mein Gesicht nur mit Schnee reinigen.

Am Tag seiner Rückkehr aus der Klinik kam ich erst am Abend von der Arbeit nach Hause. Fazl hatte Schnee geräumt, hatte gekocht, wir saßen zusammen am Tisch – alles schien, wie es früher war. Diese Bilder der Vergangenheit ließen Hoffnung in mir wachsen. Eine Hoffnung wollten auch die Ärzte bestätigen und ordneten eine neue Untersuchung an. Ein junger Arzt teilte uns das Ergebnis mit. Er habe zwei Nachrichten, eine gute und eine schlechte. Die gute: Die Metastasen an den Lymphknoten hätten sich zurückgebildet. Die schlechte Nachricht: »Auf Ihrer linken Niere konnten wir erstmals einen Tumor feststellen. Er ist zweieinhalb Zentimeter groß.« Mich durchfuhr eine Flamme. »Was soll das heißen, ›erstmals‹? Schon im September habe ich hier das Ergebnis einer PET-Untersuchung mitgeteilt, in der die linke Niere als mutmaßlicher Tumorherd benannt wurde. Sie haben Ihre Augen davor verschlossen. Ich bin kein Arzt. Aber ich sehe, wie man hier mit krebskranken Menschen umgeht. Wie Waren, die man im Supermarkt auf das Band legt, werden sie behandelt, durch ein Magnetfeld gezogen, und am Ende benennt die Kassiererin den Preis. Ich bin nicht überzeugt, dass Chemotherapie für alle der richtige Weg ist. Mein Vertrauen ist erschüttert.«

Drei Wege standen uns nun offen, und wir mussten uns entscheiden – für die klassische Chirurgie, für eine Laser-Operation oder den Verzicht auf eine Operation. Fazl hatte das Bedürfnis, das Ungeheuer aus seinem Körper zu entfernen, es herausschneiden zu lassen, um dann durch eine histologische Analyse endlich das Wissen zu erlangen, welche Art Tumor sich in ihm eingenistet hatte. Das Vertrauen zu einem Chirurgen, den wir kannten, führte uns nach Berlin.

Zurück in München, warteten wir auf den histologischen Befund. Als er kam, brach unsere Welt ein: Fazl hatte ein Ductus-Bellini-Karzinom, einen seltenen, höchst aggressiven malignen Tumor der Niere, der auf Chemotherapie nicht anspricht und für den es auch keinerlei andersgeartete Therapiemöglichkeiten gibt. Das war das Ergebnis all unserer Schmerzen, unserer Anstrengungen und Mühen, all unserer Hoffnungen – die Erkenntnis, dass diese Krankheit unheilbar ist. Mit dieser Diagnose war Fazls Existenz für die Medizin praktisch ausgelöscht.

Drei Monate nach der Operation in Berlin wurde in München eine Nachuntersuchung durchgeführt. Während wir auf den Ergebnisbericht warteten, sollte ich eine Reise in die USA antreten im Zusammenhang mit einem Auftrag für zwei Glasdecken des Kapitols in Albany. Ich war gespalten. Soll ich reisen, ohne das Ergebnis zu kennen? Kann ich Fazl mit der Verarbeitung des Befundes alleine lassen? Oder kann ich diesen Prozess abkürzen, wenn ich das Telefon in die Hand nehme und versuche, den Radiologen zu erreichen? Wie immer dachte ich: Wissen ist besser als Nichtwissen. Auch wenn das bitter sein kann. Meine Hand zitterte, als ich den Hörer nahm, und in meinem Herzen flackerte eine winzige Hoffnung. Der Radiologe sprach mit mir, und jedes Wort, jeder Satz, den er sagte, durchschnitt mich. Ich hörte ihm zu, doch mehr als ein gelegentliches schwaches Ja brachte ich nicht zustande.

Der Krebs marschierte stolz und aufrecht durch Fazls ganzen Körper, an jeder Stelle, an der man ihn herauszuschneiden versucht hatte, schien er umso mehr zu triumphieren. Er war gewuchert und gewuchert. In bösartiger Intelligenz lachte er als Sieger über unsere Unwissenheit, verhöhnte unsere sinnlosen Bemühungen.

Als ich den Hörer auflegte, fiel ich zu Boden. Wie ein Kreisel schien ich mich um mich selbst zu drehen, ich schrie und klagte, weil alle Hoffnung vernichtet war. Fazl blickte stumm auf mich, zeigte keine Reaktion. Nach einer Weile erst kam mein Verstand zu mir zurück. Ich ging auf ihn zu, umarmte ihn und sagte: »Du bist eine Ausnahme, und du warst es immer: als Mann und besonders als ein afghanischer Mann. Deine Krankheit ist auch eine Ausnahme. Wer weiß, vielleicht kommt auch deine Heilung als Ausnahme zu uns.«

Und diese sinnlose Hoffnung gab mir die Kraft, mich wieder aufzurichten.

راست بهایستم

ICH WARTE NICHT AUF DIE KIRSCHEN

من در انتظار آلو نیستم

Den Frühling 2010 erlebten wir als ein Wechselspiel zwischen Schmerzen und Hoffnungen, zwischen Traurigkeit und Schönheit. In meinem Gedächtnis hat diese Zeit tiefe Spuren hinterlassen, weil alles, was ich tat, ob ich ging oder aß, ob ich lachte oder weinte, fiel oder wieder aufstand und rannte, für mich in tiefstem Zusammenhang stand mit unserer großen Frage: Was kann Fazls Leben verbessern, wie lässt sich das unbeugsame Ungeheuer, das mit Lust seinen Körper zerstört, in Schach halten?

Die schwerste Last lag auf Fazl. Er trug sie mit Geduld, Respekt und Würde. Als wir nach der Operation aus Berlin zurückkamen, schien es, als wolle sogar der Garten uns unterstützen. Aus dem dunklen Herz der Erde kam fast jeden Tag an vielen, auch unerwarteten Stellen Neues ans Licht, Fabelhaftes, Schönes. Langsam öffnete dieser Garten für uns seine Geheimnisse – in einer Ecke die Narzissen, in der anderen eine Tulpe, daneben eine zweite, eine dritte, und alle verschieden in Formen und Farben. Eine Flut von Akeleien in den schönsten Farbtönen erfreute unsere Augen und Herzen. Als dann auch die Kirschbäume blühten und die Rosen nach und nach dieses Bild der Schönheit vollendeten, war Fazl überglücklich. Noch heute erinnert mich eine Nachbarin gelegentlich an die Worte, die er ihr damals sagte: »Ich liebe diese Blüten. Ich warte nicht auf die Kirschen.«

Der blütenreiche Frühling ging vorbei, der warme Sommer kam und stahl uns jede Hoffnung, weil er uns das vernichtende Endergebnis brachte.

Im Frühherbst wurde ein erneuter Reha-Aufenthalt angeordnet. Als ich meinen Mann in diese Klinik brachte, spazierten wir eine gute halbe Stunde einen kleinen Fluss entlang. Als ich ihn vier Wochen später wieder abholte, konnte er keine hundert Meter mehr gehen. Die reiche Palette der Herbstfarben konnte er nur noch durch Fenstergläser betrachten.

Wieder in München, sollte ein Behandlungsplan für ihn erstellt werden, der die Dosierung der diversen Schmerzmittel festlegte. Auch die Keime, die sich mittlerweile als Folge der Klinikaufenthalte in seinem Körper angesiedelt hatten, wollte man durch Medikamente bekämpfen. Bei einem meiner Besuche – ich fuhr morgens, mittags und abends zu Fazl – sprach mich einer der Ärzte an: »Ich möchte mich bei Ihrem Mann bedanken. Er hat uns die Arbeit erleichtert. Er lehnt jede weitere Behandlung ab, will nichts mehr akzeptieren außer einer wirksamen Schmerztherapie. Wir haben auf seinen Wunsch reagiert und ihn auf die Palliativstation verlegt.«

Als Fazl mich sah, strahlte er mich aus seinem Krankenbett an. »Meine Liebe, mach dir keine Mühe, ich habe hier alles, was ich brauche«, sagte er. »Papier in hoher Qualität, Pastellkreiden, meine Lieblingsfarben, Pinsel, und schau, sogar eine kleine Staffelei und viele CDs mit wunderbarer Musik. Ich hab sogar eine Terrasse, für den Fall, dass ich gehen kann, um den Herbst aus der Nähe zu betrachten. Wenn das nicht das Paradies ist – ich bin gespannt, wie das Nächste aussehen wird.«

Jedes Mal, wenn ich ihn dort besuchte, war ich voller Staunen über die Bilder, die er gemalt hatte. Sie zeigten leuchtende, starke Farben, kraftvolle Bewegung, deutliche Kontraste und ausgeprägte, schwungvolle Formen. Ich konnte keinerlei Spuren von Schwäche, Angst oder gar Tod entdecken. Woher nimmt er nur diese Kraft?, fragte ich mich.

Eines Tages sagte er zu mir: »Ich bin voller Sorge um dich. Auf deinen Schultern liegen große Lasten. Die Krankenschwester hat mir ein wunderbares Öl zusammengemischt für meine Rückenmuskeln, sollten noch ein paar davon übrig sein. Ich habe sie gebeten, so ein Öl auch für dich zu mischen. Setz dich hin, Mahbuba, ich möchte dich massieren.« Ich saß auf seinem Bett und konnte zu den Klängen einer Beethoven-Sonate seine Hände auf meinem Rücken spüren, zart und schwach. Hände, die ich ganz anders gekannt hatte, fest und zupackend, auch in der Liebe. Es war keine Massage, es war eine Berührung voller Zärtlichkeit, die mich in den Himmel hob wie Tausende Male in unserer Vergangenheit.

Den dreißigsten Geburtstag seines Sohnes im Oktober wollte Fazl unbedingt mit uns allen zu Hause feiern, und so bat er um die endgültige Entlassung aus der Klinik. Er war immer ein Anhänger der Schulmedizin gewesen, aber er hatte auch Vertrauen zu einem mit uns befreundeten Heilpraktiker, der sich um sein Immunsystem bemühte. Auf dessen Rat hin wandten wir uns in unserer Not sogar noch an einen Heiler, obwohl Fazl zeitlebens skeptisch gegenüber solchen Methoden gewesen war. Dieser Mann strahlte eine unglaubliche Ruhe aus und eine ebenso große Wärme. Beides schien dem Patienten gutzutun, dämmte seine Schmerzen. Und ich wünschte mir, ich hätte die

Zeit zurückdrehen können. Ductus Bellini, unheilbar – die vielen Tage und Nächte in diversen Kliniken, die Strapazen der Chemotherapie, die Schmerzen durch die Operationen, die seelischen Belastungen, der ganze harte Weg, den wir gegangen waren. Hätten wir Fazl all das nicht besser ersparen sollen?

صرفه
ميكريم

DIE PERSISCHE SCHACHBLUME

گل مریم

In diesem goldenen Herbst, als Fazl die Palliativstation auf eigenen Wunsch verlassen hatte, erlaubten sich unsere Freunde voller Vorsicht und Bedachtsamkeit, bei uns anzurufen oder auch an unsere Türe zu klopfen. Er war jetzt mehr bereit, Gäste zu empfangen, strahlte Ruhe aus, eine angenehme Langsamkeit, und in seinen Gedanken und Äußerungen war mehr Tiefe zu erspüren, als ich das aus den Phasen vor seiner Krankheit von ihm kannte. Das nahm auch meinen Gedanken viel von ihrer schwarzen Schärfe.

Schon damals, als ich mich in der Reha-Klinik eine Woche lang bei ihm aufhalten durfte, hatte er versucht, mich einzustimmen, mich mit der Entscheidung der Natur in Einklang zu bringen. »Mahbuba, ich will verbrannt werden, und meine Asche soll dem Wind in die Hand gegeben werden. Ich bin schon im Leben auf dieser Erde so viel gebrannt worden, habe so viel Ungerechtigkeit gesehen, Menschen, die vor Schmerz in Flammen aufgingen. Und jetzt will ich, dass am Ende ein echtes, ein flammendes Feuer meinen Körper verzehrt.« Ich sagte: »Es ist dein Recht, so zu denken. Aber haben auch wir, deine Frau und deine Söhne, das Recht, über diesen Wunsch nachzudenken?« Dass Omid die Vorstellung, seinen Vater dem Feuer auszuliefern, in tiefster Seele unerträglich fand, wusste ich. Was ich selbst darüber dachte, sagte ich in diesem Augenblick zu meinem Mann: »Wir sind aus Erde geformt, und ich denke, wir sollten der Erde gegenüber auch unsere Pflicht erfüllen, wir sollten sie mit unseren zerfallenden Körpern bereichern.«

Fazl schien mich verstanden zu haben und sprach weiter: »Ich will nicht, dass ein Mullah oder sonst ein Priester kommt und irgendetwas aus heiligen Büchern vorträgt.«

Ich wusste, warum er so sprach. Die Wurzel lag in seiner Kindheit. Als er in der Koranschule im Kreis der Kinder mit gekreuzten Beinen vor dem Mullah hockte, um die heiligen Suren zu lernen, sah er, wie die Hand des Mullah unter dem Schutz des heiligen Buches in den Schoß des kleinen Mädchens wanderte, das neben ihm saß. Und weil er kaum glauben konnte, was er da sah, fragte er: »Warum ist Ihre Hand unter dem Koran?« Das Gesicht des Mädchens öffnete sich, befreite sich von der rötlichen Farbe, die Angst und Scham darauf gezeichnet hatten. Fazls Füße aber wurden an einen Stock gebunden, und der Mullah, ein Bündel nasser Weidenzweige in der Hand, schlug auf diese Kindersohlen ein. Das verletzte nicht nur Fazls Füße, es befleckte sein Herz für immer. Als er seiner Mutter davon erzählte, weigerte sie sich, das zu glauben. Nie im Leben würde ein Mullah so eine Sünde begehen. »Du bist schuld, mein Sohn.« Ein paar Tage später war Fazls Familie an der Reihe, für den Mullah das Abendessen zu bereiten, und das Kind musste es überbringen. Fazl hielt den Teller in der Hand, unter dem duftenden Berg Reis versteckte sich ein köstliches Stück Fleisch. Was sollte er, was könnte er tun? Er war zerrissen. Er wollte sich rächen an dem Vertreter Gottes, der gottlos gehandelt hatte – und so spuckte er in den Reis. Aber gleichzeitig beschwerte ihn ein tiefes Gefühl von Sünde und Schuld, weil er ein Essen, eine Gottesgabe, entehrt hatte.

Mein Mann sprach weiter: »Und noch etwas sehr Wichtiges: Ich will keine lauten, grellen Totenklagen, kein Jammergeschrei, wie es unter Afghanen üblich ist, nicht zu Hause, nicht am Grab. Mein Wunsch ist es, dass meine Freunde mich mit Freude begleiten, in Frieden und Zufriedenheit. Ich weiß, Mahbuba, dass meine Wünsche nicht den Regeln und nicht den Gewohnheiten entsprechen, dass sie nicht leicht umzusetzen sind und dass sie die Afghanen befremden, vielleicht sogar entsetzen. Ich denke an dich, wie man mit dir deshalb umgehen wird, und ich habe Angst um dich.«

Ich hatte ihm kummervoll zugehört und gleichzeitig versucht, meine Gedanken zu ordnen. »Deine Überzeugung und deine Wünsche sind auch meine. Wir beide sind gestempelt. Einige halten uns für ungläubige Kommunisten, andere denken, wir sind Christen geworden, für die islamische Religion hat man uns ohnehin schon verloren gegeben. Doch du und ich wissen: Nichts davon entspricht der Wahrheit. Wenn wir einen Mullah beauftragen und die islamische Tradition einhalten, werden sie sagen: ›Aha, siehst du, der ungläubige Kommunist ist am Ende doch wieder zum Muslim geworden.‹ Und wenn wir einen christlichen Priester einladen, entspricht das doch auch nicht unserer Wahrheit. Wir haben immer frei gedacht und frei gelebt. Und so wollen wir auch gehen. Für diese Freiheit haben wir unseren schmerzhaften Fluchtweg gewählt. Kann es richtig sein, dass wir uns am Ende wieder in Zwänge fügen, die uns nicht entsprechen? Denk nicht an mich. Wenn wir in Afghanistan wären, müssten deine Wünsche ein Traum bleiben. Aber wir sind hier. Und sollten Fragen entstehen, werde ich sie beantworten.«

Fazl suchte Schutz für mich und sagte: »Dann lade doch keine Afghanen zu meiner Beerdigung ein.« Diesen Vorschlag fand ich unrealistisch. »Wie soll das gehen? Du hast Freunde, die dich lieben, die wollen kommen, und du willst sie dabeihaben. Und du weißt, dass der Tradition nach viele auch ohne Einladung kommen. Soll ich ihnen den Weg versperren, aber wie? Soll ich vor der Tür stehen und sagen: Sie dürfen herein, Sie aber nicht?« Fazl blieb still, er hatte verstanden.

Dann fragte ich ihn, ob er möchte, dass am Grab auch Reden gehalten werden sollen. Er bat, dass man auf Deutsch und auf Persisch sprechen solle. Wir einigten uns auf einen deutschen Freund. Aber wer sollte eine persische Ansprache halten? Wir überlegten hin und her, gingen viele Möglichkeiten durch, aber keine fand seine Billigung. »Es muss jemand sein, der mich wahrhaft versteht und nicht nur redet«, sagte er. Und plötzlich hatte er die Antwort, und sie schien ihm die einzig wahre: »Du machst es.«

Ich war erschrocken: »Ich kann mir nicht vorstellen, dass ich diese Kraft aufbringen könnte.«

»Warum nicht? Ich weiß, du kannst das.«

»Ich werde mein Bestes tun, um deinen Wunsch zu erfüllen, aber ich bitte dich, lass mir die Freiheit dieser Entscheidung. Ich kann sie jetzt nicht treffen.«

Das Einzige, was man für Fazl noch tun konnte, war die Behandlung mit Morphium. Zunächst geschah das durch Tablettengaben, später ließ man dieses wohltätige Gift Tropfen für Tropfen durch einen Port in seine Adern fließen. Er malte Bild um Bild, wollte mir die Sicherheit vermitteln, dass es ihm gut gehe, dass ich mein Leben führen und arbeiten sollte wie zuvor.

Sicherheit wurde mir auch von anderen Menschen geschenkt – von meiner Familie, von Freunden, auch von meinen Kollegen und Auftraggebern. Ich war als Fremde in dieses Land gekommen, doch durch die Zugewandtheit und auch die Zuneigung, die ich jetzt erfahren durfte, war es, als würde das Gefühl der Fremdheit von mir weggenommen.

Als ich einmal neben Fazls Bett auf dem Boden saß, fragte ich ihn: »Wir haben uns doch versprochen, die Welt zusammen zu verlassen. Im Augenblick sieht das nicht so aus. Du bist krank, ich bin gesund. Zwar wissen wir es nicht mit Sicherheit, aber die Wahrscheinlichkeit ist groß, dass du gehst und ich bleibe. Lass uns doch einmal kurz die Plätze tauschen. Wie wäre das für dich?« Er lachte nur: »Tausendmal bin ich meinem Gott dafür dankbar, dass es so ist, wie es ist. Denn genau diese Kraft hat er mir nicht gegeben.«

»Also bist du der Gewinner. Du ersparst dir den Schmerz, den Menschen, den man liebt, zu verlieren. Du läufst davor weg.«

So langsam wie das Morphin in seinen Körper eindrang, so langsam näherte sich auch das Jahr seinem Ende. Die Tage wurden dunkler und dunkler, aber doch gab es Licht, ein wunderbares Licht, denn Schnee fiel auf Schnee. Die Äste neigten sich fast zu Boden, die vielen geschwungenen und gekreuzten Linien, zu denen die Last des Schnees sie zwang, waren so vielfältig wie meine Gedanken.

Omid war beherrscht von der Verantwortung, die ihm der Tod des Vaters auferlegen würde. Er wollte seine Wünsche in Ehrfurcht und Würde erfüllen und sich gut darauf vorbereiten. Wir hatten beschlossen, die Trauerfeier in einem großen Gewächshaus zu veranstalten, weil wir alle fanden, dass die Vielfalt der Pflanzen ein sprechendes Zeichen von Frische, Leben und Freude sein würde. Als wir diesen Ort besichtigen wollten, versuchte ich, das vor Fazl zu verschleiern. Ich würde mit Omid einkaufen gehen, erklärte ich. Er lachte nur. »Lügen ist etwas,

was du wirklich nicht gut kannst, Mahbuba. Sag mir doch lieber die Wahrheit.« Die Zunge in meinem Mund wand sich, hatte am Ende aber keine Wahl. Es fiel mir schwer zu sagen: »Wir müssen gehen, um deine Trauerfeier vorzubereiten.« Fazl konnte meine Geheimniskrämerei nicht verstehen. »Diese Mühe hättest du dir sparen können, wenn du mir gleich die Wahrheit gesagt hättest. Aber denk darüber nach, meine Liebe: Wie viel Geld hast du in deiner Tasche?«

Als wir zurückkamen, brachten wir ein Geschenk der Blumenfrau mit nach Hause: einen Olivenzweig und eine persische Schachblume, die einen unglaublich schönen Duft verströmte. Omid überreichte seinem Vater diese Blume und legte sich neben ihn. Die beiden scherzten miteinander, und Omid meinte, sie könnten doch wieder einmal Armdrücken spielen, noch einmal wie früher die Kräfte messen. Lächelnd streckte Fazl ihm seine Hand entgegen. Omid streichelte die Hand des Vaters und küsste sie.

بوسه زر

DER WEG

راه

Meine Tage verlangsamten sich wie die Atemzüge und die Schritte meines Mannes. Ich stand am Fenster und ließ mich bezaubern vom Strahlen des Schnees, von seinem Glanz, seiner Helligkeit und seiner Frische. Wie ein Blitz traf es mich: Ich kann die Schönheit des Winters nicht mit ihm teilen. In meinem Kopf entstanden Bilder der Tage, die vor mir lagen, und sie schienen noch um vieles schmerzhafter. Wenn der Frühling seine Blüten und seine Düfte ausbreitet, wenn die roten Tulpen ihr dunkles Herz öffnen werden, was wird dann mit meinem Herzen geschehen? Ich stand bewegungslos, aber in meinem Kopf tobten die Gedanken.

Ich hatte Omid nicht ins Zimmer kommen hören und konnte deshalb meinen Kummer auch nicht schnell genug verbergen. Was mich so traurig mache, wollte er wissen. »Die Antwort ist dir und mir klar, mein Sohn. Ich wollte die Liebe deines Vaters zur Natur und zur Erde durch diesen Garten wieder lebendig werden lassen. Aber was geschieht jetzt? Die Erde wird ihn verschlingen. Alles, was wir gedacht und gemacht haben, scheint so sinnlos.« In Omids Augen war etwas ganz anderes zu lesen.

»Das Haus und sein Garten – beides hat sich längst bezahlt gemacht. Allein schon dadurch, dass wir alle in diesen schweren Tagen unter einem Dach vereint sein können. Das ist ein hoher Wert. Papa kann seine Tage im Kreis unserer Liebe zu Ende bringen.« Durch seine Worte hat mein Sohn mich wach gemacht.

Fazls beide Brüder und seine Schwester, die vor einigen Jahren nach London geflüchtet waren, meldeten ihren Besuch bei uns an, um dem Bruder zu zeigen, dass auch sie für ihn da sein wollten. Das Krankenzimmer veränderte seine Atmosphäre durch ihre Anwesenheit, ihre Erzählungen, ihre Späße, den Duft des Kardamomtees und der Blumen, mit denen sie ihn erfreuten. Jeder von uns wusste, warum wir hier zusammen waren und welcher Verlust uns erwartete. Und doch bemühten wir uns, diesen Tagen frische Kraft zu verleihen und uns vor dem Schmerz, der unvermeidlich war, so gut es ging zu retten.

Die Vorbereitung der Trauerfeier nahm Gestalt an, sogar die Einladungskarten wurden nach Fazls Wünschen entworfen. Er wollte, dass die Familie und die Freunde auch Freude an seinem Abschied empfinden sollten, und meinte, es wäre doch sehr schön, wenn dabei auch Musik zu hören wäre. Ich fragte bei seinem Freund, dem bekannten persischen Geiger Karim Tagharrobi an, ob er bereit wäre, Fazl auf seinem letzten Weg zu begleiten. Er sagte: »Ich werde zu Ehren seines Todes spielen, aber noch lieber möchte ich für ihn auch spielen, solange er meine Musik noch hören kann. Wann kann ich ihn mit meiner Geige besuchen?« Als er dann kam, hatte er nicht nur sein Instrument, sondern auch ein geheftetes Buch in der Hand, das viele von ihm selbst verfasste Gedichte enthielt. Fazl war tief beglückt über die traumhaften Töne, die nun an seinem Krankenbett erklangen, aber auch über die scharfsinnigen Verse, die sein Freund ihm voller Leidenschaft vortrug.

Und so gingen die Weihnachtstage vorbei im Kreise der Familie und der Freunde. Als uns die Palliativärztin nach den Feiertagen aufsuchte, staunte sie: »Was ist das für eine starke innere Kraft, die diesen bereits am Ende angekommenen Körper noch am Leben hält? Erst dachte ich, Sie wollten Ihre Geschwister noch einmal sehen, und dann meinte ich, Sie wollten das Weihnachtsfest noch erleben. Aber was ist wirklich die Ursache? Was hält Sie noch?« Fazl blickte sie in großer Ruhe an und sagte so: »Sie haben sich die Antwort selbst gegeben. Es ist das Leben.«

Auf dem Tisch neben dem Krankenbett häuften sich die Medikamente. Dabei war es ihm mittlerweile fast nicht mehr möglich, auch nur einen Tropfen Wasser zu sich zu nehmen. Und dann kam der Augenblick, in dem ich jede Kontrolle über mich verlor. Mit einer Handbewegung schleuderte ich all die Schachteln und Flaschen vom Tisch, ich schrie und ich weinte: »Jeder Schritt, der getan wurde, von der Chemotherapie bis zur Operation, hat das Ungeheuer in deinem Körper bestärkt und sein Wachstum beschleunigt. Bis in die Tiefen der Erde kann der Mensch eindringen, um Bodenschätze herauszuholen. Warum konnte niemand erkennen, was in deinem Inneren geschah? Hätte man dir nicht wenigstens die Schmerzen ersparen können, die durch die unnötigen Behandlungen entstanden sind? Ich bin so müde davon, ich bin so enttäuscht, und ich hasse das alles.« Ich bestand nur noch aus Gefühl und Qual, mein Verstand war gelähmt. Seit einem halben Jahr hatte ich es mir angewöhnt, zum Wasser zu laufen, um die Spuren meiner Tränen zu verschleiern und die äußeren Zeichen der Schmerzen zu säubern. Als ich aus der Dusche zurückkam, war ich still und etwas beruhigt. Ich solle mich zu ihm setzen, bat Fazl. Ich spürte, er wollte mir helfen, meinem gebogenen, fast gebrochenen Rücken wieder Halt geben. Er selbst war nicht sonderlich befreundet mit Schwäche und Hilflosigkeit, und schon gar nicht, wenn ich davon betroffen war. »Vergiss das nicht, Mahbuba. Alles, was du vor ein paar Minuten gesagt hast, war falsch, es war verwirrt und missverständlich. Alle – die Mediziner, ich, du, die Kinder, die Freunde –, alle haben getan, was sie konnten. Das Leben hat für mich genau diesen Anteil vorgesehen. Ich akzeptiere das. Aber du hast mich jetzt mit deinem Ausbruch überrascht, ich hatte das von dir nicht erwartet.« Ich bat ihn um Verzeihung, aber auch um Verständnis. »Bin ich ein Stein? Fazl, du kennst doch das Gedicht: ›Ich schwöre zu Gott, mein Herz ist eng. Ist es aus Stein? Die Flammen verbrennen es nicht, der Schmerz zerreißt es nicht.‹« Und so blieb mir nichts anderes übrig, als mich vor der Entscheidung der Natur zu verneigen.

Omid wollte auch seinen jüngeren Bruder in die nötigen Entscheidungen einbeziehen. Zu dritt suchten wir auf dem Friedhof einen Platz aus, der ein Haus für den kalten Körper von Fazl bilden könnte. »Mit diesem Ort sollen wir alle einverstanden sein«, sagte Omid. »Denn er wird nicht nur Papa umarmen. Irgendwann auch uns.«

Milad versuchte, der schwierigen Situation zu Hause zu entkommen, wenn es ging. Sein Vater war ans Bett genagelt. Der Sohn konnte nur seine Hand halten, mit ihm reden und sagte: »Am Ende haben wir nicht einmal Schach gespielt.« Aus Fazls Augen sprach Verwunderung: »Welches Ende, mein Sohn?« Milad drehte den Kopf zur Seite, und ich sah die Tränen über sein Gesicht laufen.

Am Morgen des 26. Dezember äußerte Fazl den Wunsch aufzustehen. Sein Bruder und ich halfen ihm aus dem Bett. Eine Minute lang hielt er sich aufrecht, vielleicht eineinhalb, und fiel dann in einen tiefen Schlaf. Als er aufwachte, wirkte er sehr gelöst. Aus seinen schwachen, müden, kranken Augen strahlte nichts als Liebe. »Was ist mit dir?«, fragte ich ihn. »So habe ich dich noch nie gesehen. Als könnte ich mich wieder neu in dich verlieben, mich in deine Liebe verlieben.«

Als sich die Familie zum Essen versammelte, blieb ich an seinem Bett sitzen. Fazl wollte wissen, warum ich nicht bei den anderen war, und schickte mich zu ihnen. Ich kam schnell zurück, war froh über das bisschen Zeit, das wir für uns alleine hatten. Die Worte aus seinem Mund kamen langsam, wie aus einer Tiefe: »Mahbuba, ich möchte meinen Weg zu Ende gehen.«

»Kannst du mir sagen, wie dieses Ende aussieht, dass du dich so beeilen möchtest, es zu finden?«, fragte ich ihn.

»Schön ist es, sehr schön.«

Ich fühlte mich wohl und sagte so: »Du gibst mir eine gute Botschaft.«

Zwei Tage später erreichte er diese ersehnte Schönheit.

RETTUNG

نجات

Dieses neue Jahr war für mich im wahrsten Sinne ein neues Jahr. Ich musste eine neue Form für mein Leben finden – wie würde das sein, alleine zu schlafen, alleine aufzuwachen, alleine zu frühstücken, zu arbeiten, ohne mich mit meinem Mann über alles austauschen zu können?

Nur eines war mir so klar wie der helle Tag: Ich durfte mir nicht erlauben, mich in eine Tiefe, in eine Leere fallen zu lassen. Ich wollte nicht zu einer Last werden, weder für mich selbst noch für andere und schon gar nicht für meine Söhne. Es war erstaunlich, dass wir kaum je über Fazls Tod miteinander sprachen, aber das Gefühl, dass wir alle drei füreinander da sein wollten, dass jeder den anderen stützen wollte, und sei es auch auf versteckte Weise, das teilten wir.

Auf einmal wurde mir bewusst, dass ich etwas, das ich fast mein Leben lang vermisst hatte, nun plötzlich im Überfluss besaß – Zeit. Mein Frühstück mit Fazl hatte meistens rund eine Stunde gedauert, wir sprachen über Bücher oder Gedichte, wir hörten Musik, wir diskutierten über unsere Entwürfe und hin und wieder auch über Politik. Und jetzt, auch wenn ich noch so langsam kaute, nach zwanzig Minuten war es vorbei.

Meine Welt hatte sich verwandelt. Ich war nicht mehr die Mahbuba, die für sich alleine denkt, spricht, handelt, sich dabei aber immer im Austausch mit dem Mann ihres Lebens befindet. Jetzt war es so, als würde ich für ihn mitdenken, für ihn mithören, mitempfinden und auch immer noch mit ihm zusammenarbeiten. Wir waren zwei gewesen, und jetzt schien es: Wir waren zu einem geworden. Doch dieses Einssein mit ihm belastete mich nicht, es machte mich nicht müde. Im Gegenteil: Es schenkte mir eine Wärme, die aus der Tiefe kam, es nahm mir nicht Kraft, sondern stärkte mich, es zwang mich zum Denken über das Dasein, und zwar nicht nur mit meinem Verstand, sondern mit den Augen des Herzens. Es war, als würde ich brennen, aber es war eine Flamme, die mich nicht in Asche verwandelte.

Und noch etwas war neu: Es gab keine Streitigkeiten mehr zwischen uns. Nun waren wir uns immer einig.

Die Fest- und Feiertage waren vorbei, das neue Jahr nahm seinen alten Gang auf und ich meinen Weg zur Arbeit, wie ich es gewohnt war. Einige waren darüber ziemlich verwundert, aber ich erkannte darin meine Rettung.

Im vergangenen Oktober, als feststand, dass der Weg zur Heilung versperrt war, hatte der Firmenchef mit mir ein Gespräch geführt. Es ging um die Abwicklung von laufenden und zukünftigen Aufträgen. Ob ich es mir zutrauen würde, diese Aufgaben auch ohne meinen Mann auszuführen, wollte er wissen. Eine merkwürdige Frage war das für mich, weil ich nicht daran zweifelte. Dennoch kleidete ich meine Antwort in eine Form von höflicher Realität. Entscheidend sei natürlich das Ergebnis der Arbeit; sollte es seinen, meinen und den Wünschen der

Auftraggeber entsprechen, könnten wir es bei dieser Regelung belassen.

Und so erhielt ich gleich am ersten Tag einen neuen Auftrag. Für eine katholische Kirche in New Mexico sollten im Altarbereich zwei neue Fenster gestaltet werden. Ich fing sofort an, mir darüber Gedanken zu machen, doch als ich am Abend nach Hause gehen wollte, spürte ich, dass mir das nicht möglich war. Ich musste erst zum Friedhof gehen, zu Fazl, um ihm zu erzählen, welche Aufgabe vor uns lag.

Dieses Bedürfnis, an seinem Grab zu stehen und meine Gedanken und meine Erlebnisse wörtlich vor ihm auszubreiten, wurde mir zur täglichen Gewohnheit. Tag für Tag erzählte ich ihm, was mich beschäftigte, was mir durch den Sinn ging. Doch nach einigen Monaten schwand das Bedürfnis, zu ihm tatsächlich zu sprechen. Es verwandelte sich in Stille, eine Stille, die von Tausenden Gedanken erfüllt war. Aber nach wie vor ging ich jeden Tag zu seinem Grab, dem Haus, das seinen kalten Körper barg.

WASSERTÖNE

صدای آب

Wieder war ein Arbeitstag fast schon an sein Ende gelangt, wieder hatte ich mit einem Heiligen gerungen, um ihm eine leuchtende gläserne Form zu geben. Es klopfte an der Werkstatttüre, und eine Besucherin trat ein. Ich erfuhr, dass sie aus einem Land kam, von dem ich schon als Kind gehört hatte: Es gibt ein Land in Europa, das viele, viele hohe Berge hat, tiefe Täler und steile Pässe, ein Land so wie Afghanistan, es heißt Schweiz. Der Name dieser Frau, Susanna Wartenweiler, blieb in meinem Kopf und löste Bilder aus: auf etwas warten, eine Weile warten vielleicht. Sie war, im Gegensatz zu eigentlich allen anderen Werkstattbesuchern, in keiner Weise überrascht darüber, dass ich als Muslima katholische Heilige malte, sie war daran nicht einmal interessiert. Aber auch sie wollte etwas von mir wissen, und zwar über afghanische Frauen. Warum tragen sie Schleier? Warum dürfen sie sich nicht frei bewegen? Warum werden sie so unterdrückt? Warum nehmen afghanische Männer noch immer eine verächtliche Haltung gegenüber Frauen ein und ändern das nicht? Meine Antworten machten sie nur noch neugieriger, und sie fragte mich: »Könnten Sie sich vorstellen, einmal zu mir ins Engadin zu kommen und dort einen Vortrag über afghanische Frauen zu halten?« Ich war verblüfft, aber auch nicht abgeneigt. Man müsste dafür einen passenden Zeitpunkt finden.

Es vergingen Tage und Monate, es vergingen mehrere Frühlinge, in denen wir nichts voneinander hörten. Meine Zeit schien in großer Eile zu sein, weil sie voller Veränderungen steckte.

Fünf Jahre nach dieser Begegnung erhielt ich ein Lebenszeichen von dieser Frau. Der Juniorchef kam von einem Schweiz-Aufenthalt zurück und übergab mir einen Zettel mit einer Telefonnummer. Susanna erbat meinen Anruf.

An einem frühen Junimorgen machte ich mich, einen kleinen Koffer in der Hand, auf meinen Weg zum Friedhof. Ich war die erste Besucherin des Tages, grüßte wie immer die Ruhestätten, an denen ich vorüberging, und stand dann am Grab. »Fazl, ich werde verreisen. Meine Welt ist verletzt, du weißt das. Es wird meine erste Reise ohne dich sein. Ich weiß nicht, was mich erwartet. Ich weiß nicht, was ich fühle. Ich muss es wohl erleben.«

Ich saß im Zug, der Zug bewegte sich, ich saß still, doch meine Gedanken bewegten sich, aber ich konnte in ihnen keinen Anfang erkennen und kein Ende. Aber dann war die Natur da, fast konnte ich sie durch das Fenster einatmen. Sie überwältigte mich in ihrer Schönheit. Und ich spürte: Ich bin nicht ausgetrocknet, ich bin lebendig, bin voller Neugier.

Die Frau, die mich am Bahnhof in St. Moritz erwartete, hätte ich nicht wiedererkannt – und doch sollte sie eine so wichtige Freundin für mich werden. Die Stadt, in der ich mich nun befand, war mir fremd, fremd in jedem Sinn. Ich in einer Hochburg des Geldadels, das erschien mir sehr unwirklich. Doch dieser Aufenthalt war nur von kurzer Dauer, unser Ziel war Sils Maria.

Um Atem zu schöpfen nach diesem vollgefüllten Tag, legte ich mich auf das Bett in Susannas Gästezimmer. Direkt in meinem Blickfeld lag eine Wand aus Bergen, eine mächtige, graue

Wand, und ihre Festigkeit strahlte etwas aus, das ich wie einen Schutz empfand. Das Grau wurde durchbrochen von beweglichen weißen Streifen, zarten Wolkenbändern, die mit den Felsen zu spielen schienen. Als ich den Blick senkte, sah ich eine Wiese vor mir liegen, ein Meer von Blumen, in dem ein leuchtendes Gelb alle anderen Farben übertrumpfte und Wärme ausstrahlte. Afghanistan ist ein bergiges Land, und Herat liegt dem Hindukusch zu Füßen – ich fühlte mich an die Heimat erinnert, und doch war dieser Anblick anders und neu für mich. Aus meiner Brust stieg ein gutes Staunen auf, hinter dem sich Dankbarkeit verhüllte. Dankbarkeit dem Leben gegenüber.

Wie zahllose andere Reisende vor mir wollte ich die Kraft und die Einzigartigkeit dieser Landschaft erleben und sie mir auf meinen Wanderungen ganz nahe kommen lassen. Auf einem dieser Wege drang die Stimme von Wasser zu mir, der kraftvolle Gesang eines wilden, reißenden Baches. Er rauschte in die Tiefe, er schlug an Steine, Felsen und Bäume, und seine fließende Bewegung schien mir unendlich. Ich wollte diese Bewegung begleiten, herausfinden, ob diese unendliche Kraft auch unendlich bleibt, und stieg, immer diesen Bach entlang, nach unten. Das Wasser sang weiter, aber jetzt musste ich mir Mühe geben, das Lied noch zu hören. Es wurde schwächer und schwächer. Und dann war der See da, bereit, den Bach zu umarmen. Stille breitete sich aus, der Bach war verstummt, seine scheinbar unendliche Bewegung war an ihre Bestimmung gekommen.

Aber auch die Wellen des Sees haben einen Gesang. Doch um diese Töne zu vernehmen, reichte meine fünftägige Reise nicht aus. Ich musste wiederkommen, und wieder und wieder.

دوباره

DREISSIG TAGE

سی روز

Abenteuerliche Erzählungen über den Hadsch, die Pilgerreisen nach Mekka, gehörten fest zu meiner Kindheit, so wie für viele muslimisch erzogene Kinder und Jugendliche in der islamischen Welt. Weit waren diese Reisen, sehr lang und auch gefährlich. Man musste viel Zeit dafür aufwenden, aber auch sehr viel Geld. Ganz wichtig aber war die innere Bereitschaft, sich auf diesen Weg einzulassen.

Für mich klang das fast märchenhaft, ein Märchen, für das man seinen ganzen Mut zusammennehmen musste. Vor meinen Augen erschienen lang gestreckte Karawanen: ruhig schreitende Kamele, brüllende Karawanenführer, kalte Nächte und heiße Tage, Karawansereien voller bärtiger Männer, Diebe, Betten voller Wanzen und Füße voller Blasen. Und eines war mir klar – das alles ist nichts für Kinder und auch nichts für Frauen, das ist Männersache. Und ich konnte gut verstehen, dass man die Hadschi, Männer, die diese Pilgerfahrt hinter sich gebracht hatten, verehrte, bewunderte und sogar ihre Hände küsste.

Eine Sache aber fand ich schon damals merkwürdig. Fast alle dieser Männer waren wohlhabend oder sogar reich, und mein kindlicher Verstand sagte mir: Reich sein und Hadschi sein, das gehört wohl zusammen, als wären das Brüder.

Im Laufe der Zeit allerdings veränderten sich diese Pilgerreisen. Jetzt konnte man den Weg mit dem Bus oder dem Auto zurücklegen. Als es dann möglich wurde, für den Weg nach Mekka auch einfach einen Flug zu buchen, hörte ich eines Tages meinen Vater sagen: »Diese Männlein opfern den Weg für das Ziel. Der Hadsch hat viel von seinem Wert verloren. Viele wollen dabei vor allem Geschäfte und sich selbst einen Namen machen.« Obwohl unser Vater ein sehr gläubiger Muslim war und sein Glaube sich in vielen seiner Handlungen und Taten widerspiegelte, hatte er nie ein wahres Interesse am Hadsch, der fünften Säule des Islam, gezeigt. Ob ich es wollte oder nicht, seine Haltung dazu beeinflusste mich natürlich auch in diesem Punkt, und so wäre es mir nie in den Sinn gekommen, die Hand eines Hadschi zu küssen oder ihm besonderen Respekt zu erweisen.

Im Sommer 2001 hatten Fazl, Milad und ich eine kleine Urlaubsreise gemacht, die uns zuerst nach Italien führte und dann zu unseren Freunden Josette und Norbert nach Frankreich, die ein Haus in der Ardèche besaßen. Eines Tages kam noch ein weiterer Gast hinzu, eine Freundin, die von einer großen Wanderung zurückkam, dem Jakobsweg. Ich konnte es kaum glauben. Mehr als achthundert Kilometer lagen hinter ihr, die sie zu Fuß und ganz alleine gegangen war. Sie hatte so viel zu erzählen, jeder Schritt, jeder Tag, jede Nacht, jede Begegnung hatte sie mit Neuem erfüllt. Doch alle diese Anstrengungen hatten sie nicht ermüdet, sie hatten sie bereichert und gestärkt. Diese Frau hatte sich auf eine Pilgerreise begeben, die ich nicht als ein Märchen abtun konnte, sondern als eine ganz erstaunliche Realität erkennen durfte. Es war, als würde in mir, die ich immer schon in Neues verliebt war, eine Idee gesät. Der Gedanke, dass dieser Weg eine christliche Bedeutung hat und ihn vor allem Gläubige beschreiten, beschäftigte mich nicht weiter. In mir entstand ein Wunsch: Ich wollte diesen Weg gehen, und eines Tages würde ich diese Erfahrung machen.

In einem der langen Korridore der Münchner Werkstatt traf ich im Jahr 2002 auf eine neue Mitarbeiterin. Susanne Tarraf war als Projektmanagerin engagiert worden und damit auch für die Arbeiten von Fazl und mir zuständig. Wir alle lernten sie nach und nach näher kennen, und was mich an ihr besonders interessierte, war die Tatsache, dass sie lange Wanderungen unternahm und dabei sogar schon zwei- oder dreimal den Jakobsweg gegangen war. Das hatte mich beeindruckt und auch neugierig gemacht, und irgendwann ergab sich zwischen Susanne, Fazl und mir ein Gespräch darüber. Dabei wurde uns deutlich, dass sie unglaublich viel Erfahrung hatte, dass sie fast jede Biegung dieses Weges kannte, die Dörfer und die Herbergen, den Umgang mit den Pilgern, die Essgewohnheiten, die Schönheiten, aber auch die Schwierigkeiten mit der Natur. Ihre Erzählungen waren so überzeugend, dass sogar mein vorsichtiger, unsicherer Fazl meinte: »Irgendwann gehen wir diesen Weg zusammen.«

Der Krebs sorgte dafür, dass dieser Wunsch als reiner Wunsch in einer undurchdringlichen Hülle bleiben musste. Als Susanne uns in Fazls letztem Herbst besuchte, hatte sie ein Geschenk für ihn dabei, eine Muschel, die an einer Schnur aufgezogen war, das Symbol für den Jakobsweg. Diese Kette trug er, wenn er im Haus, im Garten, im Arbeitszimmer umherging, oder auch im Flur, der nicht einmal achthundert Zentimeter maß – an achthundert Kilometer war nicht mehr zu denken. Mir wurde dabei eines klar: Ich werde den Jakobsweg gehen, irgendwann, für uns beide.

Fazl hatte nun die Welt verlassen. Ob er in einer anderen Welt einen Jakobsweg finden und ihn gehen kann, das konnte ich nicht wissen. Aber der Gedanke, der zehn Jahre zuvor in mir gesät worden war, fing an zu wachsen. Alle Welt, meine Familie, meine Freunde, meine Kollegen, erklärten mich für urlaubsreif, doch ich hatte kein Bedürfnis nach Strand, nach Meer oder Bergen. Wohin sollte ich alleine, was wollte ich alleine? Das Einzige, das ich mir vorstellen konnte oder sogar wünschte, war eine Reise nach Herat, meinem Geburtsort. Doch auch dieser Gedanke blieb im Nebel. Angst fühlte ich nicht, aber ich wusste, dass mein Land von Männern beherrscht wird, dass Frauen sich immer im Schatten bewegen. Könnte ich auf so einer Reise uns beide vertreten? Ich kämpfte mit mir selbst, aber es waren meine Söhne, die diesen Kampf entschieden: »Wenn du uns liebst, nimm bitte diesen Gedanken aus deinem Kopf. Es ist zu gefährlich. Reicht es nicht schon, dass wir Papa verloren haben?«

Im August 2011 stand ich neben Susanne in der Kirche St. Jakob am Anger in München. Wir nahmen an dem Gottesdienst teil, der für die Pilger des Jakobsweges abgehalten wurde. Jeder einzelne Teilnehmer wurde mit seinem Namen aufgerufen, im Pilgerbuch registriert und erhielt dann seinen Pilgerpass und eine Muschel. Der Name Mahbuba Maqsoodi klang so fremd, dass einige der Köpfe sich voller Staunen nach mir umdrehten. Doch auch ich erhielt meinen Pass, meine Muschel und gute Wünsche mit auf den Weg.

Eine Woche später saß ich dann mit Susanne am Flughafen. Unser Ziel war Pamplona, dort sollte unser sogenannter Urlaub, eigentlich aber unsere Arbeit, beginnen. Ich fühlte mich innerlich stabil, mit beiden Füßen auf dem Boden, und es gab kein Zittern, was meine Entscheidung betraf. Was mein Körper zu der ganzen Sache sagen würde, das wusste ich nicht so genau.

Ob er die passende Antwort auf den Wunsch meiner Seele geben könnte, ob ich zu der Harmonie, die ich ersehnte, tatsächlich auch gelangen könnte, das wollte ich herausfinden.

Wie Pilger aussehen, das wusste ich aus meiner afghanischen Kindheit. Man nannte sie Fakir oder *malang*, ihre Kleidung war armselig, von Flicken und Löchern übersät, Haar und Bart trugen sie lang, in der Hand hielten sie einen hölzernen Stock und über ihrer Schulter hing ein Gefäß, das *kashkol*, um die Speisen aufzunehmen, die sie als Almosen erhielten. Sie waren Wanderbettler, die sich von den Zwängen der Welt befreit hatten.

Was für ein Bild gab ich ab als *malang*? Ich trug beste Wanderschuhe, meine Stöcke waren nach Bedarf verstellbar, statt eines *kashkol* trug ich einen elf Kilo schweren Rucksack, dessen lastenden Inhalt ich allerdings nach zwei Tagen auf acht Kilo heruntersortierte.

Der erste Tag führte uns nur elf Kilometer weit, weil wir erst spät aufbrechen konnten. Der Weg, die Herberge, das alles schien mir sehr einfach zu sein. Schon am zweiten Tag hatten wir ein eindringliches Erlebnis. Wir erreichten die berühmte romanische Kirche Santa María de Eunate, ein ruhiges, bescheidenes und sehr kraftvolles Gebäude. Pracht und Prunk sucht man in dieser Kirche vergeblich, aber das Licht, das durch die Alabasterfenster in den Raum fließt, erfüllt den Betrachter mit einer Leichtigkeit, die ihn Schweres vergessen lässt. Eine Legende besagt: Wer siebenmal mit bloßen Füßen diese Kirche umschreitet, dem wird ein Wunsch erfüllt. Ich fühlte mich erinnert. Auch der Hadschi muss siebenmal die Kaaba, den heiligen schwarzen Stein, umrunden, um sich von seinen Sünden zu befreien.

Die Tage vergingen, einer nach dem anderen. Und nachts fingen meine Füße an zu weinen wie ein Kind. In der Dunkelheit der bettenübersäten Herberge suchte ich nach einer Salbe, um sie zu massieren und zu beruhigen. Doch sie hörten nicht auf zu weinen. »Jammert, wie ihr wollt«, sagte ich zu ihnen. »Ich gehe weiter.«

Die Navarra mit ihrer schönen Fülle an Obstbäumen und Weinbergen lag nun hinter uns, und wir erreichten die Meseta, die Kornkammer Spaniens. Es war September, und die Natur hatte alles, was sie zu geben hatte, schon verschenkt. Die Felder waren abgeerntet, ein goldenes Braun überzog sie meilenweit, es war heiß, und weit und breit kein Baum zu sehen, der Schatten spenden könnte. Ich ging für mich alleine. Die Sonne brannte auf mich herab, die Last des Rucksacks drückte auf meine Schultern, und von meinem langen Schatten, der mich frühmorgens noch begleitet hatte, war nicht mehr eine Spur zu entdecken. Nur die Stimme meiner Schuhe und der Takt der Stöcke, die mich stützten, strichen durch meine Ohren. Meine Tränen vermischten sich mit den Schweißtropfen, die mir von der Stirne fielen, salzig waren sie beide, und sie sagten mir: So schmeckt das Leben. Die Stille war so tief, dass ich jeden Tropfen, der auf meinen Schuh oder auf die Erde traf, sogar hören konnte. Das machte mich wach. Und ich erkannte, dass jeder dieser kleinen salzigen Tropfen auch einen Hauch von Frische enthielt – selbst dann, wenn die mächtige Hitze der Sonne ihn so schnell wieder verschluckte.

Die Schwere meines Rucksacks war zu einem Teil von mir geworden, der mich zwang, weiter zu gehen. Ich empfand das wie eine Parallele zu meinem Leben – ich wollte meine Lasten selbst tragen, meine Schmerzen, meine Verluste, weil sie mich zwangen, weiter zu gehen, neue Weg zu finden. Sie waren meine Schätze.

Die tägliche Routine sah vor, dass man sich abends in einer Herberge traf, sich ein Bett sicherte, sich erfrischte, ein bisschen Wäsche wusch und sich dann vor allem um seine Füße kümmerte. An einem dieser Abende kam ich beim Pilgermahl mit einem Pastor ins Gespräch. Wir verstanden uns gut und redeten über vieles. Der Satz, der mir von ihm am tiefsten in Erinnerung blieb: »Mein Ziel ist nicht die Kathedrale von Santiago de Compostela. Mein Ziel ist der Weg.« Ich blieb still, war aber beeindruckt. Wir waren so unterschiedlich. Er, ein christlicher Mann aus Deutschland, ich, eine als Muslima erzogene Afghanin – aber wir denken auf die gleiche Weise, und wir gehen auf die gleiche Weise.

Obwohl ich mich innerlich gestärkt fühlte, zeigte mir mein Körper manchmal doch sehr deutlich, dass ich ihn an seine Grenzen führte. Das Schreien meiner Füße wanderte bis zu meinen Knien hinauf. Besonders laut bemerkbar machten sich dabei mein linker Fuß und mein rechtes Knie. Und weil mein Körper mir seinen Unmut so klar zeigte, beschlossen Susanne und ich, uns etwas Gutes zu tun und einmal nicht in einer Pilgerherberge, sondern in einem Hotel zu übernachten, uns ein richtiges Bett zu gönnen. Nach einem guten und sehr anregenden Abendessen in einem Kreis von Pilgern aus Dänemark, Schweden, Kanada, der Schweiz und Deutschland zogen wir uns in unsere komfortable Schlafstätte zurück. Unser Schlaf verlief nicht so angenehm, wie wir uns das gewünscht hatten. Irgendetwas störte und belästigte uns, aber keine wollte Licht machen, um den Schlaf der anderen zu schonen. Leider kam diese Schonung nicht uns, sondern anderen Wesen zugute. Am Morgen waren unsere Gesichter, unsere Hände und Arme gezeichnet von roten, runden, hässlichen Spuren, den Wegen, die sich die Bettwanzen auf unserer Haut gebahnt hatten.

Als wir abends an der nächsten Herberge ankamen, fühlten wir uns verpflichtet zu gestehen, dass wir die Nacht zuvor von Bettwanzen überfallen worden waren. Man riss uns fast die Kleider vom Leib, um sie zusammen mit all unseren anderen Habseligkeiten zu desinfizieren. Ich dachte an die Hadschi, die drei Monate auf ihrer Pilgerreise waren. Kein Zweifel, dass auch sie gute Beute abgaben für Ungeziefer aller Arten – aber Desinfektionsmittel waren dort sicher nicht zur Hand.

Als ich mich an einem dieser weichen Morgen wie üblich noch vor Sonnenaufgang auf den Weg machte, fühlte ich mich besonders gut. Die acht Kilo meiner Rucksacklast erschienen mir so leicht, als wären es nicht mehr als drei. Die Sonne strahlte auf mich, auf die Felder und die Wege, und ich ging locker und beschwingt. Doch nach etwa acht Kilometern weigerte sich mein linker Fuß mit aller Macht, weiter von mir ignoriert zu werden. Die Schmerzen waren so eindringlich, dass ich nicht mehr weiter konnte. Ich rastete unter einem Baum und versuchte, durch Salbe und Massage diesen Fuß dazu zu bringen, sich mit dem Gehen wieder einverstanden zu erklären. Ein deutscher Pilger, den ich flüchtig kannte, kam vorbei und fragte, ob ich Hilfe bräuchte. Ich bedankte mich und meinte, ich käme schon zurecht.

Vorsichtig, langsam und sehr wacklig machte ich mich wieder auf den Weg. Als mich eine junge Polin überholte und fragte, ob sie mir helfen könne, sie habe eine Bandage in ihrem Rucksack, nahm ich dieses hilfreiche Angebot gerne an. Die Nachricht von meiner Schwächung hatte mittlerweile auch Susanne erreicht, die zusammen mit anderen Pilgerfreunden im nächsten Ort auf mich wartete. Nicht nur, dass sie sich um mich Sorgen machten, sie konnten mir tatsächlich helfen, und zwar durch eine starke Stützbandage, die meinen Fuß beruhigte. Diese Hilfsbereitschaft, der Zusammenhalt und dazu die Kraft des Lichts, der Luft und der Erde machten es mir möglich, meinen Weg fortzusetzen.

Immer wieder gab es Weggabelungen, an denen man sich entscheiden konnte: Wähle ich den einfachen Weg, den asphaltierten Pfad? Oder traue ich mir einen anderen zu, der schmal und steil ist, staubig und steinig? Ich wählte immer den schwierigeren

Weg, weil ich da meine Schritte sorgfältiger bedenken musste, dabei aber tiefer in die Natur eindringen konnte. Steine lagen auf jedem Weg. Einige waren von Menschen so angeordnet worden, dass sie das Gehen erleichterten. Aber es gab auch Pfade, die es einem schwer machten. Steine mitten im Weg, groß, klein, scharf, kantig, glatt, gefährlich. Jeder dieser Steine verlangte eine Entscheidung. Soll ich um ihn herum gehen, soll ich ihn aus dem Weg schaffen, soll ich meinen Schritt klein machen oder groß, soll ich darüber springen oder sollte ich lieber zurückgehen?

Ich ging nicht zurück. Am 29. September erreichte ich Santiago de Compostela. Mehr als achthundert Kilometer war ich zu Fuß gegangen. Ein persisches Sprichwort sagt: Tropfen machen ein Meer.

Nach dem Besuch der Kathedrale ging ich wie alle anderen zum Pilgerbüro, um das Dokument zu erhalten, das meinen Pilgerweg bestätigte. Man musste eine Nummer ziehen, sich in eine lange gewundene Schlange einreihen und ein Formular ausfüllen. Mit einem Schlag kam die Erinnerung zurück: an die vielen Münchener Schlangen, die zu meiner Geschichte als Flüchtling gehörten. Ehe die Dame hinter dem Glasschalter mir die Bestätigung herüberschob, fragte sie mich, ob für mich der Glaube der Grund war, diesen Weg zu gehen. Ich sagte so: »Ein Grund von mehreren.«

Als ich die Rolle mit meiner Urkunde dann in der Hand hielt, wurde mir bewusst: Ich bin diesen Weg Schritt für Schritt zusammen mit Christen, Buddhisten und Atheisten gegangen. Wir sind im einundzwanzigsten Jahrhundert angekommen.

AM ENDE DER WELT

در آخر جهان

In der Nähe von Santiago de Compostela gibt es einen Ort, der einen Namen und auch eine Bedeutung hat, die mich faszinierten – Finisterre, Ende der Welt. Jahrhundertelang hatten die Menschen geglaubt, dass die Erde, die Welt, die sie kannten, hier zu Ende sei, dass es darüber hinaus nichts gebe als das unendliche Meer. Nun hatte ich die Gelegenheit, mir mit eigenen Augen ein Bild von diesem Ende der Welt zu machen.

Susanne und ich machten uns zusammen mit zwei Schweizer Pilgerfreunden auf den Weg dorthin. Wieder sicherten wir uns zunächst ein Bett in einer Herberge und wanderten dann zum höchsten Punkt des Ortes, dem Kap Finisterre. Nach einer Weile verabschiedeten sich meine Freunde, sie hatten beschlossen, ihren Leib mit Nahrung zu versorgen. Ich blieb alleine zurück, saß auf einem Felsen, wollte mit all dem, was mir das Wasser, die Sonne und die Erde schenkten, meine Seele ernähren. Und je satter mich diese Schönheit machte, desto kleiner fühlte ich mich.

Am silbernen Horizont tauchte plötzlich ein Flugzeug auf. Mir kam das Gefühl in den Sinn, das man als Passagier haben kann, wenn sich so eine Maschine vom Boden löst, das Gefühl von Kraft, von Energie, von Respekt vor dem technischen Wunderwerk. Ich saß, blickte in den Himmel, und dieser metallene Vogel mit seinen mächtigen Flügeln kam mir vor wie eine Mücke. Schon eine einzige dieser Wellen, die hier vor mir brandeten, könnte diese Mücke in einer Sekunde so verschlucken, dass von ihrer Kraft nichts bliebe und von Macht nicht mehr die Rede wäre.

Ich saß auf meinem Stein, die Zeit verging, und ich schaute nur. Alles wandelte sich – das Licht, der Wind, die Wolken. Alles, was ich an Formen und Gestalten sah, war groß und gewaltig. Doch am Ende kamen das unendliche Wasser und der unendliche Himmel zusammen.

Langsam machte ich mich auf den Weg zurück, aus meinen Augen flossen Tränen. Doch jeder Tropfen war erfüllt mit Zufriedenheit.

رضایت

DER BAUM

درخت

Das Wesen eines Großvaters habe ich nie kennengelernt. Der Vater meines Vaters starb in seinen jungen Jahren, der Vater meiner Mutter konnte das Leben auf dieser Erde einige Jahre länger genießen, aber auch er verließ die Welt sehr früh. Wie Großmütter schmecken, das durfte ich dagegen fast im Überfluss erleben.

Meine Großmutter väterlicherseits war eine sehr wache und kluge Frau. Was Unglück bedeutet, wusste sie. Ihre gute Ehe hatte der Tod beendet, die zweite Ehe, die sie einging, bescherte ihr drei Kinder und ein stabiles Leben, das sich allerdings gründlich zum Schlechten veränderte, als sie ihr Augenlicht verlor und ihr Mann sich deshalb von ihr abwandte. Wenn sie bei uns in der Familie war, erzählte sie uns Kindern Geschichten, und immer wenn eine von uns ihr eine Gefälligkeit erwies – ihr ein Glas Wasser reichte, beim Waschen und Kämmen half, ihr den Weg zeigte –, bedankte sie sich und sagte: *Khoware balin naschi* – sie wünsche niemandem, hilflos ans Bett gefesselt zu sein. Doch mir gab dieser Satz Rätsel auf. Wieso sollte jemand Dornen in seinem Bett haben? Erst später wurde mir mein Missverständnis klar: *khowar* heißt hilflos, *khar* heißt Dorn, die Aussprache ist identisch. Doch meiner Großmutter hätte ich es auch zugetraut, dass sie auf Dornen schlief.

Eine dieser Geschichten, die diese blinde Frau mit ihrem hellen Herzen uns erzählte, ließ in mir eine gewaltige Angst aufsteigen und malte gleichzeitig ein Bild, das mir bis heute wie lebendig vor Augen steht.

Die Geschichte spielte in einer Wüste – heiß, trocken, baum- und pflanzenlos, grenzenlos einsam und voller Gefahr. Mir schien das wie ein Bild des Jüngsten Gerichts. Durch diese Wüstenlandschaft schreitet ein Mann, es ist Jesus, der Sohn Marias. Zu seinen Füßen liegt ein Totenkopf, der seinen Schmerz und seine Qualen herausschreit. Skorpione und Schlangen winden sich durch alle Öffnungen des Schädels und martern ihn. Jesus, von Mitleid ergriffen, erweckt diesen Toten zum Leben. Vor ihm steht ein Mann und beginnt zu erzählen – von den vielen schlechten Taten, die er im Leben begangen hat, von den Sünden und Ungerechtigkeiten, deren er sich schuldig gemacht hat. Er weiß, dass er dafür bis zum Jüngsten Gericht bezahlen muss, er bereut, aber es gibt für ihn keinen anderen Weg.

Das war das erste Bild, das ich, das afghanische Mädchen, das noch nie eine Kirche oder ein Heiligenbild gesehen hatte, mir von Jesus malte. Die Geschichten meiner Großmutter machten mich noch mit vielen mir unbekannten Geschöpfen vertraut – mit Noah, mit Moses, Abraham und Isaak, Joseph und seinen Brüdern und anderen biblischen Gestalten.

Als das Studium mich dann in die Sowjetunion führte, öffneten sich mir auch viele Türen zu Kirchen und Klöstern. Zwar war der Glaube verpönt, aber die Kunst und die Geschichte sorgten dafür, dass man diese Zeugnisse von Gläubigkeit bewahrte und achtete. Der Großteil der Kostbarkeiten, die ich in den

Museen vorfand und die mich tief inspirierten, war beherrscht von biblischer Thematik. Ich suchte Gemeinsamkeiten mit meiner eigenen Kultur und fand überraschend viel Übereinstimmung. Zum ersten Mal kam ich mit Menschen aus den verschiedensten Ländern, Nationen und Glaubensrichtungen in Verbindung. Meine Welt erweiterte sich, und gerade das Erkennen der Unterschiedlichkeiten erlebte ich als eine wahre Bereicherung. Die Wände von Unwissenheit, die mich begrenzt hatten, fingen an zu bröckeln und zu fallen.

Auch wenn meine Wände schrumpften, die Wände in Afghanistan waren hoch geblieben, waren höher als je. Wir konnten nicht in dieses Land zurückkehren.

In Deutschland waren die Türen der Kirchen offen, nicht nur für die Kunstinteressierten oder aus historischen Gründen, sondern als Orte der Spiritualität und des Glaubens. Dem katholischen Glauben war ich bis dahin noch nicht begegnet. Ich staunte über die prachtvollen Gebäude, den goldenen Prunk der alten Altäre und über die zahllosen Heiligenfiguren, die ich als Statuen, als Gemälde, als Fresken oder Glasfenster bewundern konnte. Und natürlich brachte mir auch meine Arbeit diese Welt von Heiligen und Heiligkeit immer näher.

Auch auf dem Jakobsweg, in der Stille des Gehens, kreisten meine Gedanken immer wieder um Grenzen und um Wände. Es wurde mir so deutlich, dass Wände, wie hoch sie auch sein mögen, keinen Schutz bieten, dass sie weder Ruhe noch Frieden, ja nicht einmal Sicherheit gewähren können. Wenn ich durch die Gassen spanischer Dörfer ging, hatte ich nie das Gefühl, es gebe hier hohe Wände, kleine, schmale vielleicht. Aber hier musste keine Frau einen Schleier tragen, die Menschen schienen einander zu respektieren, ich schlief unter einem Dach mit Hunderten von Menschen, Männern und Frauen, Jungen und Alten aus allen möglichen Nationen, und nie fühlte ich mich gestört oder gehindert, nicht durch Worte, nicht durch Blicke.

Nicht alle sakralen Räume, in die mich der Jakobsweg führte, erfüllten mich mit Ehrfurcht, auch wenn sie noch so golden glänzten. Einen unvergesslichen Eindruck aber machte auf mich die Kathedrale von León. Sie schien mir eine Kraft zu spenden, die mein Inneres erleuchtete und wärmte. Alles in diesem Gotteshaus – die Fenster, die Säulen, die Türen, die Statuen, ob aus Stein oder Holz, die Seitenwände, die Böden, die hohen Decken – all das ging Hand in Hand, stand Schulter an Schulter und schuf eine Harmonie, die Reinheit ausstrahlte, Heiligkeit, Schönheit und Liebe. Zum ersten Mal bewegte mich der Gedanke, dass ich einen Beruf hatte, der schön und sinnvoll ist. Und in diesem Augenblick kam auch die Hoffnung auf, dass es mir vielleicht irgendwann einmal gelingen möge, einen Tropfen von so vollkommener Harmonie in einem sakralen Raum verwirklichen zu können. Mit meinen staubigen Schuhen, meine Stöcke in der Hand und den Rucksack auf den Schultern, ging ich vor zum Altar und zündete eine Kerze an.

Im Frühjahr 2013 traf in der Münchner Traditionswerkstatt eine erfreuliche Nachricht aus Lincoln, Nebraska, ein. Man plante dort den Bau einer katholischen Kirche zu Ehren des heiligen Thomas von Aquin, und die Firma erhielt den Auftrag, für dieses neue Gebäude siebenundzwanzig Fenster zu gestalten. Ich sollte ein Konzept entwickeln und für jedes dieser Fenster einen Entwurf ausarbeiten. Arbeit beinhaltet immer Verantwortung, aber je mehr ich mich in die Details dieser Aufgabe vertiefte, desto klarer wurde mir, dass ich in diesem Fall Grenzen überschreiten musste, wie sie mir in so einem Maß noch nicht begegnet waren. Allein das Altarfenster hatte eine Größe von neunundvierzig Quadratmetern, und ich musste nicht nur über jeden Quadratmeter nachdenken, sondern über jeden Quadratzentimeter. Das Thema war vorgegeben: Jesus als König im Himmel, umgeben von Heiligenfiguren. Ich wusste, dass auch sehr viele junge Menschen diese Kirche besuchen würden, weil sie zur benachbarten Universität gehörte. Und so wollte ich, dass aus dem Herzen Jesu, der auf seinem Thron im Himmel sitzt, ein Licht von Liebe brennt und leuchtet, das über seine Schultern in den Himmel hineinstrahlt, auf die Heiligen trifft, die ihn umrahmen, aber auch die Menschen erhellt, die Gläubigen, die vor ihm am Altar knien werden. Geborgenheit, Reinheit und Güte zu vermitteln – das war mein Wunsch, mein inneres Motiv.

Sieben Monate lang habe ich an diesem Entwurf gearbeitet. Meine Komposition wurde akzeptiert, die Phase der Realisierung konnte beginnen. Zahllose Tage und Nächte hatte mich dieses sieben Meter hohe und sieben Meter breite Papier in seiner Macht. Was immer ich tat, Jesus bildete den Mittelpunkt. Sein Blick verfolgte mich, und manchmal hatte ich in meiner einsamen Arbeitssituation fast das Gefühl, als spreche er mit mir. Zweifel durchströmten mich. Würden am Ende alle meine Gedanken, meine Mühen, mithilfe von Licht und Farbe so klingen, wie ich das mir wünschte und vorstellte?

Fast ein Jahr lang war ein ganzes Team mit der Umsetzung dieses Projekts beschäftigt, Schritt um Schritt arbeiteten wir zusammen. Das Fenster war geschnitten, gemalt, gebrannt, gebleit, gekittet, geputzt und schließlich installiert. Im Februar 2015 dann öffnete diese neue Kirche mitten in Amerika ihre Türen für siebenhundert Gäste. Ich war einer von ihnen. Alle Augen waren auf den Altar gerichtet, hinter dem sich das Jesus-Fenster erhob, als würde es ihn beherrschen. Die rechte Hand des Himmelskönigs war zum Segen erhoben, seine Linke schien er dem Betrachter zu reichen. Für mich drückte sich in dieser Geste aus: Jeder von euch ist ein König. Gott hat euch das Beste gegeben, Verstand und ein Herz voller Gefühle. Beides sollt ihr nutzen, so wie mein Licht auf euch strahlt.

In diesem Augenblick erinnerte ich mich an die Unsicherheit und die Unruhe, die mich in meinem Arbeitszimmer immer wieder überfallen hatten. Jetzt war ich ruhig. Ich empfand, dass meine Arbeit an diesem sakralen Ort zu einer Ausstrahlung beitrug, die gut war. Ich konnte es an vielen Gesichtern ablesen, und nicht wenige der zu dieser Feier geladenen Gäste sprachen mich darauf an, wie sehr dieses Bild sie berührte.

Diese Einweihungsfeier war sorgfältig und eindrucksvoll geplant, vieles davon war für mich Neuland, und ich war sehr darauf bedacht, mir nichts davon entgehen zu lassen. Und dennoch wanderten meine Gedanken immer wieder zurück nach Herat, in meine kleine Welt mit meiner kleinen Miniaturmalerei, deren größtes Bild bestenfalls neunundvierzig Zentimeter hoch war.

Fazl war immer bei mir gewesen, er war auch jetzt bei mir. Und noch jemand war bei mir – meine Eltern. Den größten Raum nahm dabei mein Vater ein, der Mann, der in mir den Samen von freiem Denken, Respekt und Liebe gesät hat. Und der die Wurzeln dieses Baumes für mich auf ewig bewässert hat.

آبیاری
کرد

NACHWORT

Das Leben ist in ständiger Bewegung, unabhängig davon, ob wir darauf achten oder nicht. Wir sind recht kurzsichtig und schauen meist nicht weiter als vor unsere Füße, ein paar Schritte weiter vielleicht, manchmal.

Dass der bittere Geschmack der Erfahrung zum Fluss des Lebens gehört, wissen wir. Und diesen bitteren Geschmack muss man kosten, sich die Geduld wie einen Schild vor die Brust halten, um so geschützt zu den tiefen Atemzügen zu gelangen, die befreien. Eine alte persische Miniatur, die mir viel bedeutet, zeigt einen weisen Mann, der mit zwei Freunden im Wald spaziert, doch plötzlich stört der Geruch einer Hundeleiche ihre Unterhaltung. Die Freunde ziehen sich eiligst die Enden ihrer Turbane über die Nasen und wollen auf der Stelle kehrtmachen. Doch der Weise sagt: Oh, schaut, seine Zähne – so weiß wie Schnee und so gesund.

Die Blume zwischen den Dornen suchen – das war und bleibt meine Haltung.

Seit den Anfängen meiner künstlerischen Tätigkeit in Deutschland hatte ich mich immer wieder hundert Jahre zurückversetzt, das Volumen der Aufträge im Stil des 19. Jahrhunderts wuchs und wuchs. Es blieb wenig Zeit für anderes – für Bilder, die ich im Auftrag meines eigenen Herzens malen wollte.

Nach sechzehn Jahren war die Schale meiner Geduld übervoll. Meine Kündigung war eingereicht. Familie und Freunde waren erstaunt über meine Entscheidung, aber auch zufrieden damit. Einige fanden, ich hätte mich in kaltes Wasser gestürzt, Wasser, das in der Kunst auch eiseskalt sein kann. Doch beim Malen, Bild für Bild, empfand und empfinde ich Erfüllung.

Eine Sonderausstellung meiner Werke 2017 im Münchener Landtag öffnete mir eine weitere vielversprechende Tür. Man schlug mich für einen anonymisierten Wettbewerb vor zur Gestaltung eines Fensterzyklus für die älteste Abteikirche Deutschlands in Tholey (Saarland), den ich 2018 gewann. Das Medium Glas wurde wieder zum Träger meiner Gedanken und Empfindungen – und nun strahlt das Licht durch 29 meiner Werke in einen irdisch-mystischen, sakralen Raum.

Das Gefühl, in meinem zweiten Heimatland, im Herzen Europas, etwas zur Geschichte beizutragen, ist schön. Auf Persisch sagen wir: Geduld ist bitter, aber ihre Ernte ist süß.

DANK

Mahbuba dankt Hanna, weil sie viel von ihr gelernt hat, und weil sie niemals dachte, dass es eine Deutsche sein würde, die sie so gut versteht wie niemand sonst.

Hanna dankt Mahbuba, weil sie viel von ihr gelernt hat, und weil sie niemals dachte, dass eine Afghanin ihr einmal eine so enge Freundin sein würde.

Unser allererster, herzlichster Dank geht an unsere Schweizer Freundin Susanna Wartenweiler-Arnuga, weil sie es sich in den Kopf gesetzt hatte, uns beide in einem Kreta-Urlaub aufeinandertreffen zu lassen – und am Ende dieser Meerestage standen dann tatsächlich die ersten Gedanken und Überlegungen zu diesem Buch.

Ein tiefes, tiefes Danke gehört Ulf Diederichs, der unser Projekt noch eine gute Weile begleiten konnte, uns umsorgte und für uns kochte, damit wir die Wochenenden, an denen wir uns zum Schreiben trafen, so gut wie möglich dafür nutzen konnten.

Auch für das Wohlwollen, das unsere Familien unserer Arbeit entgegenbrachten, möchten wir uns bedanken.

Dass die Zusammenarbeit von Autoren und Verlagen nicht immer reibungsfrei verläuft, wissen wir. Umso schöner, dass wir es anders erlebt haben: herzlich, harmonisch, effektiv. Dafür danken wir dem Heyne-Team.

Es war ein gutes Abenteuer.

Mahbuba Elham Maqsoodi und Hanna Diederichs